따돌림으로부터
내 아이를 지키는 방법

일러두기

- 옮긴이의 주석은 (옮긴이 주)로 표기했고, 그 외의 주석은 독자의 이해를 돕기 위해 편집자가 추가했습니다.
- 잡지 및 책 제목은 《 》로, 신문, 논문, 보고서 등의 제목은 〈 〉로 표기했습니다.

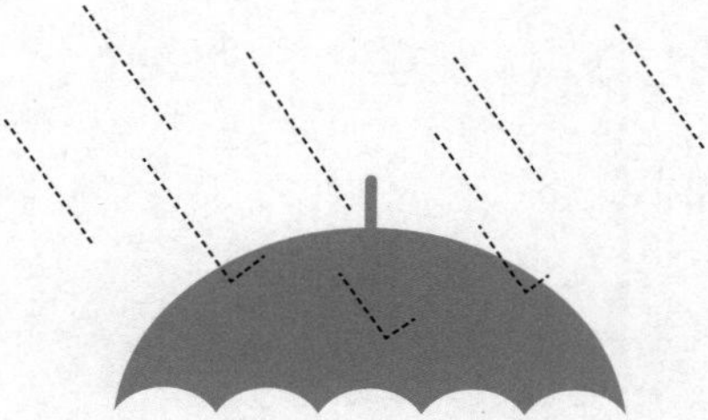

따돌림으로부터 내 아이를 지키는 방법

홋타 슈고 지음 | 이정아 옮김

고래이야기

따돌림으로부터
내 아이를 지키는 방법

제2장 따돌리는 말로부터 몸과 마음을 지키려면

제3장 따돌리는 말로, 상처 주지 않기 위해서

시작하며

본격적인 이야기를 시작하기 전에 문제 하나를 풀어보겠습니다. 아래는 한 중학생이 친구에게 실제로 한 말입니다. 다음 중 '친구를 따돌리는 말'이 **아닌 것**은 어느 것일까요?

A "하루카는 참 독특해."
B "그래, 내가 할 테니까 넌 쉬어."
C "매점 갔다 오는 길에 내 주스도 사다 줄래?"
D "너, 죽여버릴 거야!"

어떤가요? 얼핏 듣기에 A는 칭찬하는 말 같습니다. B는 배려하는 말처럼 들립니다. C는 친구에게 부탁하는 것 같죠? 정답은 D입니다.

"너, 죽여버릴 거야!"는 한 중학생이 친구와 게임을 하다가 한 말입니다. 나머지 세 문장은 친구를 따돌리는 상황에서 한 말이죠.

A는 분위기 파악을 못하는 아이를 무시하려고 한 말입니다. B는 같이 어울리는 친구들이 한 아이를 배제하려고 한 말입니다. C는 친구에게 부탁하는 말이 아닙니다. 힘이 센 아이가 자기보다 약한 아이에게 주스를 사 오라고 시킬 때 한 말이죠. 이런 말을 한 아이들에게 친구를 따돌리는 거라고 지적하면, 아이들은 어떻게 대답할까요? 그 대답을 들어보겠습니다.

A "네? 저는 하루카를 칭찬한 건데 왜 그러세요?"

B "그냥 피곤해 보여서 쉬라고 말한 건데요."

C "욕을 한 것도 아니고 친구한테 그런 부탁도 못 해요?"

친구를 따돌린 아이들은 다른 뜻은 없었다고 변명할 것입니다. 표현만으로는 어떤 말이 친구를 따돌리는 말인지 아닌지 구별하기 어렵습니다. 모든 말은 사전적인 뜻과 실제 그 말을 사용할 때 의미가 다를 수 있습니다. 우리가 사용하는 말은 같은 말이더라도 여러 가지 의미를 갖기도 합니다.

그렇다면 말의 의미는 어떻게 결정될까요? 주로 두 가지 요인이 있습니다. '어떤 맥락에서 나온 말인가?' '그 말을 듣는 사람이 어떻게 해석하는가?' 맥락에는 말하려는 주제가 포함되어 있습니다. 그뿐만 아니라 맥락 안에는 말하는 사람과 듣는 사람의 관계, 장소, 상황, 둘 사이에 있었던 일 등 여러 요소가 담겨 있습니다. 또한 같은 말이라도 사람마다 다르게 받아들입니다. 예를 들어 한 친구가 “물 한 잔만 줄래?”라고 다른 친구에게 얘기합니다. 만약 이 두 친구가 같이 운동을 하고 있다면 ‘너도 힘들구나’라고 생각하고 물을 기꺼이 가져다줄 수 있습니다. 부탁받은 친구가 열심히 운동하는 중이라면 ‘자기 물은 자기가 떠다 먹지. 나도 귀찮아’라고 생각할 수도 있습니다. 대화의 진의를 정확하게 알기는 어렵습니다. 그렇기에 어떤 말이 친구를 따돌리는 말인지 판단하기는 어려운 일입니다.

어쩌면 앞에서 나온 표현 A, B, C 모두 친구를 괴롭히려고 한 말이 아닐 수도 있습니다. 듣는 사람이 ‘따돌림’이나 ‘괴롭힘’으로 받아들였을 수도 있지요. 말한 사람이 “농담이었다”라고 말해도 마찬가지입니다. 그런데도 듣는 사람이 상처를 입었다면 ‘따돌리는 말’이 될 수 있습니다. 이런 경우도 가볍게 생각할 수 없지만, 그 반대의 경우도 있습니다. 한 친구가 다른 친구를 따돌리려고 그런 말을 했어도, 듣는 사람이 그 말을 어떻게 받아들이는지에 따라 별것 아닌 일이 되기도 합니다.

어떤 말이 ‘따돌리는 말’이고 ‘괴롭히는 말’인지 정해져 있지는 않습니다. 상처 주는 말이 어떤 것인지 판단하는 절대적인 기준도 없습니다. 그렇다 보니 말로 하는 따돌림과 괴롭힘은 그 말을 한 맥락과 그 말을 듣는 사람의 생각을 고려하여 대처해야 합니다. 이 책에서는 말로 하는 따돌림의 유형을 최대한 많이 살펴볼 것입니다. 친구를 따돌리는 말을 하지 않으려면 어떻게 하면 좋을지, 그리고 그런 말을 직접 듣게 되었다면 어떻게 대처하면 좋을지에 관한 방법도 담았습니다. 특히 ‘따돌리는 말’ 대처법은 조심해서 살펴보아야 합니다. 사람 간의 관계와 마음을 다루는 문제이기 때문입니다. 따라서 사람 관계를 다루는 학문인 심리학, 언어학, 뇌과학, 법학의 측면에서 구체적이고 입체적으로 생각해보려고 합니다.

따돌림이란?

2018년 일본 문부과학성*은 〈학생의 문제 행동·결석 등 학생지도 측면의 여러 과제에 관한 조사 결과〉를 발표했습니다. 이 조사에서 파악된 아동 따돌림 발생 건수만 한 해에 54만 3,933건입니다. 1985년도에 조사를 시작한 이래 가장 높은 수치를 기록했습니다. 아동 인구가 계속 감소하고 있음에도 아동 따돌림은 증가 추세입니다. 사람들은 이제 따돌림은 안 된다고 아우성칩니다.

이 조사에서는 집단 따돌림의 유형을 크게 세 가지로 나눴습니다. '말로 하는 따돌림(62.7%)', '신체적인 괴롭힘(26.9%)', '집단적인 무시(13.6%)'입니다. 가장 많이 발생하는 따돌림 유형 1위는 말로 하는 따돌림입니다. 따돌리는 말에는 '냉정함', '놀림', '욕설', '협박', '상대가 싫어하는 말하기' 등이 있습니다. 2위는 신체적인 괴롭힘입니다. 교실 복도나 길을 가다가 일부러 부딪치거나 주먹으로 때리거나 발로 차는 경우도 있습니다. 3위는 한 아이를 마치 없는 사람처럼 집단

* 일본 정부의 행정조직으로 대한민국의 과학기술정보통신부, 교육부, 문화체육관광부를 합친 기관입니다.

으로 무시하는 유형입니다. 예를 들면 어떤 아이에게 점심시간에 아무도 밥 먹자는 말을 하지 않아 그 아이 혼자 밥을 먹게 하는 경우입니다.

국립교육정책연구소가 실시한 따돌림 실태조사에서는 말로 하는 따돌림과 집단적 무시를 경험한 아이의 비율이 훨씬 더 많았습니다. 초등학교 4학년부터 중학교 3학년까지 6년 동안, 실제로 전체 학생 중 90%의 학생이 신체적인 폭력이 없는 따돌림 피해를 경험했다고 밝혔습니다. 이 결과에 따르면 아이들 중 대부분이 따돌림 피해자가 될 가능성이 있다는 것을 알 수 있습니다. 이 조사는 아이들이 느낀 감정을 기반으로 이루어졌습니다. 실제 따돌림을 당하고 있는지 아닌지는 사례별로 따져보아야 합니다. 사람마다 따돌림인지 아닌지를 판단하는 기준도 다릅니다. 그렇기에 가능한 한 객관적이고 구체적으로 따돌림이 어떤 행위를 가리키는 것인지 알아야 합니다.

따돌림을 연구하는 사회학자 나이토 아사오內藤朝雄는 따돌림이 '상대를 괴롭히고 싶은 마음', '실제 행동', '피해자의 고통'이라는 세 가지 요건을 갖는다고 주장합니다. 이것은 우리가 생각하는 가장 전형적인 '따돌림'의 성립 요소입니다. 이 설명대로라면 상대를 괴롭히고 싶은 마음이 가해자 쪽에 없다면 따돌림이 성립하지 않습니다. 하지만 현실에서는 '실수로', '평소 하던 대로', '선한 마음을 갖고' 한 말과 행동이 집단 따돌림이 될 수도 있습니다. 그래서 일본 문부과학성은 좀 더 넓은 의미로 다음과 같이 집단 따돌림을 정의합니다.

'학생이 일정한 인간관계가 있는 사람으로부터 심리적, 물리적인 공격을 받아 정신적인 고통을 느끼는 것', 좀 더 알기 쉽게 말하면 **친**

구가 내가 싫다고 느끼는 말이나 행동을 하는 것, 그 자체가 따돌림이라는 것입니다. 즉 상대가 싫어하는 행동을 하는 것만으로도 '따돌림'이 됩니다. 어깨로 툭 치고 지나가거나 발로 차는 등의 폭력을 행사하지 않아도, 또 여럿이서 한 명을 공격하지 않더라도 당사자가 싫다고 느낀다면 '따돌림'으로 볼 수 있습니다.

이런 따돌림은 어른들 사이에서도 일어납니다. 성인들이 행하는 따돌림을 '해러스먼트harassment*'라고 부릅니다. 섹슈얼 해러스먼트sexual harassment**, 파워 해러스먼트power harassment***, 모럴 해러스먼트moral harassment****, 아카데미 해러스먼트academy harassment***** 등

* 다른 사람을 괴롭히거나, 불쾌하게 하거나, 상처를 주는 말이나 행동을 하는 것을 말합니다.

** 성적인 괴롭힘을 뜻합니다. 대화 상대방의 신체적인 특징에 대해 차별적인 말을 하는 것과 성적으로 수치심을 주는 말도 포함합니다. 남성이 여성에게 하는 말뿐만 아니라 그 반대 경우도 마찬가지입니다. 동성 간에 주고받는 말도 예외가 아닙니다. 예를 들어 남성 동료가 다른 남성 동료에게 "넌 왜 이렇게 배가 나왔냐? 살 좀 빼라!"라고 말해서, 듣는 사람이 그 말에 수치심을 느꼈다면 '섹슈얼 해러스먼트'에 해당합니다.

*** 직장 상사처럼 지위가 더 높은 사람이 자신의 권위를 이용하여 상대방을 괴롭히는 행위를 말합니다. 예를 들어 상사가 소리를 지르거나 서류를 집어 던지는 행동입니다. 그뿐만 아니라 직원이 해낼 수 없는 무리한 업무를 지시하거나 직원이 한 일에 대해 과소평가하는 것도 '파워 해러스먼트'에 속합니다.

**** 한 사람을 두고 여럿이 욕하거나 무시하는 집단적 무시와 괴롭힘을 말합니다. 서로 대등한 관계라 하더라도 집단적인 무시와 괴롭힘이 종종 일어나곤 합니다. 회사에서 회식 시간을 한 사람에게만 고의로 알리지 않거나 여러 사람이 반복적으로 같은 지적을 하는 행동 등을 예로 들 수 있습니다.

***** 학교 내 관계를 이용한 괴롭힘을 말합니다. 대학교에서 친구 또는 선후배나 교수가 말이나 행동으로 괴롭히는 경우입니다. 예를 들어 신입생에게 억지로 술을 마시게 한다거나 교수가 대학원생에게 사적인 일을 시키는 경우도 여기에

다양한 종류가 있습니다. 현대 사회에서는 법률적으로도 문제가 됩니다. 경찰에 체포되거나 재판에 회부되는 경우도 드물지 않습니다. 어른들의 괴롭힘과 따돌림인 해러스먼트와 아이들의 '따돌림'은 단어만 다를 뿐 드러나는 양태는 거의 같습니다. 당연히 아이나 어른 모두 따돌리는 말과 행동을 해서는 안 됩니다.

여러 사례를 종합해볼 때 '따돌림'에 대한 정의는 중요하지 않습니다. 우리는 한 가지만 주의하면 됩니다. 타인이 싫어하는 것을 알았다면, 그렇게 말하거나 행동해서는 안 된다는 것. 누구나 아는 사실입니다. 게다가 따돌림의 **의도**가 없더라도, 상대가 싫어하는 것은 절대로 해서는 안 됩니다. 상대방이 마음에 상처를 입는데도 괴롭힐 의도가 없었으니 괜찮은 거 아니냐는 주장은 그 누구에게도, 법정에서도 통하지 않습니다.

우리는 '상대가 싫어하는 말이나 행동'을 하면 따돌림이 된다는 것을 알았습니다. 이제는 구체적으로 '따돌림의 말'에 대해 알아보겠습니다. 어떤 말이 따돌리는 말이 될까요? 따돌리는 말을 내가 들었다면 어떻게 하면 좋을까요? 그리고 따돌리는 말을 사용하지 않기 위해서는 어떤 점을 주의해야 할까요? 이 밖에도 '따돌림'에 대해 무엇을 더 알아야 할까요? 이제부터 이런 질문들에 대해 구체적인 답을 찾아보도록 하겠습니다.

해당합니다. 초중고 학생들 사이에서 일어나는 따돌림이 대학생 사회에서도 비슷하게 발생합니다.

말의 힘과 마음의 상처

대부분의 사람은 숨 쉬는 것처럼 자연스럽게 말을 합니다. 태어나서부터 줄곧 말은 우리 일상에 무척 가까이 있습니다. 그래서 '매일 하는 말인데 뭘?' 하고 생각하기 쉽지요. 하지만 말에는 눈에 보이지 않는 '힘'이 있다는 것을 잊어서는 안 됩니다. 이 힘이 무서운 이유는 사람의 감정을 움직이기 때문입니다. 말 한마디에 사람은 힘을 내기도 하고 감동하기도 하며, 풀이 죽기도 합니다. 화가 나기도 하죠. 말은 상대방 마음속에 다양한 감정을 만들어냅니다. 그런데 사람들은 평소에 이것을 쉽게 잊고, 의식하지 못한 채 말을 합니다.

말이 가진 힘은 손으로 때리고 발로 차는 것과는 다른 차원의 힘입니다. 당신이 누군가를 때리면 손이 상대의 '몸'에 닿습니다. 내 손이 상대의 몸에 부딪히는 것을 느낄 수 있습니다. 세게 때리면 내 손도 아프고, 약하게 때리면 덜 아픕니다. 상대방이 느끼는 만큼 내 몸도 느낍니다. 그래서 몸을 쓴 폭력은 그 느낌이 어떤지 쉽게 자각할 수 있습니다. 그에 비해 말은 상대방 '몸'이 아닌 '마음'에 닿는 것입니다. 내 말을 들은 상대방의 반응도 쉽게 알아채기 어렵습니다. 안타깝게도 내가 하는 말도, 그 말을 들은 상대방 마음도 눈에 보이지 않습니다. 내 말이 상대에게 어떻게 부딪쳤는지 느낄 수 없습니다. 그렇지만 몸이 상처를 입는 것과 마찬가지로 마음도 상처를 받습니다. 누가 우리 몸을 세게 때리면 상처가 생깁니다. 상처가 나면 아프고 괴롭고 심하면 그 부분을 움직이지도 못합니다. 마음도 마찬가지입니다. 마음에 상처가 나면 가슴이 계속 아프거나 아무것도 생각하지 못할 수도 있습니다. 무기력해지고 말을 못 하기도 합니다. 마음에 깊은 상처를 입으면 몸을 심하게 다쳤을 때처럼 왜 아무것도 할 수 없는 상태가 될까요?

마음은 우리 뇌 속에서 만들어집니다. 그래서 뇌는 심한 말을 들으면 제대로 작동이 안 되기도 합니다. 즉 말 때문에 뇌는 상처를 입을 수 있습니다. 하버드대학교 의학부의 토모다Akemi Tomoda 연구팀은 말이 뇌에 끼치는 영향을 연구했습니다. 연구에 따르면 손으로 때리거나 발로 차는 등 신체적인 폭력이 없어도 '언어폭력'을 당하는 것만으로 뇌가 위축된다고 합니다. 연구팀은 말 몇 마디로 사람의 뇌가 멈출 수 있다는 사실도 밝혀냈습니다. 사람에게 상처를 주는 말은 상대방의 뇌를 다치게 합니다. 알면서도 일부러 그런 말을 한다면 상대방 뇌가 제대로 기능하지 못하게 하려는 의도가 있다는 뜻입니다.

사람을 다치게 하는 것은 고의가 아니라 실수였다고 해도 매우 나쁜 일입니다. 말로 사람의 마음과 뇌에 상처를 입히는 것은 신체적인 폭력으로 사람을 다치게 하는 것만큼 나쁜 것이지요. 그래서 사람의 마음에 상처 입히는 말, 즉 폭언을 해서 범죄자가 되거나 기소되어 법정에 가는 경우도 있습니다. 다른 사람을 따돌리는 말이나 괴롭히는 말을 한 사람이 "그냥 별 뜻 없이 말한 거야", "농담이었어", "폭력을 행사한 것도 아니잖아"라고 해명한다고 끝날 일이 아닙니다. 우리는 먼저 이러한 사실을 제대로 이해해야 합니다. 이건 아주 중요한 문제입니다.

사람은 왜 누군가를 따돌리는 것일까?

사람들은 왜 남을 괴롭히는 걸까요? 캐나다 브록대학교 볼크발달심리연구소Volk Developmental Science Lab의 연구에 따르면 따돌림의 목적은 다음과 같이 크게 세 가지로 나눌 수 있다고 합니다.

① 남보다 우위에 서기 위해
② 물건을 얻기 위해
③ 자손을 늘리기 위해

'남보다 우위에 서기 위해'라는 말은 자기가 속해 있는 곳을 '계층화'한다는 뜻입니다. '계층화'는 지위가 높은 사람과 낮은 사람이 생긴다는 말입니다. 계층화는 어떤 질서에서 살고 있는지에 따라 다릅니다. 신분 사회에서 귀족이나 왕은 사람들의 지지에 상관없이 태어나자마자 높은 지위에 올랐습니다. 한 사람이 어떤 가족이나 가문인지에 따라 사회적 지위가 결정됩니다.

반대로 민주적인 질서도 있습니다. 인류 역사상 비교적 최근에 생긴 질서입니다. 평등한 사회에서 어떤 사람이 높은 지위에 오른다는 것은 많은 사람의 호감을 얻는다는 뜻입니다. 누군가 높은 지위를 차지하려면 자신의 말과 행동을 통해 사람들의 동의와 지지를 얻어야 합니다. 이때 사람들의 지지가 윤리적이거나 선하지 않은 경우도 많습니다. 누군가를 비난한 사람이라도 사람들의 동의를 얻으면 높은 지위를 얻게 됩니다. 민주적인 질서가 있는 곳에서도 일부 리더는 타인을 비난해서 권력을 얻는 경우가 많습니다. 역사적으로도 그런 사례를 많이 볼 수 있습니다.

따돌림에 성공한다는 것은 누군가를 비난하는 말에 다수의 사람이 동의를 보낸다는 뜻입니다. 이것을 알고 있는 사람 중 일부는 고의로 아무 죄 없는 사람을 따돌립니다. 따돌림의 말이 많은 사람의 지지를 얻는 순간 위(따돌림 가해자)와 아래(따돌림 피해자)가 생기게 됩니다. 가해자는 자신이 괴롭힌 피해자를 희생양으로 삼아 다른 사람들의 동의를 얻어 높은 지위를 차지하게 됩니다. 또한 따돌림은 집단의 내부와 외부를 가리지 않습니다. 따돌림이 성공하면 집단 내 결속력이 강해집니다. 집단 안의 사람들은 '우리는 저 사람과 달라'라고 생각합니다. 이렇게 되면 집단이 하나의 생각으로 뭉칩니다.

집단 따돌림이 시작되면 다수의 편, 즉 가해자 집단에 더 많은 사람이 참여합니다. 높은 지위를 누리고 싶기 때문입니다. 물론 내 일이 아니라고 방관하는 사람도 있습니다. 이런 사람들은 따돌림을 적극적으로 지지하지는 않지만 묵인해서 가해자 쪽에 힘을 보탭니다. 이들은 분명 따돌림이 있는데도 마치 아무 문제 없다는 듯 방관합니다. 이렇게 일부 사람들은 다른 사람들을 배척하며 권력을 얻고 높은 지위에 오르며 스스로 안전하다고 느낍니다.

'물건을 얻기 위해' 따돌림이 생기는 곳도 있습니다. 식량이 극단적으로 부족한 나라 같은 곳에서 이런 현상이 나타납니다. 그곳에서는 식량 확보를 위해 다른 사람들을 괴롭히기도 합니다. 생존을 위한 식량 쟁취, 다시 말하면 획득 경쟁이라는 것이지요. 이런 일은 우리 일상에서도 일어납니다. 경쟁하지 않고 식량을 구할 수 있는 곳에서도 유형, 무형의 가치 있는 것을 얻기 위한 따돌림이 발생합니다. 어떤 재화나 서비스를 모두가 공평하게 나누어 가지면 자신이 속한 집단은 덜 갖게 됩니다. 이런 경우 한 집단이 자원을 독점하기 위해서 다른 집단을 따돌리는 일이 벌어지곤 합니다.

'자손을 늘리기 위해' 사람을 따돌리는 경우도 있습니다. 이 경우는 진화론과 연관됩니다. 획득 경쟁처럼 공격적인 따돌림이 발생합니다. 자기 유전자를 받은 아이를 낳기 위해 경쟁상대를 없애고, 조금 더 많은 파트너를 차지합니다. 그렇게 되면 자기 유전자를 물려받은 아이를 남길 가능성이 커집니다. 이런 종족 유지 본능은 앞에서 말한 획득 경쟁과도 연결됩니다. 같은 혈족이나 종족 사이에서는 애정과 신뢰가 높습니다. 그 규모가 클수록 강한 힘을 발휘합니다. 외부 종족과 싸워 이길 확률도 높아집니다. 농사를 짓거나 사냥을 할 때도 다른 종족보다 더 많이 수확할 수 있습니다. 그럴수록 종족의 생존확률은 올라갑니다. 이를 위해서는 많은 아이를 낳아야 합니다. 과거에는 출산 중에 죽는 여성도 많았고 종족 간 전쟁으로 많은 남성이 죽었으며 영아 사망률도 높았습니다. 이런 이유로 여성이든 남성이든 아이를 낳아 기를 수 있는 많은 파트너가 필요했습니다.

볼크발달심리연구소는 인류 초기부터 타인을 지배하고 식량을 더 많이 얻고 배우자를 더 많이 차지하기 위해 '따돌림'이 발생했다고 말합니다. 연구팀은 다른 사람들을 따돌리는 행위에는 인간이라는 종의 생물학적, 진화론적 특징이 반영되어 있다고 주장합니다. 사람들은 인간 종을 규정할 때 이성적인 측면만을 강조하는 경향이 있습니다. 아주 오랫동안 이성은 동물과 인간을 구분하는 중요한 기준이었습니다. 하지만 진화론적인 입장에서 인간 사회를 살펴보면 다른 결론에 다다릅니다. 동물적이라고 생각했던 욕망이나 본능 혹은 생존의 문제가 인간의 삶을 규정한다는 것입니다. 진화론적 입장을 충실하게 따른다면, '따돌림'은 인간 종이 유지해온 고유한 특징처럼 보입니다. 그렇다고 우리가 생존조건이나 본능이나 욕망에 따라 인간 사회에서 '따돌림'이 존재해왔다는 것을 그대로 인정하고 살아야 할까요? 따돌림은 어쩔 수 없는 부분이라고 놔두어도 될까요?

하지만 이런 진화론적인 입장 말고도 '따돌림'이라는 현상을 설명하기 위한 다양한 연구가 이루어집니다. 다른 측면에서 보면 지금까지 인간은 '이성'을 발달시켜서 다양한 본능적인 욕구와 싸워 억누르는 것에 성공한 생물입니다. 인간은 다른 사람을 따돌리고 싶은 마음이 들 때 충분히 억제할 수 있는 존재라는 뜻입니다. 만약 따돌림이 인간 사회의 지배원리였다면 70억 명이 넘는 지구인이 지금까지 살아남을 수는 없었을 것입니다. 지구 전체에서 전쟁과 싸움이 끊임없이 일어났겠지요.

제 1 장

따돌림의 말이란 무엇일까?

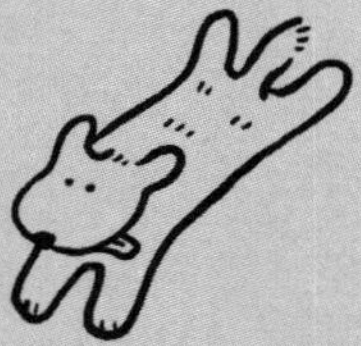

다른 사람을 따돌리는 말에는 어떤 것이 있을까요?
누군가가 나에게 따돌리는 말을 했다면 어떻게 대처해야 할까요?
지금부터 여러 사례를 통해 자세히 살펴보도록 하겠습니다.

사례 1

커뮤니케이션의 오해

나는 소우타. 나는 얼마 전에 별 생각 없이 했던 행동이 뜻밖의 결과를 낳을 수 있다는 것을 알았다. 이 사실을 너무 늦게 깨달았다. 때는 초등학교 6학년 가을이었다. 나는 반에서 최고 장난꾸러기였다. 텔레비전에서 본 연예인 흉내를 내며 모두를 웃기는 게 내 특기였다. 그래서 나는 늘 친구들에게 둘러싸여 있었다. 그 일이 일어난 날도 다른 날과 비슷했다. 같은 반 친구 하루키, 히로, 쇼 그리고 나. 이렇게 네 명의 친구는 학교가 끝나고 같이 집으로 가는 길이었다.

"얘들아, 오늘 축구할래?"

"좋아, 하자!"

"몇 시쯤?"

"네 시쯤 공원에서 어때?"

"좋아!"

히로와 쇼는 신이 나서 말했다.

그런데, 하루키는 아무 말도 없었다. 다시 한번 물어봤다.

"하루키 너는?"

"미안, 소우타. 오늘은 힘들 것 같아."

"뭐야~ 그러니까 다들 너랑 친해지기 힘들다고 하잖아."

"미안해."

"이제 평생 너랑 안 놀 거야!"

"어, 평생……?"

"원래 넌 재미도 없고, 축구 실력도 별로니까. 네가 있든 없든 별로 다를 것도 없어.(웃음)"

"……"

그동안 자주 하루키에게 심술궂은 농담을 해왔다. 그날도 그런 식이었다. 히로와 쇼도 평소와 다름없이 장난삼아 나를 타박했다.

"소우타, 네가 하루키한테 그렇게 말할 정도로 축구를 잘하지는 않잖아?"라고 말하며 웃었다. 하루키는 우리 반에서 나와 가장 친한 친구였다. 집 방향이 같아서 하교 때는 항상 함께했다. 어른스럽고 조금 얌전한 친구, 하루키는 누구에게나 상냥한 좋은 녀석이었다. 하루키가 내 농담을 듣고 고개를 푹 숙이는 것도, 풀이 죽은 표정을 짓는 것도 우리에게는 일상이었다. 이때도 하루키의 반응은 비슷했다. 그래서 별 거리낌 없이 평소와 다름없이 이야기를 나누며 집으로 가는 중이었다. 그러는 동안 다른 두 명의 친구는 먼저 자기들 집으로 돌아갔다. 나와 하루키, 둘만 남았다.

나는 평소에도 하루키에게 몸을 부딪치면서 장난을 많이 쳤다. 그렇다고 결코 하루키가 싫은 건 아니었다. 오히려 쉬는 날, 가장 자주 만나서 노는 친구가 하루키였다. 제일 친한 친구도 하루키였다. 그래서 다른 친구보다 하루키에게 더 많이 장난을 쳤다. 당연히 하루키도 내 마음을 다 알고 있다고 생각했다.

그런데 이상했다. 나와 하루키 사이에 대화가 끊기는 일은 별로 없었는데…… 그날따라 대화가 이어지지 않았다. 단둘이 걸어가는데도 하루키와 대화가 잘 되지 않았다. 하루키는 아까부터 "응"이나 "그래" 같은 성의 없는 대답만 주로 하고 있었다. 그런 의미 없는 대화가 계속되다 보니 나도 기분이 나빠졌다. 결국 나도 이야기를 하지 않게 되었다. 둘이서 나란히 말없이 계속 걷기만 했다. 지금까지 신경 쓰지 않던 것이 눈에 들어왔다. 깜빡거리는 가로등이나 큰 벽에 조그맣게 생긴 실금이 유난히 신경이 쓰였다. 평소와 달리 집으로 가는 길이 엄청나게 길게 느껴졌다.

드디어 하루키와 헤어지는 골목 끝에 도착했다.

'이 길이 이렇게 길었구나.'

"그럼, 내일 봐!"

내가 이렇게 말하자, 하루키는 잠깐 뭔가를 말하려고 하다가 "응, 잘 가"라고 말했다. 우리는 각자의 집으로 향했다. 혼자 걸어서 집으로 가는 길, 조금 전의 하루키의 모습이 조금 신경 쓰였지만 나는 바로 잊어버렸다.

그리고 다음 날 아침, 나는 학교 가는 길에 조금 앞에서 걸어가는 하루키를 발견했다. 달려가 말을 걸었다.

"안녕, 하루키!"

하루키는 갑자기 말을 건 나에게 놀랐는지 순간 눈이 커졌다. 바로 내 눈을 피했다. 그리고 작은 목소리로 "안녕" 하더니, "소우타, 이제 나한테 말 걸지 마"라고 말했다.

"응? 왜?"

나는 되물었다. 하루키가 왜 그런 말을 하는지 정말 몰랐으니까.

"너는 내가 싫어하는 말만 하니까."

그 말을 듣고 나는 조금, 아니 꽤 초조해졌다. 지금까지 하루키의 기분을 나쁘게 하려고 장난을 친 적은 없었다. 사이가 좋다고 생각해서 그렇게 했다. 게다가 하루키는 지금까지 내 장난이 싫다고 말한 적도 없었다. 그건 아니라고 말하고 싶었다. 그렇지만 대꾸할 틈도 없이 하루키는 나를 두고 빠른 걸음으로 학교로 향했다. 그 말을 듣고 적지 않은 충격을 받았다. 나는 무거운 발걸음으로 학교로 갔다. 그날 이후 한 번도 하루키와 제대로 말을 나누지 못했다. 물론 같이 노는 일도 없어졌다. 이렇게 나는 친구 한 명을 잃었다.

커뮤니케이션의 본질

이 사례는 친구를 괴롭힐 생각이 없었는데 결과적으로는 따돌리게 된 경우입니다. 소우타와 하루키의 대화를 짚어볼까요.

"뭐야~ 그러니까 다들 너랑 친해지기 힘들다고 하잖아.", "이제 평생 너랑 안 놀 거야!", "원래 넌 재미도 없고, 축구 실력도 별로니까. 네가 있든 없든 별로 다를 것도 없어(웃음)."

소우타는 어떤 마음으로 하루키에게 이런 말을 했을까요?

이 사례의 맥락을 살펴보겠습니다. 소우타는 친하다고 생각했던 하루키에게 같이 축구를 하자고 말했습니다. 하루키가 거절하니 조금 서운했습니다. 그래서 심술궂은 말을 했을 뿐입니다. 그렇습니다. 소우타는 약간 토라졌습니다. 한편 하루키는 평소에 소우타가 치는 장난이 괴로웠습니다. 평소에 소우타와 불편해지는 것이 싫어, 친구의 짓궂은 장난을 계속 참고 있었습니다. 하루키는 평생 안 놀겠다는 소우타의 말을 듣고 결국 터져버렸습니다.

"소우타, 이제 나한테 말 걸지 마."

여기에서 중요한 점은 소우타에게 하루키를 괴롭힐 마음이 조금도 없었다는 것입니다. 그러나 말의 의미라는 것은 말한 사람의 마음만으로 결정되는 것이 아닙니다. 그 말을 상대방이 어떻게 받아들이는지에 따라 그 의미가 달라집니다.

의사소통은 '마음이나 생각을 이해시키는 것'이라고 말할 수 있습니다. 의사소통을 뜻하는 영어 단어는 '커뮤니케이션'입니다. 이 말은 라틴어의 콤무니코communico, '공유하다'라는 뜻을 가진 단어에서 왔습니다. 그러므로 커뮤니케이션은 말하는 사람의 뜻을 상대방이 공유하고 이해할 때 완성됩니다. 이 관점에서 보면 내가 하는 말 자체나 그 말을 한 의도는 전혀 중요하지 않습니다. 의사소통은 내가 전하고 싶은 정보나 마음을 상대방과 공유할 수 있을 때 비로소 완성됩니다.

소우타는 하루키와 의사소통에 실패했습니다. 자신은 친하다는 의미로 친구에게 말을 했지만, 그 때문에 친구는 상처받았습니다. 그 후 친구와는 아무것도 공유할 수 없었습니다. 자기 생각이나 의도를 일방적으로 강요하거나 전달하는 것은 의사소통이 아니라 독선입니다.

받아들이는 사람의 오해를 막기 위해서는

상대방이 내 말을 오해하지 않고 잘 받아들이게 하려면 어떻게 해야 할까요? 우선 우리의 말과 행동에 대해 생각해보아야 합니다. 사람들은 종종 말과 행동이 반대의 뜻을 가진 것처럼 생각합니다. 예를 들어 사람들은 "말만 하지 말고 행동으로 옮겨!"라는 말을 합니다. 이 말을 들으면 말은 행동과 반대의 뜻을 가진 것처럼 보입니다.

하지만 말도 행동이며 행위입니다. 여러분이 좀 더 편하게 이해할 수 있도록 예를 들어보겠습니다. 한 사람이 다른 사람에게 "너무 추워. 온몸이 으슬으슬 떨리네. 따뜻한 차 한 잔 줘"라고 말했다고 합시다. 이 말에 대해 생각해보겠습니다. 첫째, 따뜻한 차를 마시고 싶다는 말을 한 사람은 자신의 상태를 알리고 상대방에게 행동을 요청합니다. 말속에는 상대방의 움직임에 대한 기대가 들어 있습니다. 즉 행위를 요청합니다. 둘째, 듣는 사람 입장에서 생각해보겠습니다. 만약 말한 사람이 평소에 좋아하지 않는 사람이라거나 자주 자신을 부려먹어서 불만이 있었다면 "네가 끓여 먹어"라고 대답할 수 있습니다. 반대로 추워서 떨고 있는 사람을 보고 연민을 느낄 수 있습니다. 그러면 귀찮더라도 차를 끓여 가져다줄 것입니다. 듣는 사람의 마음에 따라 해석도, 행동도 완전히 달라집니다. 말한 사람이 요청한 행위를 거부하는 행위를 할 수도 있습니다. 셋째, 이 말을 한 환경이나 맥락을 짚어봐야 합니다. 한겨울에 문을 열고 들어와 너무 춥다고 말하는 것과 한여름에 감기에 걸려서 열이 올라 침대 위에서 누워 있을 때는 상황이 다릅니다. 추위에 떠는 사람에게는 몸에 열이 오르게 꿀차를 끓여줄 수 있습니다. 감기 때문에 열이 오른 사람에게는 따뜻한 차보다 찬 수건을 머리에 얹어줄 수 있습니다.

이렇게 말을 하는 상황과 맥락에 따라 전혀 다른 행동을 할 수 있습니다. 따뜻한 차 한 잔 달라는 단순한 말에도 여러 가지 뜻이 전달되고 듣는 사람마다 다른 뜻으로 해석하고 상황에 따라 의미가 완전히 달라지며 또한 행동도 달라집니다. 사람들은 말하는 사람, 듣는 사람, 맥락 등을 고려해 의미를 결정합니다. 이 과정 전체에는 감정이 담겨 있고 마음도 변하며, 행동도 합니다. 모든 언어는 이렇게 행위성을 동반합니다. 명령이나 부탁 등의 직접적인 행동을 뜻하는 말이 있습니다.

반대로 “저 꽃 정말 예쁘다”라는 말에는 아무런 행위성이 없는 것처럼 보입니다. 혼잣말을 하면 대화가 아니며 상호작용이 아니기 때문에 행위성은 없습니다. 그러나 누군가 듣고 있을 때 그 말을 한다면 그것은 그 꽃을 같이 보자고 요청하는 뜻이 담겨 있습니다. 상대방에게 어떤 행위를 하라고 말하는 것입니다. 두 명 이상이 대화할 때는 육체적인 행위를 부탁하는 것뿐만 아니라 상대방의 마음을 움직이거나 상대방이 나의 의견에 동의하기를 요청하는 의도도 있습니다. 이것을 위해서 사람들은 각종 어법을 활용해 상대방의 마음을 자극합니다. 감탄이나 명령, 요청 등의 여러 용법이 있습니다. 단순한 정보전달은 없습니다. 상대방의 반응과 행위를 전제하고 말을 합니다. 교사가 학생들을 가르칠 때는 행위성이 없어 보이지만 학생들이 인지하고 인식할 수 있게 노력합니다. 배운 것을 알려고 하는 학생의 행위가 있어야 합니다. 어떤 학생의 경우 교실에서 무관심하거나 일부는 선생님의 말씀을 거부할 수도 있습니다. 눈에 보이지 않지만 일종의 행위입니다. 무관심과 거부 행위이지요.

언어도 행동과 비슷합니다. 사람들이 나누는 말 그대로 의미가 확정되지 않습니다. 앞에서 이야기했듯 따뜻한 차 한 잔을 부탁하는 말도 맥락을 파악해야 그 의미를 이해하고 적절하게 행동할 수 있습니다. 그리고 대화 상대방이 그 말을 어떻게 해석하는지에 따라 그 뜻이 달라집니다. 또한 언어는 사람들의 감정을 움직이거나 혹은 약속이나 명령을 통해 사람들을 행동하게 합니다. 이렇게 언어는 사람 간의 상호작용을 통해 서로의 몸과 마음에 영향을 끼치며 받아들이는 사람마다 다르게 생각합니다. 그래서 언어는 절대적이지 않고 상대적인 의미를 띱니다. 또한 언어는 행동이 없는 말이 아니라 말을 사용해서 이루어지는 일종의 행위입니다. 이것을 언어학에서 **'언어행위'** 라고 부릅니다. 여기서 궁금증이 하나 생깁니다. 말을 할 때는 행위가 있다고 말할 수 있지만 듣는 것도 언어행위일까요? 가만히 듣고만 있는데 말이죠. 단순히 듣기만 하는 경우는 없습니다. 마음의 변화를 일으키거나 그 말을 듣고 행동하기도 합니다. 혹은 거부하기도 합니다. 그렇기에 듣는 행위도 언어행위입니다.

언어행위는 말하는 사람의 의지나 뜻, 듣는 사람의 해석, 주변의 환경이나 상황 같은 맥락, 대화 중이나 대화 이후의 감정 변화와 행동까지 전체를 뜻합니다. 언어에는 단순한 말 이상의 것이 담겨 있습니다. 언어행위 이론에 따르면 '말만 하지 말고 행동으로 옮겨'라는 말은 틀린 말입니다. 말 자체에 행위성이 담겨 있기 때문입니다.

말을 할 때는 항상 '말을 한다는 것 이상의 행위'가 동시에 이루어집니다. 이것을 의식하고 염두에 두어야 합니다. 예를 들어, "안녕!"이라는 말은 단지 단어를 말하는 것뿐 아니라 '인사를 한다'는 행위도 포함합니다. "어제 아빠께 토요일에 우리 팀 축구 시합이 있다고 말씀드렸어"라는 말에는 아빠께 축구 경기가 있다는 것을 '알려 드린다'라는 행위가 담겨 있습니다. 이렇게 언어는 자신이 전달하고 싶거나 원하는 행동을 포함하고 있습니다. 이것은 언어의 속성입니다. 매일 학교에서 만나는 친구가 반갑다고 매일 아침 선물을 사줄 수는 없는 일입니다. 대신 우리는 아침 인사로 "좋은 아침!"이라고 반갑다는 의사 표시를 합니다.

여기에서 꼭 알아야 할 것이 있습니다. 말은 듣는 사람의 언어행위, 즉 해석에 따라 다른 의미를 가질 수 있습니다. 언어행위는 말하는 사람의 마음만으로 말의 뜻이 정해지지 않는다는 것입니다. 내 마음을 전달하고 그것을 받아들이는 상대방의 마음이 함께 만나 결정되는 행위라는 것입니다. 다시 말하자면 **언어행위는 말하는 사람과 듣는 사람**(받아들이는 쪽)**이 함께 만들어내는 행위**입니다. 예를 들면, 나는 친구에게 "그 신발, 굉장하다!"라고 '칭찬'할 생각으로 말을 했습니다. 그런데 친구는 그 말을 '오늘 같은 날 그런 튀는 신발까지 신을 필요는 없잖아'라는 '비웃음'의 의미로 느끼고 받아들일 수도 있습니다. 이렇다면 두 사람의 마음은 정반대가 됩니다. 나는 칭찬하는 마음이었지만 친구가 비웃음으로 들어 기분이 나쁘다면 두 사람의 언어행위는 어긋나 있는 것입니다. 이런 언어행위를 우리는 오해라고 부릅니다.

소우타와 하루키의 대화도 마찬가지입니다. 소우타가 '농담'으로 던진 한마디를 하루키는 소우타가 진심으로 자기를 비웃는다고 느꼈습니다. 그동안 겪었던 일 때문에 소우타가 자신을 '공격'하고 있다고 받아들였습니다. 결국 하루키는 큰 상처를 받았습니다. 그렇다면 '말하는 사람이 전달하려고 하는 행위'와 '상대방이 받아들이는 행위' 간의 오해를 없애려면 어떻게 해야 할까요?

우선 말하는 쪽의 입장에서는 말하기 전에 '예상'을 해봐야 합니다. '이렇게 이야기하면 상대방이 오해할 수도 있겠네'라는 식으로요. 그리고 상대방에게 오해가 생기지 않도록 표현을 바꾸거나 추가로 한마디를 더해야지요.

소우타의 경우에 "뭐야~ 그러니까 다들 너랑 친해지기 힘들다고 하잖아", "이제 평생 너랑 안 놀 거야!", "원래 넌 재미도 없고, 축구 실력도 별로니까. 네가 있든 없든 별로 다를 것도 없어(웃음)"와 같은 말을 있는 그대로 해석하면 모두 상대방을 비난하는 말입니다. 이런 말을 들은 사람은 기분이 나쁠 거라고 충분히 예상할 수 있습니다. 소우타는 이런 식으로 과장된 말을 해서 웃기려고 생각했습니다. 그러나 듣는 사람의 입장에서 생각해볼까요. 하루키는 소우타의 말을 있는 그대로 받아들였습니다. 하루키의 입장에서 소우타는 자신을 비난하는 말을 한 것이지요.

그러나 하루키의 입장에서 보면 소우타에게 상처를 줄 마음이 하나도 없습니다. 그렇게 비난받을 만한 일을 하지 않았습니다. 다시는 말을 하고 싶지 않다는 말까지 들을 이유는 없어 보입니다. 그럼에도 소우타가 잘못한 것이 있습니다. 농담으로 일부러 과장했다거나 자기 말이 거짓말, 또는 실수였다는 것을 하루키에게 알려주지 못했습니다. 그럴 땐 바로 농담이라는 것을 알 수 있도록 다른 말을 덧붙여야 합니다. 자기 말이 유머라고 상대방이 바로 알 수 있도록 말해줘야 합니다. 이런 상황은 우리가 대화할 때 흔히 있는 일입니다. 물론 오해를 없애는 말을 덧붙이는 방법이 통하지 않는 경우도 있습니다. 소우타의 말에는 원래부터 날카로운 가시가 있습니다. 농담이라고 해도 이런 말은 애초에 쓰지 않는 것이 좋습니다. 상대에게 상처를 줄지도 모르는 위험을 감수하면서까지 농담을 하면 안 됩니다. 어떤 말들은 특히 타인에게 상처를 줄 수 있다는 것을 이해하고 그 말은 어떤 경우에도 사용하지 않는 것이 좋습니다.

오해는 말의 뒤에 숨어 있는 진심을 상대방이 추측하면서부터 생

깁니다. 상대방이 자신이 들은 말의 진심을 알기 위해 이모저모로 생각하기 시작하면 오해는 더욱 커집니다. 추측이 오해를 만든다는 것은 커뮤니케이션의 기본입니다. 말하는 사람이 자기 말에서 오해가 생길 수 있다는 것을 예상하지 못하면 상황은 더욱 나빠집니다.

그러므로 상대방이 '무슨 뜻이지?'라고 의문을 품고, 그 뜻을 추측할 만한 위험한 농담은 하지 말아야 합니다. 혹시 무의식적으로 위험한 농담을 하게 되었다면 오해를 낳지 않도록 한마디를 덧붙이는 것이 좋습니다. 아래의 사례처럼 덧붙이는 말로 자신이 한 말의 뉘앙스를 원래 의도에 맞게 바꿀 수 있습니다.

① "뭐야~ 그러니까 다들 너랑 친해지기 힘들다고 하잖아. **하지만 하루키의 진짜 모습을 알게 되면 절대로 그렇게 말하지 않을걸.** (웃음)"

② "이제 평생 너랑 안 놀 거야! **그래도 난 내일 너랑 놀 거야!** (웃음)"

③ "원래 넌 재미도 없고, 축구 실력도 별로니까. 네가 있든 없든 별로 다를 것도 없어. (웃음) **근데 네가 없으면 게임에서 질 것 같아, 사실 네가 나보다 축구 잘해. 미안!**"

어떤가요? 이렇게 그 발언이 농담이라는 것을 알 수 있는 한마디를 덧붙이거나(①), 속마음을 섞어서 말하거나(②), 자신을 더 낮춰서 말해 상대를 비난할 의도가 아니라는 것을 확실하게 보이면 됩니다(③). 덧붙이는 말로 상대방에 대한 공격성을 낮추고 오해가 생길 가능성도 줄일 수 있습니다.

어떤 말을 덧붙여야 할지 찾기가 어렵다면, "거짓말이야~!", "미안, 농담이니까 신경 쓰지 마"와 같은 말을 바로 이어서 해야 합니다. 그것만으로도 상대방의 감정은 금세 가라앉을 것입니다. 그렇지만 상대에게 상처를 줄 수 있는 말을 아예 하지 않는 것이 최선입니다. 이것을 잊지 마세요.

'말은 언어행위이고, 상호행위이다' 즉 '내 말 때문에 상대방이 상처를 입을 수도 있다'라는 생각을 항상 하고 있어야 합니다. 말을 할 때는 듣는 사람이 어떤 기분일지를 예측하며 말해야 합니다. 그리고 만약 나도 모르게 상처 주는 말을 뱉어버렸다면, 뒤에 한마디를 덧붙이는 것을 잊지 말아야 합니다. 당신이 대화할 때 이런 배려를 할 수 있다면, 누구든지 당신에게 호감을 느낄 것입니다.

그렇다면 상대방이 상처받을 수 있는 말을 어떻게 가려낼 수 있을까요? 친한 친구끼리 서로 농담을 할 때 유의 사항을 살펴보겠습니다. 농담을 할 때는 상대방을 비하하거나 약점을 지적하는 말을 피해야 합니다. 친구 사이에서 서로를 비하하는 일을 돈독함으로 생각하는 경우가 많습니다. 친밀감의 표시라고 생각하지요. 하지만 서로 존중하지 않으면 친구 관계도 오래가지 못합니다. 친밀감은 평소의 친구들끼리 언어행위를 통해 만들어집니다. 친하다는 이유로 계속된 농담이 말을 듣는 친구의 마음에 계속해서 작은 상처를 낼 수 있습니다. 이 상처가 쌓이면 어느 날 갑자기 친구가 하루키처럼 절교 선언을 할 수 있습니다.

다시 한번 생각해 부정을 긍정으로 바꾸기

그러면 하루키처럼 기분 나쁜 말을 듣는 사람의 입장에서는 어떻게 대처하면 좋을까요? 앞서 말했듯이 언어행위는 내 마음을 전달하고 그것을 받아들이는 상대방의 마음이 함께 만나 완성됩니다. 친구가 어떤 말을 해서 당신이 상처를 입었다면, 당신은 그 친구가 나쁜 의도를 가지고 말했다고 생각했을 것입니다. 그러나 언어행위 측면에서 바라보면 친구는 선의로 말했는데 당신이 다르게 해석해서 마음에 상처를 입은 것일 수도 있습니다. 그 말을 한 사람이 당신의 친한 친구라면 보통은 당신이 받아들인 나쁜 의미로 말하지 않았을 것입니다. 친구의 말 때문에 마음에 상처를 입었다면 다시 한번 생각해 보세요. 어쩌면 친구는 당신에게 상처를 줄 생각이 없었을지도 모릅니다. 설령 친구가 당신에게 상처를 줄 생각으로 말을 했더라도, 받아들이는 사람이 '상처를 주려는 말이 아닐 수도 있어'라고 생각하면 마음이 편해지기도 합니다. 나에게 상처를 준 말이 악의로 한 말이 아니거나 그렇게 심한 말이 아니라고 판단되면 가볍게 넘기세요. 별 뜻 없는 것으로 생각하는 것도 하나의 방법입니다.

입 밖으로 나온 말의 의미는 그 말을 들은 사람이 어떻게 받아들이는지에 따라 달라집니다. 이것이 듣는 사람의 언어행위입니다. 언어행위 이론에서는 부정적인 말을 들은 사람이 긍정적으로 받아들이는 언어행위를 '컨버트convert(변환)'라고 부릅니다. 예를 들어보겠습니다. 축구 선수인 미우라 카즈요시三浦知良* 선수의 사례입니다. 축구 팬들은 미우라를 '킹 카즈'라고 부릅니다. 그는 세계의 여러 팀에서 활약하며 많은 기록을 세운 위대한 선수입니다. 50세가 넘은 지금도 프로 축구선수로 경기를 뛰는 슈퍼맨입니다.

축구 슈퍼맨 미우라 선수가 예전에 한 TV 프로그램에서 심한 말을 들은 적이 있습니다. 일본 프로 야구에서 대기록을 세운 A 씨가 당시 48세로 계속 프로 축구 경기를 뛰던 미우라 선수를 비난했습니다. "젊은 선수들에게 양보하세요. 이제 좀 그만두세요"라고요. 미우라 선수는 방송을 통해 많은 시청자가 보는 앞에서 바보 취급을 받은 것입니다.

이런 말을 들으면 보통 사람이라면 당황하거나 화가 나서 참을 수 없었을 것입니다. 특히 모두가 보는 텔레비전에서 수치스러운 말을 들었으니 미우라 선수의 속은 부글부글 끓었을 것 같습니다. 인간에게 명예는 소중합니다. 명예가 훼손되는 사건을 겪으면 마음에 트라우마**를 남길 만큼 강력합니다. 많은 사람이 볼 수 있는 곳에서 창피를 당했으니 미우라 선수의 마음이 어땠는지 짐작할 수 있습니다. 만약 선생님이 반 전체가 보고 있는 데서 한 아이를 불러내어 공부를 못한다느니, 학교를 그만두라고 한다면? 미우라 선수가 입은 상처가

* 일본의 축구선수. 1990년대부터 일본의 대표적인 스트라이커로 이름을 날렸습니다. 50대인 현재 여전히 현역으로 요코하마 FC에서 뛰고 있습니다. 2018년 1월 11일 11시 11분에 재계약했는데 그래서 그의 등번호는 11번입니다.

** 정신에 지속적인 영향을 주는 격렬한 감정적 충격을 일컫는 의학 및 심리학 용어입니다.

그와 비슷할 것입니다. 당시 인터넷에서도 A 씨의 이 발언은 화제가 되었습니다. 그런데 정작 미우라 선수는 이렇게 대답했습니다.

"영광입니다. (A 씨는 저에게) 좀 더 잘하라고 말씀하셨다고 생각해요. '아직 은퇴할 때는 멀었으니 내가 칭찬할 수 있게 앞으로 열심히 해봐!'라는 의미로 생각합니다."

A씨가 했던 '비난'의 말을 미우라 선수는 '응원'으로 바꿔 받아들였네요. 역시 '킹'이라고 불릴 만합니다. 이 말을 들은 사람들은 모두 미우라 선수의 발언에 감동하고 그를 칭찬했습니다. 그리고 실제로 미우라 선수는 그 후에도 시합에서 뛰어난 활약을 보였습니다. 훌륭하다고 밖에 말할 수 없습니다. 물론 미우라 선수의 인기도 더욱 올라갔습니다. 비난을 했던 A 씨도 놀랄 정도로 말이죠. 결국 그는 "미우라 선수는 훌륭한 사람이며 멋진 플레이어"라고 자신의 발언을 정정했습니다. 그리고 "대단하다!"라고 인정했습니다.

물론 우리가 미우라 선수처럼 그런 수치스러운 말을 듣고도 긍정적으로 받아들이며 열심히 살기는 어려울지도 모릅니다. 하지만 우리는 최소한 그의 행동을 통해 삶의 힌트 하나를 얻을 수 있습니다. 누군가 내게 싫은 말을 했을 때 수치심이나 상처를 받지 않도록 우리의 마음을 지켜야 한다는 것입니다. 마음이 무너지면 나를 비난하는 사람이 원하는 대로 행동하게 됩니다. A 씨의 말이 미우라 선수의 마음에 심한 트라우마를 남겼다면 아마도 미우라 선수는 축구선수를 은퇴했을지도 모릅니다. 그러나 미우라 선수는 반대로 그 말이 자신의 부족한 부분을 고치라고 말하는 '응원의 메시지'라고 생각했습니다. 나를 향한 비난은 어떻게 받아들이느냐에 따라서 내가 스스로 힘을 얻고 발전해나가는 계기가 될 수 있습니다. 여기서 미우라 선수의 언어행위는 보통의 다른 사람과 뚜렷하게 다른 점이 있습니다. 비난하는 상대방을 다르게 바라보고 있잖아요. 그는 상대방에게도 자신에게도 상처 주지 않는 말을 했습니다. 'A 씨 정도로 훌륭하신 분이 하신 말씀이니까……'와 같은 태도로 비난하는 상대방을 오히려 존중하여 말했습니다.

이렇게 미우라 선수는 마음속에서 두 번의 컨버트를 합니다. 첫 번째 컨버트는 A 씨의 비난의 말을 긍정적으로 받아들여서 자신이 열심히 노력하는 계기로 삼았다는 것입니다. 두 번째 컨버트는 비난하는 상대방을 미워하지 않고 존중했으며 A 씨를 비난하지 않았습니다. 미우라 선수는 그 누구도 상처 주지 않고 자신도 상처를 덜 받는 두 번의 언어행위, 즉 두 번의 컨버트를 했습니다. 만약 미우라 선수가 그 말에 충격을 받고 감정적으로 반응하면서 A 씨에게 화를 냈다면 어떻게 되었을까요? 아마도 두 사람의 싸움으로 번지고 시청자들은 양쪽으로 갈려 인터넷에서 논쟁을 벌였을 것입니다. 그랬다면 싸움 당사자인 두 사람을 포함해서 텔레비전을 시청하는 모든 사람이 쓸모없는 싸움에 참여해 서로에게 상처를 입혔을 것입니다.

다시 말하지만 모두가 미우라 선수처럼 긍정적으로 살기는 어렵습니다. 하지만 부정적인 인식, 부정적인 컨버트는 자신을 포함한 주변 사람 전체에 상처만을 남깁니다. 긍정적인 생각을 하기는 어렵지만 부정적인 생각이 얼마나 많은 단점을 가졌는지는 모두가 알고 있습니다. 그래서 평소 부정적인 것을 긍정적으로 변환하는 연습을 하는 것은 매우 좋은 일입니다. 그러면 작은 행복을 많이 찾을 수 있습니다. 사람은 대개 긍정적이고, 긍정의 말을 좋아하며 긍정적인 것들에 둘러싸여 살고 싶어 하는 것이 당연하니까요!

사례 2

문자만으로 전달하는 것은 어렵다

다음은 같은 동아리에서 활동하는 여자 친구들의 '라인LINE*' 메시지 대화입니다.

사쿠라: "내일 동아리 활동 끝나고 쇼핑하러 가자."
유이: "찬성!"
미유: "가자, 가자!"
사쿠라: "모에도 가는 거야?"

* 현재 전 세계적으로 널리 사용되는 글로벌 모바일 메신저입니다. 휴대전화나 컴퓨터로 친구들과 무료로 메시지 전송 및 영상/음성 통화를 할 수 있으며 특히 청소년층에서 인기를 얻고 있습니다.

이 메시지를 보자마자 모에는 친구들에게 소외되는 느낌을 받았습니다. 어떻게 보면 아무 문제가 없는 대화처럼 보입니다. 그러나 모에는 마지막 사쿠라의 메시지를 보고, "모에는 오지 않으면 좋겠어"라는 말로 느꼈습니다. 사실 이 말을 했던 사쿠라는 단순히 모에가 오는 건지 아닌지를 물어봤을 뿐이었죠. 모에가 오지 않았으면 좋겠다고 말한 건 아니었습니다. 이건 무서운 오해입니다. 그렇지만 자주 있는 일이죠. 이번 사례도 앞의 사례와 마찬가지로 상대방에게 상처를 줄 생각이 없었지만, 자기도 모르는 사이에 상대방의 마음을 상하게 한 경우입니다. 앞의 사례와 다른 점은 말이 아니라 문자를 통한 의사소통에서 생기는 오해라는 것입니다. 그렇다면 어떻게 해야 문자 소통에서 오해가 생기지 않을 수 있을까요?

문자만 주고받을 때 조심해야 할 것

우선 문자로 대화할 때는 주의해야 할 것이 있습니다. 우선 문자로 대화하면 직접 얼굴을 보고 이야기를 할 때 보다 전하는 정보량이 줄어듭니다. 문자로 하는 커뮤니케이션은 전하고자 하는 전체 정보를 전달할 수 없습니다. 문자 대화의 한계에 대한 학설은 다양합니다. 대표적으로 '머레이비언의 법칙*'이 있습니다. 대부분의 커뮤니케이

* 언어의 의미가 비언어적 요인에 따라서 다르게 전달될 수 있다는 법칙입니다. 같은 말이라도 커뮤니케이션의 비언어적 요소(표정, 목소리, 몸짓 등)에 영향을 받아 의미가 달라진다는 뜻입니다. 이 법칙은 심리학자이며 캘리포니아대학교

션 이론이 머레이비언의 법칙과 유사한 내용을 주장합니다. 이 법칙에 따르면 단어로 전달되는 정보는 불과 10~30% 정도입니다. 나머지 정보는 억양, 몸짓과 손짓, 시선, 음색 등 비언어적 요소를 통해 전달됩니다.

예를 들어 똑같이 "고마워"라는 말을 할 때 웃는 얼굴로 기분 좋게 말하는 경우도 있지만 눈을 내리깐 채로, 누가 봐도 기분 나쁜 낮은 목소리 톤으로 말하는 때도 있죠. 이 두 경우는 전달하는 정보 자체가 다릅니다. 첫 번째 경우에는 듣는 사람은 상대방의 말을 기분 좋게 받아들일 수 있는 말입니다. 두 번째라면 기분이 나쁘다고 느끼겠지요. 그렇지만 문자로 대화할 때는 이러한 차이를 알기 어렵습니다.

커뮤니케이션 이론에서는 문자로 변환할 수 있는 말과 그 자체의 의미를 '언어 정보'라고 말합니다. 그리고 문자로 바꿀 수 없는 말과 언어 이외의 억양이나 정보, 몸짓 등을 '비언어 정보'라고 부릅니다. 비언어 정보의 역할은 대단히 큽니다. SNS 등의 문자 중심의 대화에서는 그러한 비언어 정보가 모두 빠집니다. 비언어 정보 즉 몸짓이나 표정 등이 없이 문자로만 자신의 뜻을 전달하면 상대방은 전체적인 뜻을 다 파악하지 못하거나 오해를 하게 됩니다.

UCLA의 명예교수인 앨버트 머레이비언 Albert Mehrabian 이 주장한 커뮤니케이션 이론입니다. 머레이비언 교수는 심리 실험을 통해 사람들이 누군가와 처음 대면했을 때 호감을 느끼는 순간을 포착했습니다. 그의 연구 결과에 따르면 대화 상대방에게 호감을 결정하는 중요한 요소는 보디랭귀지 55%(표정 35%, 태도 20%), 목소리 38%, 대화 내용은 7%라고 합니다.

SNS나 이메일에서 비언어 정보를 보완하는 노력

문자로 대화할 때 비언어 정보의 부족함을 채우기 위해 사용하는 것이 있습니다. '!', '???', '……'와 같은 문장부호나 기호, 표정 문자, 그림 문자, 이모티콘, 스티커 등입니다. 예를 들어, 앞에서 살펴본 사쿠라의 문자에서도 "모에도 오는 거야? (*^^*)"와 같이 만약에 웃는 얼굴의 이모티콘이나 그림을 넣었다면 어땠을까요? 확실히 전달하는 느낌이 달라집니다. 이 이모티콘 덕분에 사쿠라가 '웃는 얼굴로 말하고 있다' 혹은 '모에가 오는 것을 기대하고 있다'는 비언어 정보가 전달될 수 있습니다.

이처럼 비언어 정보는 대단히 중요합니다. 그래서 문자로 누군가와 의사소통할 때는 기호나 이모티콘 등을 사용하는 편이 좋습니다. 문자를 받는 사람이 오해하지 않도록 비언어 정보로 보완하는 노력을 할 필요가 있습니다. 이모티콘이나 그림, 스티커 등을 사용하면 전하고 싶은 느낌이 상대에게 쉽게 전달되기 때문입니다. 이모티콘을 자주 사용하세요. 물론 처음부터 친절한 문자를 보내는 것이 더 중요합니다.

어떤 이들에게는 웃는 이모티콘이나 그림, 스티커 같은 비언어 정보를 사용하는 것이 쑥스러운 일이 될 수도 있습니다. 그래서 망설이기도 하죠. 그렇지만 조금 부끄럽더라도 이모티콘을 써서 상대에게 상처 주지 않는 게 좋지 않을까요? 더 중요한 이유가 있습니다. 문자를 보낼 때는 비언어 정보를 사용하면 오해를 최소한으로 줄일 수 있다는 것입니다.

인간관계는 의사소통을 통해 이루어집니다. 그 의사소통의 가장 중요한 수단 중 하나는 글입니다. 글이란 것은 신경을 써서 쓸수록 빛이 납니다. 소통이 잘 되는 글을 쓴다는 것은 상대의 기분을 생각하고, 마음을 담아서 정중하게 말하는 것과 비슷합니다. 이렇게 쓴 글은 누가 봐도 대단히 다정하고 멋진 문장이 됩니다. 그러나 귀찮아서 대충 간단하게 끝내면, 오해를 낳기 쉬운 글이 됩니다. 누군가에게 문자를 보낼 때는 정성이 담긴 정중한 글을 쓰기 위해 노력하는 것이 중요합니다.

상대방의 글이 부정적으로 느껴진다면

그렇다면 문자를 받는 사람의 입장에서는 어떻게 생각해야 할까요? 내가 받은 글에 비언어 정보가 적을 수 있습니다. 기호나 이모티콘이 하나도 쓰이지 않은 글을 받았습니다. 너무 무뚝뚝하게 느껴집니다. 그렇다면 문자를 받은 사람의 언어행위 즉 해석이 중요합니다. 이럴 때 마음을 열고 상대가 전달하지 못한 생각을 보완해서 문자를 읽어주세요. 언뜻 보면 차갑고 화가 난 것처럼 느껴지는 문장도 있습니다. 대부분의 경우 문자를 쓴 사람은 화를 내는 것이 아닙니다. 혹 여러분도 이런 상황을 겪은 적이 없나요? 당신이 보낸 메일이나 문자를 보고 "무슨 일 있어?", "화났어?"라는 질문을 받은 적이 있을 겁니다. 화가 나지 않았는데 말이죠.

당신이 받은 문자나 메일에 비언어 정보가 빠져 있고 냉정해 보인다고 해서 보낸 사람의 마음을 섣불리 추측하는 것은 좋지 않습니다. 이모티콘이나 기호가 없다는 것을 감안하고 표면상의 의미만 받아들이지 않도록 노력해야 합니다. 상대방이 전하고 싶은 말을 정성스럽게 읽어주려는 마음이 중요합니다. 문자를 보고 기분이 나빠지는 건 어쩌면 내 착각일지도 모르니까요. 오해의 언어행위입니다.

정말 따돌림이나 괴롭힘을 당했다고 느낄 수도 있습니다. 하지만 상대방의 마음을 들여다보지 않는 한 상대의 진심은 알 수 없습니다. 그러니 비언어 정보가 부족할 뿐이지 악의는 없다고 생각해보세요. 마음이 좀 편해지지 않을까요?

사람을 의심하기는 쉽습니다. 반대로 사람을 믿는 것은 어렵고 복잡합니다. 어려운 일일수록 가치가 높습니다. 그러므로 사람을 믿는 것에 더 큰 가치가 있습니다. 예전에 제가 좋아했던 친구가 한 말이 지금도 마음에 남아 있습니다.

“어떤 사람에게 의심이 생기면 어떻게 할래? 나는 일단 그 사람을 믿고 속는 쪽을 선택해. 그게 더 나아.”

저는 믿음은 아름답다고 생각합니다. 예외는 있습니다. 평소에 비언어 정보를 풍부하게 사용해서 메시지를 보내는 사람이 갑자기 퉁명스러운 글을 보냈다면 주의해야 할 수도 있습니다. 평소와 다른 모습이 보일 때는 특별히 신경 써야 합니다. 뭔가 마음의 변화가 있다는 신호일지도 모르니까요.

뭔가 달라진 느낌이 들어 신경이 쓰인다면 “○○야, 나 때문에 화났어?”라고 상대방에게 직접 물어보는 편이 좋습니다. 또는 주위 사람에게 물어보고 이유를 확인하는 것도 좋은 방법입니다. 기분이 안 좋아진 원인이 꼭 나 때문이라는 법은 없습니다.

살다 보면 상대방의 문자 하나하나에 신경 쓰기 힘들 때도 있습니다. 상대방의 기분이 바뀌었다는 것을 문자에서 발견하지 못할 수도 있습니다. 그렇게 되면 아무 문제가 없다고 생각할 수도 있습니다. 그런데 정말 상대방이 나 때문에 화를 낸 것이라면, 자신의 말과 행동을 돌아보세요. 그 후에 상대방의 오해를 풀어주세요. 만약 내가 잘못한 게 있다면 상대에게 사과해야 합니다. 그 후에는 그런 잘못을 반복해서 하지 않도록 고쳐 나가야 합니다. 내가 평소에 하는 언어행위가 항상 상대방에게 신뢰를 주지는 않습니다. 오히려 불신하게 하고 나를 미워하게 만들지는 않는지 항상 살펴볼 필요가 있습니다.

무시, '읽씹'과 만난다면

디지털 커뮤니케이션 시대가 도래해 사람들 사이에는 전에 없었던 새로운 소통의 문제들이 생기고 있습니다. 문자 대화에도 두 가지 큰 문제가 있습니다. 문자를 읽은 상대방이 답장을 하지 않는 '읽씹*'과 받은 상대방이 아예 읽지도 않고 무시하는 '안읽씹**'문제입니다.

* 문자 메시지 등을 읽고도 답하지 않는 것을 일컫는 신조어입니다.

** 문자 메시지 등을 읽지도 않고 답하지도 않는 것을 일컫는 신조어입니다.

직접 만나 대화를 하거나 전화를 할 때는 상대방에게 바로 답을 들을 수 있습니다. 이와 다르게 휴대전화 메신저 서비스는 실시간 소통이 되지 않습니다. 이 때문에 내가 보낸 문자를 상대방이 읽었는지 확인하는 기능이 있습니다. 편리한 기능입니다. 하지만 이 기능 때문에 다른 문제도 생겼습니다. 분명 보낸 문자를 읽었는데 답장이 없다면 무시당했다는 느낌이 듭니다. 이렇게 '읽씹'이 원인이 되어 따돌림이 시작되는 일도 있습니다.

실시간으로 대화하는 전화와 다르게 이메일만이 가지는 장점이 있습니다. 받는 사람 입장에서 보면 누군가가 나를 시간상으로 구속하지 않는다는 것입니다. 그래서 오래 생각해 신중한 대답을 할 수 있습니다. 그러나 수신 확인 기능이 생기면서 메일을 보낸 사람은 '읽씹'을 알 수 있게 되었습니다. 이제 이메일을 받는 사람들은 바로 혹은 빨리 답장하는 편이 좋습니다.

문자나 이메일 혹은 SNS를 통해 메시지를 보냈고 분명히 읽은 것이 확인되었지만, 받은 사람이 대답을 하지 않을 수 있습니다. 이럴 때 메시지를 보낸 사람은 받은 사람의 얼굴이 보이지 않기 때문에 여러 가지 억측을 하게 됩니다. '화가 났나?', '바쁜 건가?', '내가 바보 취급을 받는 건가?' 등 여러 가지 상상을 하게 됩니다. **인간 행동 원리의 중심에는 '불안'이라는 감정이 자리 잡고 있습니다. 그래서 사람들은 자신에게 일어나는 일에 대해 대체로 부정적으로 해석하기 쉽습니다.**

당신이 누군가에게 읽씹을 당했다고 느낀다면? 입장을 바꿔 메시지를 보낸 사람에게 감정이입을 해보세요. 일상에서 여러분도 연락을 받았는데 답변을 못 해줄 경우가 있습니다. 고의로 연락을 안 한 건 아닌데 말이죠. 이럴 때는 '바쁜가 보다', '뭔가 다른 사정이 있어서 바로 답장을 하지 못하나 보네'라고 긍정적으로 생각할 수 있습니다. 이렇게 생각을 바꾸려고 노력하면 그 불안감을 줄이고 오해로 인한 갈등을 피할 수 있습니다.

반대로 메시지를 받는 사람의 경우에는 되도록 빠르게 답장을 해주는 것이 좋습니다. 하지만 바로 답장하기 힘든 경우라면 '미안해. 지금은 좀 바빠서 나중에 다시 연락할게'라고 간단히 문자를 보내기만 해도 충분합니다. 이렇게 하면 상대방이 느끼는 감정은 크게 달라집니다. 라인처럼 스탬프 기능이 있는 경우라면, 그런 메시지가 포함된 스탬프를 사용하면 좋습니다.

또한 단체 대화방에 있을 때 누군가 글을 올리면 많은 사람들은 무의식적으로 '다른 사람이 대답하겠지'라고 생각합니다. 그래서 자신은 대답하지 않고 그냥 넘어가 버리는 경우도 자주 있습니다. 이런 것을 심리학에서는 '방관자 효과*'라고 말합니다. 사람은 모두 비슷한 생각을 하고 있습니다. 그래서 결국 누구도 반응하지 않는 경우가

* '제노비스 신드롬 Genovese syndrome'이라고도 부릅니다. 주위에 사람들이 많을수록 어려움에 처한 사람을 돕지 않게 되는 현상을 뜻합니다. 혹은 어떤 사건이 일어나게 되면, 다른 사람들이 어떻게 행동하는지 보고 판단하여 행동하는 현상을 뜻하기도 합니다. 방관자의 수가 많을수록 어려운 상황에 처해도 다른 사람의 도움을 받을 가능성이 작습니다. 대중적 무관심이나 구경꾼 효과라고 합니다. 길에 누군가 쓰러져 있을 때 119구조대에 연락하라고 사람들에게 소리를 치면 방관자 효과 때문에 아무도 연락하게 되지 않을 가능성이 높습니다. 그렇기 때문에 위급상황이 발생하면 주변에 있는 사람 중에 직접적으로 한 명을 지정해서 119 구조대에 연락하라고 말해야 합니다.

생기지요.

방관하지 않고 먼저 반응을 해주는 것이 좋다고 아이들에게 가르쳐주세요. 여러분도 실천하는 것을 잊지 마세요. 조금 귀찮더라도 한마디면 충분합니다. 그런 친절한 행동은 반드시 본인에게 되돌아옵니다. 단체 대화방에서 답변을 받아본 사람은 잘 알고 있습니다. 누군가 여러분의 문자에 답변했다면 여러분도 그 사람이 단체 대화방에 남긴 문자에 제일 먼저 답변해줄 가능성이 높습니다. 먼저 배려하면 나중에 배려로 돌아옵니다. 배려는 남을 위한 것이 아닙니다.

배려는 아주 간단한 일이지만 사실 귀찮은 일입니다. 이 간단한 실천을 아끼지만 않는다면 좋은 인간관계를 만들어 갈 수 있습니다. '성의'나 '배려'는 천부적인 재능이 아닙니다. '얼마만큼 노력하는가'의 문제입니다. 많이 생각하고 충분히 노력하면 누구나 할 수 있습니다. 배려가 담긴 문자와 대답 문자는 상대의 마음에 울림을 주고 상대의 마음을 움직일 수 있습니다.

누군가 문자를 보내면 몇 초 안에 대답할 수 있습니다. 그런 수고를 아끼지 않는 마음을 잊지 않도록 하세요. 물론 실천으로 옮겨야겠지요. 자주 하다보면 배려하는 습관을 가질 수 있습니다. 작은 행동으로 좋은 친구를 사귈 수 있습니다.

톡이 안오네?
바쁜가 보다~

사례 3 사실대로 말했을 뿐이야?

유우키는 초등학교 축구 동아리 소속입니다. 어느 날, 동아리의 선배가 후배들을 모아 놓고 이렇게 말했습니다.

“누가 누구인지 모르겠으니까, 각각 별명을 붙여서 부르자.”

그래서 각자의 이름을 말한 후에 “넌 이름이 제희니까 젤리”, “너는 늘 모자를 쓰니까 모자”라며 별명을 정했습니다.

유우키의 차례가 되자 선배는 “아, 너는 점이 크게 있으니까 점박이라고 하자”라고 말했습니다. 그 말을 듣고 모두 웃었습니다. 그 별명은 싫다고 유우키가 말했지만 모두 재미있다면서 그만두지 않았습니다. 팀원들뿐 아니라 반 친구들까지 점점 더 많은 사람이 유우키를 ‘점박이’라고 불렀습니다.

유우키는 선배의 반까지 찾아가서 그렇게 부르지 말아 달라고 부탁했습니다. 선배는 무신경하게 대답했습니다.

“그런데 네 얼굴에 점이 있는 건 사실이잖아? 거짓말을 한 것도 아니고. 다른 사람과 구별하기 위해서 그런 거지, 차별이 아니야.”

별명은 상대방에게 상처를 줄 가능성이 크다

우리가 다른 사람을 볼 때 그 사람 전체를 볼 수는 없습니다. 보통 일부만을 보고 그 사람의 특징이라고 생각합니다. 그 특징이 사실일 수도 있고 오해일 수도 있습니다. 하지만 사람은 자신이 인지한 일부 특징만을 가지고 대상을 인식하거나 표현합니다. 극히 자연스러운 일입니다. 예를 들어 나쓰메 소세키의 소설 《도련님》을 읽고 있을 때 누군가 무슨 책을 읽는지 물어본다면 우리는 “소세키를 읽는다”라고 대답할 수 있습니다. 소세키는 소설을 쓴 작가의 이름이지만 그 말을 들은 우리는 소설의 제목은 몰라도 ‘소세키의 소설을 읽는다’라고 알아듣습니다. “소세키를 읽는다”라는 말에서 ‘소세키’라는 말은 사람이 아니라 소설을 뜻하는 말이 됩니다. 《도련님》을 설명할 수 있는 말에는 스토리도 있고 주인공 이름과 그의 삶이 있을 수도 있고 문학 비평도 있을 수 있습니다. 우리는 대화를 하며 무의식적으로 특징이 될 수 있는 단어를 사용합니다. 그 때문에 ‘나쓰메 소세키의 소설 《도련님》을 ‘소세키’라는 말이 대체하게 되었습니다. 마찬가지로 늘 모자를 쓰고 있는 아이는 모자가 그 아이를 설명할 수 있는 특징이 됩니다. 동아리 선배는 유우키 얼굴의 점을 특징으로 이용해서 유우키를 표현한 것뿐입니다.

일반적으로 대상의 특징을 이용해서 사물을 이해한다거나 표현하는 것은 자연스러운 일입니다. 그러나 사람에 대해서, 상대가 별로 좋아하지 않는 특징으로 별명을 붙이는 것은 상대방에게 유쾌한 일이 아니겠지요. 별명을 붙일 때는 그 사람이 기꺼이 받아들일 수 있는지 생각해야 합니다. 그 사람이 불쾌해하는 것을 알면서도 사용하는 것은 안 되겠지요. 만약 제삼자가 별명을 듣게 되면 그 별명으로만 그 사람을 이해할 수 있습니다. 말하는 쪽은 대부분 재미 삼아 별명을 붙이지만 단지 재미라는 이유만으로 누군가에게 상처를 줘서는 안 됩니다. 특히 별명으로 신체적 특징을 사용하는 것은 가능하면 피하세요. 신체적 특징은 자신의 의지로 어떻게 할 수 없는 영역입니다. 예를 들어 '키다리', '꼬맹이', '뚱땡이', '해골' 같은 별명은 짓지 말아야 합니다. 설사 다른 사람이 부러워하는 신체적 특징을 가지고 있다고 하더라도 조심해야 합니다. 그 신체적인 특징이 그 사람에게 콤플렉스인 경우도 있기 때문입니다.

신체적 특징이 아니어도, 본인이 원하지 않는 것을 그 사람의 대표 이미지로 삼는 것은 좋지 않습니다. 예를 들어 안경은 시력이 나빠서 쓰는 경우가 많습니다. 안경을 쓰고 싶어서 쓰는 사람은 일부일 것입니다. 어떤 사람은 패션 아이템으로 안경을 선택합니다. 하지만 시력이 나쁜 사람에게 '안경'이라고 별명을 붙이는 것은 좋지 않습니다.

사례 3에서 가장 문제는 별명을 일방적으로 붙였다는 것입니다. 원래 이름이라는 것은 그 사람의 정체성의 일부입니다. 사람의 정체성에는 타인에게 어떻게 보이고 싶은지에 대한 바람도 들어 있습니다. 그러므로 일방적으로 별명을 정해 부르는 것은 상대방의 인권에 관한 문제일 수도 있습니다. 별명은 가능한 한 스스로 짓는 것이 좋습니다. 주위에서는 그 별명으로 불러줘야 합니다. 만약 여러분이 누군가의 별명을 붙이게 되면 "○○이라고 불러도 괜찮아?"라고 그 별명의 주인에게 물어보는 것이 가장 이상적인 소통 방법입니다.

별로 달갑지 않은 별명이 생겨버렸다면

반대로 내가 콤플렉스로 느끼는 점이 별명이 되었다면? 너무나 괴로운 일이지요. 많은 사람들은 이 문제를 해결하려고 다음과 같은 행동을 합니다.

- 확실하게 싫다고 말한다.
- 많은 사람 앞에서는 우선 어쩔 수 없이 받아들인다. 나중에 별명을 붙인 사람과 둘이 있을 때 그렇게 부르는 것은 싫다고 말한다.
- 누군가 그 별명으로 부르더라도 대답하지 않는다.
- 불쾌하다는 것을 태도로 보여준다.

이처럼 여러 가지 방법이 있습니다. 하지만 상대의 성격과 상황에 따라 말하는 방법을 선택할 필요가 있습니다. 위에서 소개한 처음 두 가지 방법은 상대방에게 '하지 않았으면 좋겠다'라고 요구하는 대처법입니다.

이처럼 상대방에게 뭔가 요구할 때 활용할 수 있는 커뮤니케이션 이론을 소개하겠습니다.

남에게 요구할 때 유효한 '페이스 이론'

인간에게는 두 가지의 페이스face가 있다고 합니다. 페이스의 뜻은 '얼굴'입니다. 페이스에는 '적극적 페이스'와 '소극적 페이스'가 있습니다. 일종의 심리적인 얼굴이며 마음의 태도라고 보면 됩니다.

- 적극적 페이스: 다른 사람에게 잘 보이고 싶은, 인정받고 칭찬받고 싶은 욕구
- 소극적 페이스: 남에게 비판받고 싶지 않은, 자유롭고 싶다는 욕구

의사 표현을 하고 싶을 때는 상대방의 페이스를 위협하지 않도록 하세요. 예를 들면, 사람들에게 그 별명으로 불리는 것이 싫다고 해도 "그렇게 부르는 거, 그만 좀 해 줄래?"라고 말하는 것은 상대방의 '소극적 페이스'를 위협하게 됩니다. 소극적 페이스가 위협받은 상대방은 반항심을 품거나, 고집불통이 되기도 합니다. 혹은 오히려 더 심하게 놀릴 가능성도 있습니다. 소극적 페이스를 위협하면 상황이 더 안 좋아질 수 있습니다. 그렇기 때문에 적극적 페이스에 호소하는 방법으로 의사 표현을 하면 좋습니다. 예를 들면, "너는 진짜 사람 특

징을 잘 찾아내는 것 같아. 그런데 나는 내 점이 좀 신경 쓰여. 그러니까 네 장점을 살려서 다른 별명을 찾아줘. 내가 들어도 좋고 다른 사람이 불러도 괜찮은 걸로."

이렇게 상대방 칭찬을 하면서 상대방의 적극적 페이스를 배려하면 좋습니다. 그 후에 하고 싶은 말을 하면 상대방은 위협감도 느끼지 않고 여러분의 의견을 더 잘 들어줄 수 있습니다.

물론 '그 별명으로 부를 때 대답하지 않는다', '표정이나 태도로 내가 불쾌하다는 것을 보여준다'는 것도 상대방을 공격하는 것은 아닙니다. 그렇지만 상대는 그 표정이나 태도를 비판이라고 받아들일 수 있습니다. 소극적 페이스를 위협할 수도 있죠. 따라서 이 방법은 상대의 기분을 상하게 할 수 있습니다. 그래서 위에 있는 예와 같이 적극적 페이스를 배려하면서 가능한 한 소극적 페이스를 위협하지 않는 표현을 하세요. 상대방이 나를 기분 나쁘게 하더라도 내가 상대방에게 그러지 말라고 지적할 때는 '돌려 말하는 것'이 더 좋습니다. 중요한 건 내가 싫어하는 별명으로 이제 더는 불리지 않아야 한다는 것입니다(이렇게 상대방을 배려하며 돌려 말하는 기술을 '자기표현 훈련assertion training'* 이라고 부릅니다).

싫어하는 사람이라도 상대방에 대한 존중을 잊지 않는 것이 결국 제일 중요합니다. 이런 신념은 반드시 자신을 강하게 만듭니다. 또한 상대방을 존중하는 태도는 미래에 당신에게 큰 재산이 될 것입니다.

* 미국에서 1960년대부터 시작된 행동요법. 소극적인 사람에 대한 적극적인 자기주장과 그 표현법 훈련.

그리고 그런 나를 보고 힘이 되어주고, 편을 들어주는 사람도 생길 것입니다.

싫은 소리를 들었을 때, 적극적으로 대처하는 방법

상처받을 만한 말을 하는 사람은 나쁩니다. 물론 나쁜 행동을 고치는 것이 가장 이상적인 방법이겠죠. 하지만 현실에서 타인의 행동을 변화시킨다는 것은 대단히 어렵습니다. 당신은 어떤 방법이든 선택할 수 있지만 상대방을 탓하거나 화를 내며 공격하는 듯한 태도를 보이는 것은 좋은 해결책이 아닙니다. 상대방이 오기가 생기면 오히려 더 심하게 굴 수도 있습니다. 탓하거나 화를 내는 방법은 최후의 방법으로 남겨두세요(어디까지나 존중이 제일 중요합니다).

상대방에게 말을 해서 상대방의 태도를 고치거나 더는 그 별명으로 부르지 못하게 할 수 있습니다. 그런데 이 방법은 상대방의 의사에 달려 있어서 문제 해결에 한계가 있습니다. 이렇게 상대방에게 맡기지만 말고 내 쪽에서 대처할 방법도 있지 않을까요? 그냥 참고 있기만 하면 스트레스가 쌓입니다. 이번에는 내 쪽에서 적극적으로 대처할 방법을 찾아보겠습니다.

① 별명이 될 만한 특징을 없애버린다.

② 더 눈에 띄는 좋은 특징을 열심히 만들어낸다.

③ 싫어하는 특징을 좋아하는 특징으로 만든다.

④ 자신이 더 좋아할 수 있는 별명을 스스로 제안해서 바꾸도록 한다.

⑤ 다른 해석을 전달한다.

우선 ①은 만약 가능하다면 별명의 원인을 없애는 것입니다. 별명이 될 만한 내 특징을 없애는 것입니다. 매우 효과적인 방법입니다. 애초에 그런 특징이 없다면 별명은 자연스럽게 사라집니다. 만약 당신이 등을 구부정하게 해서 앉거나 걸어 다녀서 '새우등'이라고 불린다면 방법은 의외로 간단합니다. 자세를 바르게 고치는 것입니다. 꼿꼿하게 앉아 있거나 걸어 다니면 어떨까요? 자세 교정을 받는 것도 좋은 방법입니다. 그러면 사람들은 이제 당신을 '새우등'이라고 부르지 않을 것입니다.

②는 강점을 내세워 약점을 가리는 방법입니다. 조금 더 눈에 띄는 특징을 만들어내세요. 그럼 당신이 원하지 않는 별명은 힘을 잃습니다. 예를 들면 몸에 있는 점이 눈에 띈다면 모자 같은 멋진 패션 아이템에 신경을 써보세요. 헤어스타일을 바꿔도 좋고 안경을 안 쓰고 있다면 써보는 것도 좋아요. 안경테는 튀는 게 좋겠죠? 혹은 특징을 거꾸로 이용하는 것도 가능합니다(③). 눈에 띄는 특징, 보통 '트레이드마크'라고 부르는 나만의 개성을 만들어보세요. 도수가 없는 안경을 일부러 쓰는 사람도 있습니다. 별명이 안경이라면, 매일매일 다른 안경을 착용해보는 건 어떨까요? 이렇게 자신만의 특징을 만들어낸다면 더할 나위 없이 멋진 일이 될 것입니다.

내게는 무리라고 생각해도, 일단 해보자

우리는 단점을 장점으로 만들거나 단점을 극복하기 위해 노력하는 과정을 성장 과정이라고 부릅니다. 그렇게 자신의 가치는 높아집니다. 하지만 불리한 상황에 지지 않고 억울해도 긍정적으로 노력하는 게 쉬운 일이 아닙니다. 강한 정신력으로 자신의 한계를 극복하는 사람은 아마 드라마에서나 찾을 수 있을 것 같습니다. 현실에서는 찾아보기 어렵습니다. 그렇지만 사실은 누구나 할 수 있습니다. '내게는 무리야'라는 결론 뒤에는 다른 마음이 숨어 있습니다. 어쩌면 당신은 당신을 바꾸지 않을 이유만 찾고 있을지 모릅니다.

시작도 하기 전에 포기하지 마세요. 그리고 무슨 일이든 하겠다는 마음이 필요합니다. 일단 시작해보세요. 여러분도 다 비슷한 경험이 있을 거예요. 진짜 청소하기 싫을 때도 막상 청소기를 돌리기 시작하면 그 일에 집중합니다. 청소가 끝나고 나서 '정녕 이 방이 내 방인가'라고 생각해본 적이 있을 것입니다. 분명 청소하기 싫었는데 청소를 끝내다니 신기한 일입니다. 어떤 행동을 시작하면 그 행동을 계속하게 되는 것은 인간의 특성입니다. 이 특성은 우리 뇌에서 나옵니다. 이 모든 것은 '내'가 아니라 '뇌'가 시켜서 몸이 움직인 결과입니다. 인간의 뇌에는 '측좌핵*'이라는 의욕의 스위치가 있습니다. 어떤 행

* 측좌핵은 뇌의 양쪽에 두 개가 있습니다. 동기 및 보상, 기쁨, 중독과 관련된 정보를 처리하는 뇌의 기관입니다. 주로 '동기, 혐오, 보상, 학습 강화'의 인지 처리에 중요한 역할을 합니다. 게임 중독 같은 것도 측좌핵이 관여합니다. 예를

동을 시작하면 측좌핵에 자극이 전달되고, 그 행동을 계속하게 되는 성질이 있습니다. 그러니 일단 청소를 시작하면 멈추기 어렵습니다. 뇌의 측좌핵이 활성화되었기 때문입니다.

코넬대학교의 길로비치Thomas Gilovich와 메드벡Victoria Husted Medvec은 '후회'라는 의식에 관련한 다섯 종류의 조사를 한 적이 있습니다. 이 연구는 연령과 성별로 골고루 포함하여 대면, 전화, 앙케트 등의 방법으로 이루어졌습니다. 연구 결과를 간단히 말하면, 인간은 단기적으로는 '자신이 했던 일에 대한 후회'를 잘 떠올립니다. 장기적으로는 '자신이 하지 않았던 것에 대한 후회'를 잘 기억합니다. 나아가 하지 않았던 일에 대한 후회는 시간이 지날수록 더 깊어지는 경향이 있습니다. 결국 한 일에 대한 후회보다 하지 않은 일에 대한 후회가 더 기억에 남습니다.

친구나 지인이 원하지 않는 별명으로 나를 부르면 기분이 나빠집니다. 이럴 때 자신을 그대로 내버려두지 말고 친구나 지인에게 말하거나 약점을 극복하는 적극적인 행동을 하는 것이 좋습니다. 자신을 보호하기 위한 행동을 하세요. 조금 시각을 바꿔 자신을 성장시키기 위한 행동을 한다면 일석이조입니다. 행동하면서 하는 후회는 오래 남지 않습니다. 후회가 깊어지고 쌓이면 당신의 미래에 심리적 장애가 될 수 있습니다. 자신을 바꿀 수 있는 것은 자신밖에 없습니다. '한 걸음 더 걸어보자!' 하고 자신에게 이야기해보면 어떨까요?

들어 청소를 하면서 측좌핵이 활성화되어 뇌에서 보상을 받는다는 감정을 느낄 수 있습니다.

사례 4

소문의 힘

띠링~ 어느 날 같은 동아리 친구들의 라인 대화방에 마사키가 글을 올렸습니다.

"얘들아, 루미 얘기 들었어?"

"응? 무슨 얘기?"

"걔 어제 수업 끝나고 유이치를 밀어서 넘어뜨렸대."

"진짜?"

"사에코도 봤다던데?"

그러자 다른 친구들이 계속 글을 올렸습니다.

"불쌍하다."

"아, 그러고 보니까 루미가 나를 무시한 적도 있어!"

"우리 반에서 누가 꽃병을 깨뜨렸는데, 그것도 루미가 한 거라고 하던데."

나도 모두의 분위기에 휩쓸려 루미에 대한 이야기를 하고 말았습니다.

"예전에 루미가 화냈던 적 있잖아. 그런데 걔는 화내면 아무도 말릴 수가 없대. 분노조절장애인가?"

이렇게 친구들은 대화방에서 '루미는 나쁜 아이'라고 몰아갔습니다. 이야기를 하면 할수록 루미는 점점 더 나쁜 아이가 되어갔습니다. 이런 나쁜 소문은 어떻게 시작되었을까요?

소문이 퍼지는 원리

나쁜 소문이 생기는 과정을 잘 살펴보면 적어도 두 가지의 심리학적 현상이 포함되어 있습니다. 첫 번째 심리적 현상은 '관찰자 편견*'입니다. 관찰자 편견이란 대부분의 사람은 '자신의 의견이나 가치

* '귀인 편견attributional bias'의 한 형태입니다. 귀인 편견은 어떤 사건에 대한 원인을 판단하는 데 영향을 끼치는 심리학의 인지적 편견 중 하나입니다. 이 편견은 크게 두 가지 형태를 가지고 있습니다. 하나는 행위자 차이actor differences이고, 다른 하나는 관찰자 차이observer differences입니다. 어떤 행위에 참여하고 있는 사람들(행위자)은 그것에 참여하지 않는 사람들(관찰자)과 다르게 본다는 것입니다. 그 행위가 일어났을 때 그 상황에 참여한 사람의 주장이 조금 떨어져서 보고만 있는 사람의 주장보다 더 설득력이 높다는 뜻입니다. 그 행위의 원인을 판단할 때 이것은 인지 왜곡의 원인이 됩니다. 관찰자가 더 정확하게 원인을 판단할 수도 있는데 참여자의 의견을 더 많이 믿습니다. 이 논리를 확대해 보면 어떤 행동을 했을 때 우리는 그 참여자에 대해 먼저 생각하게 됩니다. 관찰자는 행위자뿐만 아니라 주변의 상황과 맥락을 볼 수

관에 맞는 정보만 본다'는 왜곡된 시각을 가졌다는 것입니다. 관찰자 편견은 마치 필터처럼 작용합니다. 그 필터는 사람들의 눈을 가립니다. 친구들은 루미에 관한 여러 가지 행동과 정보를 가지고 있습니다. 하지만 이 정보 중에서 루미가 나쁜 사람이라고 생각될 만한 정보만을 골라서 봅니다.

관찰자 편견이라는 필터로 받아들인 정보는 루미가 나쁘다는 편견을 입증하는 증거가 됩니다. 그리고 친구들끼리 편견이 있는 정보만을 교류하고 그 정보를 각각 자신들의 마음에 쌓아갑니다. 7명이 루미에 관한 나쁜 정보를 교류하면 친구 각각은 자신이 본 적도 없고 확인한 적도 없는 정보 7개씩을 갖게 됩니다. 그 일곱 개의 편견이 담긴 정보를 대화방에 참여하지 않은 다른 친구들과 교류하면 루미는 학교 전체에서 제일 나쁜 사람이 될 수도 있습니다. 루미에 대한 편견이 학교 전체로 퍼져버리면 루미가 나쁘다는 증거는 셀 수 없을 만큼 늘어납니다. 이렇게 나쁜 소문은 빠르게 전해지며 그 양도 점점 늘어납니다. 결국 확인할 수 없는 정보의 개수가 늘고 그 내용도 과장해서 부풀려집니다. 위의 사례를 적용해보면 여러 친구들 사이로 소문이 퍼지면서 "루미가 친구에게 꽃병을 던졌대!"라는 말이 만들어질 수 있습니다. 누가 친구에게 꽃병을 던진 사람과 친구를 할까요?

있습니다. 하지만 참여자 즉 행위자에 대한 책임을 더 따지게 되는 인지적 편견이 있습니다. 사람들은 누가 꽃병을 깨뜨렸다면 꽃병의 위치나 다른 사람의 행동이 어떤 영향을 끼쳤는지 따지지 않습니다. 많은 사람들이 그냥 꽃병을 깨뜨린 사람을 서투르다거나 평소에 덤벙거렸거나 주의력이 부족하다고 평가합니다.

이렇게 되면 루미는 학교의 모든 친구 사이에서 완전히 소외됩니다.

두 번째는 '동조*'라고 부르는 집단 심리입니다. 뉴욕대학교의 도이치와 제럴드는 집단에 동조하는 원리를 '규범적 영향'과 '정보적 영향' 두 가지로 나누고 있습니다.

- 규범적 영향 : 집단에서 인정받고 싶고 제재를 피하고 싶은 욕구 때문에 집단의 규범에 맞는 태도나 행동을 하는 것에 영향을 주는 심리.
- 정보적 영향 : 무엇이 올바른지 모를 때, 타인이나 집단의 말과 행동을 '올바른 것'으로 받아들이고 그에 따라 행동하는 데 영향을 주는 심리.

심리학의 '동조' 현상에 비추어 앞의 사례를 살펴보겠습니다. 미사키가 했던 "걔 어제 수업 끝나고 유이치를 밀어서 넘어뜨렸대"라는 말로부터 나쁜 말 대잔치가 시작되었습니다. 그 후 누구도 루미를 감싸는 말을 하지 않았습니다. 그 때문에 친구들 안에서는 루미의 험담을 하는 '흐름' 같은 것이 생겼습니다. 이 상황에서 누군가 루미가 그런 아이가 아니라는 말을 한다면? 이 흐름이 깨집니다. 만약 루미를 옹호하는 사람이 있다면 그 친구는 '내가 눈치 없이 말을 하는 건 아

* 심리학에서 '동조'는 자신이 원래부터 가지고 있거나 아직 정해지지 않은 생각이나 행동을 집단의 압력 때문에 그 집단이 지향하는 생각이나 원하는 행동으로 바꾸는 것을 말합니다. 동조는 개인의 성향이 집단에 영향을 받는다는 심리적 현상을 뜻합니다.

닐까', '무리에 끼지 못하게 되는 것은 아닐까'라는 불안을 느낄 것입니다. 결국 대화방의 모든 친구들은 미사키의 말에 반대하지 못하게 됩니다. 한 걸음 더 나아가 미사키의 말에 찬성하거나 루미를 공격하는 더 심한 말을 하기도 합니다.

이렇게 서로의 눈치를 보며 대화방 친구들의 대화는 단숨에 '루미는 나쁜 사람'이라는 쪽으로 나아갑니다. 그런데도 이 대화방에서 루미에 대한 험담을 하고 있는 모든 친구들은 자신들이 나쁜 일을 하고 있다는 의식을 가질 가능성은 적습니다. 이들 모두는 거의 죄의식을 느끼지 못합니다. 왜냐하면 루미에 대한 나쁜 말을 여러 친구들이 나눠서 했기 때문에 개인이 느끼는 책임의식이나 책임감은 줄어들게 됩니다. 다수가 비난을 하면 그 다수를 구성하는 개인들은 자기 마음속의 죄의식을 느끼지 못할 가능성이 높습니다. 직접 말을 하지는 않지만 마음속으로 이런 생각을 합니다.

'나만 욕하는 것도 아닌데…… 뭘!'

상황이 이렇게까지 되면 더는 손을 쓸 수 없게 됩니다. 소문이 소문을 부르고, 헛소문까지 돌게 되는 경우도 자주 있습니다. 이제는 아무런 죄의식 없이 재미 삼아 거짓말을 하는 사람도 생깁니다. 한번 소문이 돌기 시작하면 잠재우기 어렵습니다. 루미가 소문은 사실이 아니라고 부정해도 사람들은 '핑계'를 댄다고 생각합니다. 심지어 루미가 '거짓말'을 하고 있다고 생각하는 사람도 있습니다.

소문을 잠잠하게 하려면 효과적인 방법이 하나 있습니다. 소문을 만들어낸 집단에서 신뢰받는 사람이 소문이 잘못되었다고 말하면 됩니다. 사람들은 모두가 믿을 만한 사람의 발언은 '정답'이라고 생각하는 경향이 있습니다. 이것이 '동조' 현상에서 말하는 '정보적 영향'으로 작용할 가능성이 크기 때문입니다. 정보적 영향력은 집단으로부터도 생기고 그 집단에서 신뢰받는 개인으로부터 생기기 때문입니다. 루미가 정말 나쁜 아이인지 아닌지 혹은 나쁜 행동을 했는지 안 했는지 아무도 확인할 수 없는 상황에서 신뢰받는 친구가 그런 일은 없다고 말하면 정보적 영향력은 커집니다.

문제는 그런 신뢰받는 사람이 없을 때입니다. 그럴 때라도 루미는 자신의 주변 사람, 좋아하는 사람들에게만이라도 진실을 이야기하고 믿어달라고 해야 합니다. 그 후에는 소문이 사라질 때까지 참고 견디는 방법밖에 없습니다. 속담 중에 '남의 말도 석 달'이라는 말이 있습니다. 영원히 그 소문이 톱뉴스로 오르내리지는 않습니다. 물론 소문이 나도는 것은 괴로운 일이지만, 자신의 말을 한 명이라도 믿어주면 나쁜 소문을 견딜 수 있습니다. 주변이 어떻게 이야기하든 내가 좋아하는 사람들이 나를 믿어주는 것은 큰 위로가 됩니다. 또한 그 사람들은 소문이 사라지는 것을 도와줄 수도 있습니다.

원래 인간이란 십인십색이지요. 집단의 모든 구성원이 동조 현상에 물들지는 않습니다. 집단 전체의 구성원이 오랫동안 같은 마음, 같은 생각을 갖는 것은 불가능합니다. 우리들은 본능적으로 모두 같은 것을 원하지 않습니다. 진화론적인 입장에서 생각해 봐도 다양성이 없다면 인간은 멸종했을 것입니다. 자연재해나 외적의 침략, 혹은 전염병이 발생했을 때 모든 사람이 한두 가지 생각만을 가지고 행동했다면 아주 운이 좋은 경우를 제외하고 살아남을 가능성이 줄어들었을 것입니다. 재난이 생겼을 때 공동체 구성원이 여러 가지 의견을 내고 시도를 하는 것은 해법을 찾는 좋은 방법입니다. 한두 가지 해법으로 실패하게 되면 공동체 전체가 붕괴할 수도 있는 일입니다. 그렇기에 창의적이고 다양한 생각을 할 수 있는 공동체는 생존 가능성이 높았을 것입니다. 진화심리학의 입장에서 보면 어떤 공동체의 사람이든 같은 생각을 하지는 않습니다.

루미에 대한 악소문이 학교 전체를 휩쓸고 있어도 학교의 모든 사람이 그 생각에 동의하지 않습니다. 어떤 사람은 관심이 없고 어떤 사람은 루미가 절대 그런 사람이 아니라고 생각합니다. 다른 친구는 루미가 소문 때문에 따돌림을 당하는 것을 보고 마음이 아파 루미에게 잘해줄 수도 있습니다. 만약 루미가 소문 때문에 모두가 나를 싫어한다고 생각하면 상황은 더욱 절망적이 됩니다. 그냥 마음 편하게 생각하기 위해 노력하는 것이 좋습니다. '나를 좋아하는 사람이 있으면 좋아하지 않는 사람도 있는 거야.' 어쩔 수 없는 일이라고 단호하게 생각하세요. 소문에 마음이 다치고 위축될수록 더 힘들어지는 것은 자기뿐입니다.

나쁜 소문이 나버렸을 때의 대처법

루미처럼 자신이 하지 않은 일로 비난받거나 혹은 실수로 어떤 일을 했더라도 친구들에게 안 좋은 소문이 퍼지면 억울할 수 있습니다. 한 명씩 찾아가 진실을 밝히면 억울함이 풀어질까요? 모두가 있는 곳에서 내가 아니라고 소리치면 괜찮아질까요? 학교 전체에 나쁜 소문이 돌면 방법이 없어 보입니다. 이럴 때는 어떻게 대처해야 할까요?

심리학에서 말하는 '득실 효과*'를 알면 방법을 찾을 수 있을지도 모릅니다. 득실 효과는 미네소타대학교의 엘리엇 애런슨Elliot Aronson과 다윈 린더Darwyn Linder의 연구에서 밝혀졌습니다. 이 효과는 '츤데레**' 법칙이나 '반전 매력'의 원리와 같습니다. 츤데레는 두 가지 말의 합성어입니다. 일본에서는 호의적이라고 할 수 있는 행동을 '데레'라고 말하고, 비호의적인 행동을 '츤'이라고 표현합니다. 득실 효과는 당신이 어떤 사람을 처음 만났을 때 하는 행동을 보면 이해하기 쉽습니다. 당신이 행동할 수 있는 네 가지 행동 패턴을 소개하겠습니다.

① 계속 츤츤 (비호감→비호감)

② 계속 데레데레 (호감→호감)

③ 처음엔 데레데레, 나중에는 츤츤 (호감 이후 호감→비호감 이후 비호감)

④ 처음엔 츤츤, 나중에는 데레데레 (비호감 이후 비호감→호감 이후 호감)

* 보통 첫인상에 관계된 심리학 이론으로 알려져 있습니다. 처음 만난 사람에게 냉정하게 대하면 당신의 호감도는 떨어집니다. 대신 나중에 따뜻하게 대해주면 호감도는 처음부터 친절하게 대했을 때 보다 더 올라갑니다(게인 효과). 반대로 처음에 친절하게 대하다가 나중에 불친절하게 대하면 반대로 호감도는 더 많이 떨어집니다(로스 효과). 심리학자 앨런 필리포위츠Alan Filipowicz는 득실 효과를 바탕으로 모의 교섭 실험을 진행했습니다. 그는 처음 협상할 때 완강한 태도를 보이면 나중에 조금만 양보해주더라도 협상을 원만하게 진행할 수 있다는 연구 결과를 발표했습니다.

** 일본의 인터넷 유행어로, 새침하고 퉁명스러운 모습을 나타내는 일본어 '츤츤つんつん'과 부끄러움을 나타내는 '데레데레でれでれ'가 합성된 단어입니다(옮긴이 주).

네 가지 패턴 중에 가장 좋은 인상을 남기는 행동은 ④번 츤츤→데레데레입니다. 다음으로 처음에는 별로 좋아보이지 않다가 나중에는 끝까지 호감을 보여주는 ②번이 좋습니다. ①은 계속 인상이 나빠집니다. 제일 안 좋은 건 ③번입니다. 상대방에게 극단적으로 나쁜 인상을 주게 됩니다. '츤데레'는 순정만화에서 생긴 말입니다. 불량스럽고 퉁명스러운 남자 주인공이 가끔 보여주는 의외의 다정한 모습에 여자 주인공은 설렘을 느낍니다. 이러한 스토리에 공감하는 사람들이 늘어나면서 어느덧 츤데레는 로맨틱 코미디 장르에서 하나의 공식이 되었습니다. 사람들을 설레게 만드는 것은 '츤데레'가 가장 효과적이라 할 만합니다. 연구 결과, 가장 인상이 나빴던 ①번과 가장 인상이 좋았던 ④번의 호감 차이는 거의 780배 정도라고 합니다.

심리학에서 말하는 득실 효과를 현실에 적용해보겠습니다. 자신에 대한 나쁜 소문이 났을 때 가장 좋은 방법은 나쁜 소문과 반대로 좋은 인상을 줄 수 있는 행동을 보여주는 것입니다. 그렇다면 처음부터 좋은 인상을 주는 사람들보다 수십 배, 수백 배의 호감을 줄 수 있습니다. 그러니까 나쁜 소문이 나더라도 괴로워하지 마세요. 자신의 모습을 바꾸기 위해 노력하면 더 좋은 결과를 얻을 수 있습니다. 다른 사람에게 친절하게 행동하면 주변의 나쁜 평가를 한 번에 좋은 평가로 바꾸고 사람들에게 폭발적인 인기를 끌 수도 있습니다.

그래도 현실은 어렵습니다. 그럼에도 방법이 하나밖에 없다면 도전해보는 건 어떨까요? 괴로운 경험을 자신이 키울 수 있는 거름으로 쓰는 것입니다. 위기를 기회로 바꾸는 것, 물론 힘들고 어려운 일입니다. 그러나 고통을 이기며 운동을 해야만 근육이 발달합니다. 곤란을 이겨내고 목표를 달성했을 때 진정한 자기 성장을 이룰 수 있습니다.

사례 5

반에서 인정받고 싶어서

나오키는 학교에서 유머를 담당합니다. 인기 있는 친구죠. 수업 중에 늘 재미있고 특이한 말을 해서 모두를 웃게 했습니다. 사람들이 좋아할수록 나오키는 더 재미있는 이야기를 찾았습니다. 그래서 나오키는 동영상 사이트의 코미디에 푹 빠져 있었습니다. 거기서 유머 코드를 배웠죠. 나오키는 인터넷 동영상에서 유명한 코미디언이 남을 괴롭히면서 사람들을 웃기는 것을 보았습니다. 나오키는 이 코미디언을 흉내 내서 친구들을 웃기기로 마음먹었습니다. 다음 날 아침 일찍 학교에 갔습니다. 그리고 한 친구를 놀림거리로 삼아 모두를 웃겼습니다. 너무 재미있었는지…… 나오키의 친구 놀리기는 계속되었습니다. 나오키에게 놀림을 받은 아이는 다른 친구들에게도 웃음거리가 되었습니다.

어느 날, 놀림을 받던 아이가 나오키를 찾아와 눈물을 보였습니다. 그 친구는 "이제 그만했으면 좋겠어"라고 나오키에게 부탁했습니다. 나오키는 우는 아이를 신경도 쓰지 않았습니다. 사실 자기가 이제 더는 웃기지 못할까 봐 더 걱정이 되었습니다. 나오키는 부탁하러 온 친구에게 "왜? 이건 그냥 장난이야. 그냥 말만 그런 거지", "재미있잖아? 다들 좋아하는데…… 그 정도는 괜찮잖아"라고 말했습니다. 그 친구는 나오키와 제대로 얘기도 나누지 못했습니다.

자, 나오키는 친구가 울기까지 하는데 왜 놀림을 멈추지 않았을까요? 부탁하러 온 친구의 마음은 전혀 배려하지도 않고 자기가 맞는다고 우겼을까요? 나오키의 심리가 궁금해집니다.

인정 욕구

사람에게는 '인정 욕구'라는 것이 있습니다. 누군가에게 인정받고 싶다, 주목받고 싶다는 마음입니다. 인정 욕구는 그 자체로 나쁜 것은 아닙니다. 나오키는 특히 인정 욕구가 강한 아이일 뿐입니다. 그렇지만 나오키의 경우는 희생자가 있습니다. 자신이 남에게 주목받고 싶은 욕구를 채우기 위해 친구의 마음을 아프게 했습니다.

가끔 인터넷상에서는 비상식적인 행동을 찍은 동영상을 올려 문제가 되는 사람들이 있습니다. 이런 사람들 중 대부분은 인정 욕구를 채우고 싶어, 도를 넘는 행동을 합니다. 그들에게 동영상에 문제가 있다고 지적하면 이렇게 대답합니다. "재미있으면 되지. 뭘!", "너도 웃었잖아?"라고요. 사람들에게 즐거움을 줄 수 있다면 어떠한 행동을 해도 괜찮은 것일까요? 이 과정에 희생자가 있다면, 특히 놀림거리가 되는 사람이 있다면 그는 피해자가 됩니다. 만약 당신이 놀림거리가 되고, 피해자가 되었다면 어떻게 대처해야 할까요?

가장 빠른 대처 방법은 당신을 놀렸던 사람을 직접 만나는 것입니다. 그리고 그만하라고 요구해야 합니다. 많은 친구들에게 놀림을 당한 아이도 울면서 나오키에게 놀리는 걸 그만하라고 요구했습니다. 그런데 나오키는 개인이 상처받는 것보다 모두가 즐거운 쪽이 더 중요하다고 말했습니다. 그리고 멈추지 않았습니다.

저는 이 책의 서문에서 다른 사람을 따돌리는 이유를 남들보다 우위에 서려고 하기 때문이라고 지적했습니다. 나오키의 경우와는 조금 다른지만 따돌림과 놀림은 비슷한 이유를 가지고 있다고 생각할 수 있습니다. 누군가를 놀리면 자신이 그 사람보다 우위에 있다고 생각할 수 있습니다. 친구를 놀림거리로 만드는 것의 이면에는 서열상위로 올라가려는 욕구뿐 아니라 인정 욕구도 있습니다. 주변에서 인정받고 싶어 하는 욕구 때문에 친구를 놀릴 수 있습니다.

이런 사람들에게는, 무엇이 부족한 것일까요? 그것은 타인에 대한 애정과 상상력입니다. 그들은 자신의 욕심을 채우기 위해 행동합니다. 그 때문에 힘들어하는 사람들이 있을 거라고는 상상하지 못합니다. 또한 다른 사람의 마음을 조금 안다고 해도 자신의 재미나 눈앞의 이익을 우선으로 여깁니다.

이러한 사람들에게는 무조건 반발하면 역효과가 생길 수 있습니다. 그들의 인정 욕구를 채우기를 방해하는 것은 좋은 대처법은 아닙니다. 오히려 그들의 인정 욕구를 채워주세요. 그 후에 그들의 공격성을 줄이는 방법을 생각하는 것이 당신에게 유리합니다.

예를 들어 나오키의 경우에는 이렇게 말해보면 어떨까요?

“나오키, 넌 정말 재미있어. 진짜 웃겨. 그래서 애들이 너 좋아하잖아. 나중에 넌 분명히 유명한 개그맨이 될 거야. 근데…… 널 좋아하는 애들 중에는 네가 좀 심하다고 생각하는 애들도 있어. 그렇게 친구를 놀려먹는 걸로 웃기면 그 친구가 상처받을 수도 있거든. 게다가 다른 애들은 네 옆에 있다가 놀림감이 되면 어떻게 할까 걱정할걸? 그래서 너랑 친해지기 싫어할지도 몰라. 그럼 친구도 없어지고 결국 네가 상처 입을 수도 있어. 그럼 모두 힘들어지잖아. 남을 놀리지 않는 개그를 개발하면 나중에 TV에 나와도 사람들이 더 좋아할 거야.”

이렇게 나오키의 장점을 인정하고 힘을 북돋아주면 나오키는 마음을 열 가능성이 큽니다. 나오키는 인정 욕구 때문에 그런 일을 했지만 인정 욕구는 장점도 있습니다. 사람은 자신의 장점을 인정받으면 마음을 열게 됩니다. 진짜 나오키의 편이 되어주면 나오키도 당신의 편을 들어줄 것입니다. 이 말을 할 때는 꼭 놀림거리가 되었던 사람이 할 필요는 없습니다. 주변 친구에게 말해달라고 부탁해도 같은 효과를 얻을 수 있습니다. 아무래도 나오키와 친한 친구에게 부탁하는 편이 좋습니다. 그러면 더욱 솔직하게 마음을 털어놓을 테니까요. 나오키가 인정하는 사람이 말하면 마음을 열고 말을 들어줄 가능성은 더 커집니다.

인정 욕구의 노예 같은 사람에 대처하는 법

우리 아이가 실제로 나오키 같이 친구를 놀리는 아이거나 혹은 놀림을 당하는 친구라면 어떻게 해야 할까요. 우선 괴롭히는 아이에게는 예능 프로그램의 진실을 알려주어야 합니다. 연예인들이 예능에서 남을 괴롭히며 웃기는 모습은 오직 시청자들에게 즐거움을 주기 위해 하는 일이라는 것입니다. 예능 프로그램의 출연자들은 이미 서로 친합니다. 서로 믿고 있기 때문에 텔레비전에서 놀리는 것은 서로에 대한 애정을 밑바탕으로 하고 있습니다. 또한 많은 시청자가 그것을 현실이라기보다는 연출된 상태라는 것을 알고 있습니다. 현실이 아니라 가상공간에서 그리고 서로 약속된 상황에서 웃고 즐기는 것뿐입니다. 애정과 신뢰가 없는 관계에서 놀림은 장난이 아니라 험담이 됩니다. 험담은 다시 괴롭힘을 넘어서 폭력이 됩니다.

또한 일반인이 누군가의 단점을 들추는 농담을 할 때는 예능 프로그램의 출연자처럼 능숙하게 말하기 어렵습니다. 출연자들은 상대방에게 상처를 주지 않으면서 무난하게 웃길 수 있는 고도의 테크닉을 가지고 있습니다. 일상에서는 굳이 밝히고 싶지 않은 단점을 들춰내면 친구는 상처받고 괴로워합니다. 아이들에게 친구의 약점을 가지고 놀리는 것은 누구나 섣불리 할 수 있는 일이 아니라는 것을 반드시 알려주세요.

타인을 놀리고 싶은 마음이 든다면 자기 말에 그 사람이 상처받을지도 모른다는 생각을 해야 합니다. 놀리기 전에 생각해보세요.

'내가 이렇게 행동하면 친구 마음은 어떨까?'

말을 꺼내기 전에 꼭 그 사람이 느낄 기분을 상상해 보아야 합니다. 사전에 친구의 마음을 배려하는 것보다 중요한 것이 있습니다. 친구에 대한 애정과 존중입니다. 만난 지 얼마 안 되어 아직은 덜 친한 친구한테 장난을 치지 않는 것이 좋습니다. 아직 서로 간의 애정이 쌓이지 않았기 때문입니다. 서로 좋아하는 친구라면 당연히 서로의 약점을 가려주고 보호해줘야 합니다. 그러면 놀림은 없을 것입니다.

이번에는 괴롭힘을 당하는 아이의 느낌이 어떤지 생각해보겠습니다. 놀림거리가 된 친구는 사람들이 자기 이야기를 할 때마다 수치심을 느끼고 자존심이 상할 것입니다. 인정 욕구가 강한 아이를 제외한 많은 아이들은 자신이 놀림거리가 돼서 사람들의 주목을 받고 싶어 하지 않습니다. 그런 아이들은 누군가가 자신을 소재로 삼아 개그를 하면 마음에 상처를 많이 입습니다. 마치 사고를 당한 것과 같습니다. 그 피해도 막대합니다.

인정 욕구가 강한 친구의 욕심 때문에 내가 피해를 보는 상황이라면 어떤 대책을 세워야 할까요? 대책을 세우려면 앞서 말한 '페이스 이론'에서 힌트를 얻어야 합니다. 소극적 페이스는 남에게 비판받고 싶지 않은 마음입니다. 친구에게 자기 생각을 전달할 때는 비판하지 않는 편이 좋습니다. 그 친구가 기분이 안 좋으면 결국 내가 이야기가 아무리 정당해도 받아들여지지 않습니다. 그렇기에 친구의 소극적 페이스를 위협하지 않는 표현을 고민해야 합니다. 특히 친구의 인정 욕구를 충족시켜주는 편이 좋습니다. 저는 이것이 좋은 방법이라고 생각합니다. 인정 욕구가 강한 친구일수록 자신에 대한 비판을 받아들이기 어렵습니다.

놀림을 당한 사람이 나라면 다른 사람들 앞에서 그 친구에게 항의하고 싶은 것은 당연한 일입니다. 하지만 인정 욕구가 강한 사람은 타인에게 어떻게 보이는지 엄청나게 신경 씁니다. 그 때문에 남들 앞에서 자기 행동이 비판받는다고 생각하면 화를 낼 가능성이 있습니다. 그 친구와의 대화까지도 불가능해질 수 있습니다.

인정 욕구가 강한 친구와 싸우지 않고 불편한 이야기를 할 수 있는 세 단계의 방법이 있습니다. 첫 번째, 다른 친구들의 눈을 피해서 둘만 이야기할 장소를 찾으세요. 두 번째, 상대의 뛰어난 부분을 칭찬해서 인정 욕구를 채워주세요. 세 번째, 협상을 해야 합니다. 예를 들면 다음과 같이 설득할 수 있습니다.

"나오키는 늘 모두를 재미있게 해주려고 노력하는 모습이 최고야. 정말 대단하다고 생각해. 유머 센스도 엄청나고. 그런데 나는 사람들이 나를 보는 것이 조금 불편해. 그냥 개인적인 고민 상담이기도 하고 부탁하는 거일 수도 있어. 네가 농담할 때 내 이야기는 안 해줬으면 좋겠는데. 안 될까?"

이렇게 말하는 것은 '부탁(의뢰)'하는 언어행위입니다. '비판·비난'의 언어행위와는 완전히 다릅니다. 친구가 부탁을 들어주는 입장이 되면 친구는 관계에서 우위를 점하게 됩니다. 부탁은 친구의 인정 욕구를 채우는 언어행위입니다. 상대와 대립하는 것이 아니라, 상대방의 행동을 인정한 후에 요구하는 것입니다. 반대로 비판을 하게 되면 내가 우위를 점하는 위치가 되고 친구는 아래에 위치합니다. 비판은 인정 욕구가 강한 친구를 쫓아내는 언어행위입니다. 결국 갈등이 심해지고 그 친구에게 뜻을 전하기도 어려워집니다.

인정 욕구를 채워주며 자신의 의견을 말한 다음에 그 선택은 친구에게 맡겨두세요. 마지막에 "안 될까?"라고 물어보면 상대는 선택할 여지가 생깁니다. '명령'이나 '비판', 비난'과 같은 언어행위는 상대가 선택할 자유를 뺏습니다. 그러므로 상대의 심리적인 반발을 낳습니다. 위 예문에서는 선택권을 상대방에게 줍니다. 그 때문에 상대의 소극적이며 부정적인 페이스를 자극하지 않을 수 있습니다. 또한 자유로워지고 싶어 하는 욕구를 저해하지도 않습니다.

물론 이 3단계 방법이 반드시 성공한다고 할 수는 없습니다. 이럴 때는 확률적으로 생각해보세요. 내 이야기를 들은 친구가 보일 반응을 상상해보는 것입니다. 첫 번째 경우, '친구가 내 의견을 잘 받아들여 더는 놀리지 않는다.', 두 번째 경우, '친구가 받아들이지 않고 예전처럼 계속 행동한다.' 이렇게 두 가지 경우만 있을 것 같지만 세 번째 경우도 있습니다. '친구가 예전보다 더 많이 나를 놀리고 안 좋게 대한다.' 이 상황은 친구를 직접적으로 비난하거나 단점을 고치라고 말할 때 생깁니다. 당신이 친구에게 부탁하게 되면 당신에게 생길 일은 첫 번째와 두 번째 경우입니다. 그런데 비난을 하게 되면 상황은 걷잡을 수 없이 확대됩니다. 비난과 비판의 언어행위는 친구의 심리 상태를 더 나쁘게 만들 수도 있습니다. 그렇기에 확률적으로 생각해보면 세 번째 경우 같은 안 좋은 결과를 만들지 않는 방향으로 방법을 선택해야 합니다.

화가 나고 답답할 수도 있습니다. 당하고 있는 사람의 입장에서 공격한 사람에게 가서 웃으면서 부탁을 해야 한다니. 당신이 피해자라면 당연히 비난하고 싶을 것입니다. 충분히 공감합니다. 동시에 당신은 상황을 더 안 좋은 쪽으로 만들 생각은 없을 것입니다. 당신이 꾹 참고 견디며 대응하면 상황이 더 안 좋게 될 가능성은 작아지고 좋은 결과를 낳을 수 있는 가능성은 커집니다. 감정이 격해질수록 합리적인 태도를 유지하세요. 문제를 해결할 확률은 올라갑니다.

사례 6

내집단 편견

미유는 아버지의 직장 때문에 2년 정도 미국에서 살았습니다. 올해 여름에 귀국해서 시내에서 전철로 1시간 정도 걸리는 곳으로 이사를 왔습니다. 이사 온 곳은 도심에서 통학이 가능한 동네입니다. 푸른 하늘이 보이고, 공기도 맑고, 푸른 산들에 둘러싸여 있는 아름다운 곳입니다. 미국에서 살던 동네처럼 곳곳에 초록색이 보입니다. 콘크리트로 둘러싸인 도시의 강과는 다릅니다. 잔디가 깔린 둑을 끼고 투명하게 반짝이는 강물이 흐릅니다. 사람들도 빨리 걷지 않고 여유롭습니다. 모르는 사람끼리도 오가다 인사를 나누는 곳. 온화한 사람들과 풍부하고 멋진 자연이 어우러진 곳입니다. 대부분 도쿄의 말투와 비슷하지만, 가만히 듣고 있으면 도쿄 사람들보다 더 온화하게 느껴집니다.

미유는 전학을 온 지 얼마 되지 않았습니다. 새로운 반 친구들은 미유가 미국에서 이사를 왔다는 것을 알고 많은 것을 물었습니다. 미국의 학교나 문화, 생활에서 소지품까지 다양한 질문을 했습니다. 반 친구들도 미유에게 새로운 학교생활, 유행하는 게임이나 물건 등에 대해서 친절하게 가르쳐 주었습니다. 그렇게 새로운 학교에 익숙해질 무렵, 사건이 터졌습니다. 반 친구 아오이가 다른 친구들에게 미유를 욕하기 시작한 겁니다.

“걔는 말하는 것도 행동도 좀 이상해. 짜증 나.”

“옷도 이상하지 않아? 웃기잖아.”

“미국인이면 미국에서 살라고 해.”

원래 아오이는 여학생 무리의 중심에 있는 친구였습니다. 부모님의 성격도 강하기로 지역에서 유명했습니다. 그 때문이었을까요. 아오이는 친구들에게 미치는 영향력이 막강했습니다. 아오이가 미유 욕을 시작하면서 많은 친구들이 미유를 대하는 태도가 달라졌습니다. 그렇지만 미유를 잘 이해하는 친구 카나는 미유를 도왔습니다. 카나도 어릴 적에 잠깐 외국에서 살았습니다. 그래서인지 미유를 잘 이해했고 가장 친했지요. 카나는 미유 욕을 하는 아오이에게 말했습니다.

“그렇게 말하면 미유가 너무 힘들잖아. 그만하자.”

이 말을 들은 아오이는 카나까지 가만두지 않았습니다.

“그러고 보니 너도 외국인이네. 너희 나라로 돌아가지 그래?”

이 말은 시작일 뿐이었습니다. 카나는 점점 과격해지는 아오이의 말을 듣다가 결국 울음을 터뜨리고 말았습니다. 카나가 운 사건이 알려지면서 다른 친구들도 미유에게 형식적으로만 대했습니다. 아무도 미유를 상대하지 않으려고 했습니다. 카나와 같이 있는 시간도 점점 줄어들면서 미유는 점점 반에서 고립되어 갔습니다. 그 후 반 친구들과 한마디 말도 나누지 못한 채 하루가 끝나는 날이 점점 늘어갔습니다.

내집단 편견이란

언뜻 보면 아오이가 미유를 싫어하는 이유는 질투 같습니다. 하지만 심리학적으로 보면 좀 더 깊은 원인이 있습니다. 심리학적 현상 중에는 '내집단 편견'이라는 것이 있습니다. 편견*이란 정보에 대한 왜곡된 인식을 말합니다. 착각이라고 생각해도 좋겠지요. 내집단 편견은 좋은 의미로도, 악의적인 의미로도 사용됩니다.

내집단은 단지 자신이 소속되어 있는 곳만을 뜻하지 않습니다. 그 집단의 멤버들이 소속 의식을 가지고 모여 있어야 합니다. 예를 들어 똑같은 동아리 구성원이라고 해도 유령부원처럼 거의 동아리 활동에

* 특정 집단이나 개인에 대해서 한쪽으로 치우친 의견이나 견해를 가지는 태도를 말합니다. 일반적으로 부정적인 평가를 동반합니다. 편견과 고정관념은 자주 함께 쓰이지만, 두 개념 사이에는 명확한 차이가 있습니다. 고정관념stereotype은 특정 집단에 속하는 사람들이 공통으로 가지고 있다고 생각되는 전형적인 특성에 대한 기대나 신념을 가리키는데, 고정관념은 주로 인지적인 측면의 기대나 신념에 관한 것이지만, 편견은 특정 대상에 대한 인지적 과정(편향된 정보 수집이나 처리, 회상 등)뿐만 아니라 가치 판단이 포함된 정서적 측면(주로 부정적)을 동반합니다.

참여하지 않고 소속감이 거의 없는 사람도 있습니다. 그 사람은 동아리의 내집단이 되지 않습니다.

'내집단 편견*'은 자신이 소속되어 있는 집단을 편애하고 오류가 없다고 생각하며 호의적으로만 받아들인다는 뜻입니다. 그래서 자신이 소속된 집단의 행동 중에 바람직하고 좋은 행동만 찾아서 높이 평가합니다. 반면, 자기가 소속되지 않은 '외집단'에 대해서는 바람직하지 않은 행동만 찾아내거나 일방적으로 부정적인 감정을 갖습니다.

고향에서만 자라 해외에서 생활한 경험이 없는 아오이에게 미국은 미지의 장소입니다. 아오이는 미국에서 온 미유를 '집단의 밖(외집단)'에 있는 사람으로 생각합니다.

더욱 심각한 문제도 있습니다. 아오이와 미유가 같은 학교, 같은 반에 있다는 것입니다. 그렇다면 이 두 명은 한 집단에 있어야 합니다. 그런데 아오이는 내집단에 있고 미유는 외집단에 있습니다. 아오이는 자신이 속한 내집단이 외집단보다 우위에 있어야 한다고 생각합니다. 내집단의 우위성을 위해 외부 집단에 대한 편견을 만들고 퍼뜨립니다. 사람들은 같은 집단에 있더라도 우월한 내집단을 만들기 위해 이질적인 사람을 외집단이라고 지정하고 공격하고 쫓아내려고 합니다. 반대로 내집단 사람이라고 생각하면 그가 아무리 잘못을

* 자기와 같은 집단에 속한 사람의 긍정적인 행동은 그 사람이 긍정적인 자질을 갖고 있다는 것을 암시하는 방식으로 묘사되는 경향이 있고, 반면에 다른 집단에 속한 사람이 똑같은 행동을 할 경우에는 그것을 수행한 사람과 무관하게 단지 그 행동만을 언급하는 방식으로 묘사됩니다.

많이 했어도 장점만을 부각하고 오직 칭찬만 하는 경향이 있습니다. 내집단의 우위성은 따돌림이나 괴롭힘의 심리적 원인입니다.

이 사례를 보면 미유를 감싸려고 한 카나는 내집단에 속해 있다가 갑자기 외집단으로 추방당합니다. 카나는 미유처럼 이질적인 사람이 됩니다. 아오이에게 추궁당하는 카나를 본 다른 친구들은 언제든 외집단으로 쫓겨날 수 있다는 두려움을 가졌을 겁니다. 그 때문에 아오이의 말이 옳지 않아도 누구도 지적하지 못합니다. 내집단 편견은 집단 내 구성원에게 두려움을 줄 수 있습니다. 만약 이 집단에서 원하는 대로 말하거나 행동하지 않으면 추방당할 수 있다는 공포를 느낍니다. 그럼 내집단은 하나의 의견 즉 아오이의 의견으로 마치 한 사람처럼 동일하게 됩니다. 다양성은 없어지고 내집단 리더의 눈치만을 보게 됩니다. 아오이는 이제 무슨 의견을 주장해도 친구들의 반대가 없다는 것을 알게 됩니다. 모든 경우는 아니지만 내집단 편견이 강화될수록 집단의 리더는 강한 권력을 갖게 됩니다. 아주 옛날에는 이런 사람을 폭군이라고 불렀습니다.

이는 세계 여러 나라 사람들의 커뮤니케이션에서도 흔히 볼 수 있는 경향입니다. 우리나라는 뭐든지 훌륭하다고 칭찬합니다. 한편 다른 나라에 대한 것은 무조건 깎아내리는 태도를 보이거나 문제가 있다고 생각합니다. 지금은 흔하게 여러 나라 국민들 간의 SNS 소통에서 확인할 수 있습니다. 한 나라에 내집단 편견이 생기고 자국민 우선주의가 강화되면 그 나라에서는 권위주의 정부가 권력을 갖게 될 가능성이 높아집니다. 다른 나라를 배척하고 자신의 나라만을 위해 권력을 행사하는 것이 이 글로벌 시대에 가능한 일인지는 생각해

봐야 할 일입니다.

왜 다른 집단이라고 생각하면 따돌릴까?

다른 문화를 가진 사람들끼리 의사소통을 할 때는 서로의 차이를 인정하고 존중하는 것이 중요합니다. 차이를 존중한다는 것은 우리나라 안에서만 해당되는 이야기는 아닙니다. 자신이 있는 동아리, 학교, 회사 등 모든 모임 안에서도 서로가 다르다는 것을 인정하고 존중해야 합니다. 사람의 수만큼이나 많은 가치관, 사고방식, 삶의 방식이 존재합니다. 서로의 존재를 인식하고 서로 다름을 이해하고 존중하는 것이 따돌림 없는 세상의 첫걸음입니다. 우리 모두가 알고 있는 진실이지만 현실에서는 잘 지켜지지 않습니다.

집단의 편견 그리고 따돌림과 괴롭힘은 '편 가르기'로부터 시작됩니다. 어찌 보면 단순합니다. '편 가르기'가 집단 따돌림의 원인이라는 것을 실험을 통해 증명한 사람들이 있습니다. 미국 오클라호마대학교 셰리프Muzafer Sherif 연구팀입니다.

연구팀은 이 실험을 위해 서로 만나본 적이 없는 초등학생들을 한 캠프에 모았습니다. 그리고 학생들을 체중과 키, 신체 능력과 지능, 그리고 평소 생활에서의 평판 등을 기준으로 거의 비슷한 수의 두 그룹으로 나눴습니다. 그리고 이 두 그룹을 따로 생활하게 했습니다. 그리고 일주일이 지났습니다. 그동안 연구팀은 아무런 개입도 하지 않았습니다. 그러자 각 그룹 안에서 리더나 계층, 집단의 규칙 등이 생기기 시작했습니다. 그리고 각각의 그룹은 '이글스'와 '라토라즈'라고 이름도 지었습니다. 얼마 후 학생들은 두 그룹이 있다는 것을 알게 됩니다. 또한 상대방 그룹의 규칙과 문화에 대해 알게 되었습니다. 그들은 상대편 그룹을 라이벌로 의식하고 적대심을 갖기 시작했습니다. 그리고 서로 괴롭히거나 욕을 하거나, 싸움을 하기 시작했습니다.

이 실험이 보여주듯 사람은 자기 집단을 소중히 여깁니다. 그 외의 집단에 대해서는 적대감을 보이는 경향이 있습니다. 이것이 내집단 편견입니다. 서로 모르는 사람끼리 모아서 만든 집단일지라도, 만들어진 지 일주일밖에 지나지 않았을지라도 상관없습니다. 자기 그룹만의 이름과 규칙, 문화 등을 만들고 집단의식을 갖게 되면 집단 편견은 아주 쉽게 태어납니다.

그룹 간에 대립이 생긴 후 연구팀은 두 그룹을 사이좋게 화해시키기 위해 몇 가지 과제를 준비했습니다. 예를 들어 캠핑장의 물이 나오지 않는 상황을 연출했습니다. 이 상황은 두 그룹이 꼭 해결해야 하는 과제였습니다. 어쩔 수 없이 두 그룹은 협력해서 열심히 문제를 해결해나갔습니다. 그 결과 서로의 힘겨루기는 어느 정도 해소되었습니다. 여기에서 우리는 따돌림의 근원이 되는 내집단 편견을 해소할 힌트를 찾을 수 있습니다. 만약 우리 혹은 주변의 사람들이 같은 목표를 향해서 서로 협력하고 노력할 기회를 만들어준다면, 집단의 안과 밖을 가르는 편견을 줄이고 사람들 사이의 관계를 개선할 수 있습니다.

다만 여기서도 주의할 것이 있습니다. 어떤 과제를 선정하는지가 중요합니다. 집단적 편견은 집단 외부뿐만 아니라 같은 집단 내에서도 생기기 때문입니다. 구성원들은 자신들이 생각할 때 열등한 사람이나 자신들과 다르다고 판단한 사람을 공격하고 배척하려는 경향이 있습니다. 그러므로 공동의 과제를 선정할 때 주의를 기울여야 합니다.

과제는 모임의 구성원의 실력 차이가 드러나지 않는 쪽으로 선택해야 합니다. 그 과제를 해결하기 위해 모두가 노력할 때 어떤 특정 그룹이 잘하거나 못하게 되면 새로운 집단 편견이 발생하게 됩니다. 어떤 과제든 구성원이 우열을 가릴 수 없도록 배려해야 합니다. 사람들은 협업할 때 누군가 일을 못한다고 생각하면 그 사람이 공동 작업의 방해꾼이라고 여깁니다. 반대로 공동 과제를 잘 해결하는 사람도 편견의 대상이 됩니다. 그 사람은 다른 구성원에게 열등감을 줄 수 있기 때문입니다. 다수의 열등감 때문에 우수한 사람이 공격받는 경우도 있습니다.

이런 문제를 해결하려면 공동 과제는 어렵지 않고 누구나 쉽게 할 수 있는 일로 선정해야 합니다. 선택을 잘하면 결과는 달라집니다. 누구나 할 수 있는 공동 과제는 잘하는 것보다 열심히 할 때 좋은 결과가 나옵니다. 어떤 친구가 열심히 해서 좋은 결과를 냈다면 사람들은 그 친구를 칭찬하고 부러워합니다. 호의적으로 대합니다. 공동 과제가 어렵다면 집단 내에는 잘하는 친구와 못하는 친구가 생길 수밖에 없습니다. 공동 과제가 어려우면 어떤 사람은 제대로 과제 수행을 못 하고 어떤 사람은 손도 못 댈 수 있습니다. 과제를 수행하며 전혀 다른 결과를 내는 사람들이 있다면 위화감이 형성될 수 있습니다. 공동 과제가 너무 어려우면 이탈자가 생기기도 합니다. 이렇듯 공동 과제의 난이도는 중요한 문제입니다. 비슷한 난이도의 과제를 모두가 같은 일을 통해 참여하게 되면 사람들끼리의 갈등은 줄어듭니다.

물론 공동 과제가 쉽다는 것만으로 모든 문제가 해결되지는 않습니다. 누구는 일을 많이 하고 누구는 일을 적게 하는 것도 편견의 원인이 됩니다. 모든 구성원이 비슷한 규모의 일을 할 수 있게 배정해야 합니다. 또한 구성원 전체가 노력해도 해결할 수 없는 과제는 제외되어야 합니다. 과제 수행이 불가능해지고 결과가 나오지 않으면 집단 내에서는 서로에게 책임을 묻게 됩니다.

또한 낮은 난도에 모든 사람이 참여할 정도의 적은 업무량이라고 할지라도 공동 과제를 수행하다 보면 사람마다 참여도가 다릅니다. 일부는 열심히 하는데 일부는 무임승차를 할 수 있습니다. 무임승차는 집단 내 편견을 만드는 이유 중 하나입니다. 무임승차 문제를 해결하려면 구성원 전체가 긴급하고 꼭 해결해야 하는 일로 과제를 정해야 합니다.

셰리프 연구팀은 실험에서 의도적으로 캠핑장에 물 공급에 문제를 일으켰습니다. 물이 없어지면 캠핑장 생활이 불가능해지기 때문에 모든 구성원에게 위기감이 생겼습니다. 그래서 긴급하게 해결해야 하며 모든 구성원이 참여할 가능성이 커집니다. 어설픈 과제 설정은 집단 내 편견을 강화할 수 있다는 것을 염두에 두어야 합니다. 그래서 난이도, 참여도, 긴급성, 보편성, 과제의 양 등을 기준으로 과제를 검토해야 합니다. 이렇게 특별한 방법을 사용해서 집단 내 편견을 줄일 수도 있지만 이것보다 더 중요한 것은 집단 구성원의 의식입니다.

따돌림이나 괴롭힘을 당하는 친구들이 다른 친구들과 큰 차이가 없다는 것을 깨달을 수 있게 도움을 줘야 합니다. 동시에 공동체 구성원의 개인적인 차이도 인정해야 합니다. 듣기에 좀 이상하고 납득이 되지 않습니다. 차이를 무시하는 경우도 있고 차이를 인정하는 경우도 있습니다. 인간의 차이는 외모와 성격, 성장환경, 성향이나 취향, 사용하는 말이나 태어나고 자란 지역과 국가 등 여러 이유로 다르게 나타납니다.

중요한 것은 인간은 다르다는 이유로 차별받으면 안 된다는 것입니다. 인간으로서 서로 동등하고 존중받아야 한다는 의미에서 차이는 없습니다. 그러기 위해서는 서로 차이를 인정해야 합니다. 서로의 개성을 존중하는 것으로부터 차별이 사라집니다. 아이들에게 차별이나 혐오하는 행동이나 말을 해서 안 된다는 것을 알려줘야 합니다.

이런 개별적인 차이 말고도 사람이 속한 집단에 따라 다른 차이를 보입니다. 일본 국민과 한국 국민은 스스로 다르다고 생각합니다. 내집단 편견은 하나의 집단이 다른 집단과 다르다고 생각하면서 생겨납니다. 그리고 집단 간의 차이를 강조하면서 자기 집단의 우월성을 강조합니다. 이 순간에 차별이 나타납니다. '우리는 옳고 그들은 틀렸다' 이렇게 도덕적인 판단까지 개입하면서 '다른 집단'을 '틀린 집단'이라고 생각합니다.

아이들 사이에서 따돌림이 정당하게 취급받는 경우가 많습니다. 따돌림 가해 아이들은 이렇게 말합니다.

"우리가 뭘 잘못한 거죠? 잘못은 쟤가 했어요!"

내집단 편견의 무서움은 아이들이 타 집단이나 타인을 괴롭혀도 스스로 옳다고 판단한다는 것입니다. 가해자가 되어도 반성도 하지 않고 잘못도 인정하지 않습니다. 더 큰 문제도 있습니다. 정당한 행위를 한다고 생각하는 집단은 자신들의 행동이 정당하기 때문에 괴롭힘과 따돌림을 멈추지 않습니다. 이렇게 따돌림은 지속됩니다.

아이들에게 알려주어야 하는 것은 세 가지입니다. 하나는 서로에 대한 차이를 존중해야 한다는 것. 다른 하나는 자신이나 자신이 속한 집단도 언제나 틀릴 수 있다는 것. 나머지 하나는 목적이 정당하고 자신이 올바르다고 해서 잘못된 행동이 정당화되지 않는다는 것입니다. 다른 말로 목적이 수단을 정당화하지 않는다는 것입니다. 누군가와 다르다는 것만으로 자신이 도덕적으로 옳다고 말할 수 없습니다.

같이 노는 친구들이나 모르는 친구들까지도 그들이 가진 환경이나 특성 때문에 혹은 특정 모임에 속해있다는 이유만으로 따돌림이나 괴롭힘의 대상이 되어서는 안 된다는 것을 알려주세요. 집단 따돌림이나 집단 괴롭힘은 아주 무서운 일입니다. 사람들 속에 있지 못하고 추방당하는 사람이나 집단은 인간 사회에서 존재 이유를 잃기 때문입니다. 인간은 공동체 안에서 인정받고 있을 때 삶의 이유를 찾을 수 있습니다. 삶의 이유를 없앨 정도로 무서운 집단 따돌림의 문제를 해결하려면 우선 따돌리는 쪽이 변화해야 합니다. 하지만 현실에서는 쉬운 일이 아닙니다. 어쩌면 따돌림을 당하는 쪽에서 변화하기가 더 쉽습니다. 가해자들을 비판하거나 교육하는 것부터 시작해야겠지만 시급하게 따돌림을 당하는 친구 즉 피해자가 현재 상황에서 빨리

벗어나는 것이 중요합니다.

지구와 인류의 과거를 돌이켜보면 살아있는 생명체는 자신과 다른 생명체와 섞이면서 생존해왔습니다. 동일한 성향을 보인 집단은 생존하기도 발전하기도 어려웠습니다. 이것은 진화론에서 주장하는 바이며 우리의 과거에서 쉽게 관찰할 수 있는 일입니다. 서로 다른 존재의 결합, 이질성이 존중받는 공동체는 생존경쟁에서 이기는 열쇠가 되기도 합니다. 그룹이나 팀, 국가에 대한 소속감도 중요하지만 같은 인간으로서 차이를 받아들이는 의식을 높여가는 것은 공동체에 필수적인 생존 요소입니다.

집단 따돌림이 있는 경우 대부분의 집단은 유지되기 어렵습니다. 갈등만이 남아서 사람들을 불안하게 하고 서로를 믿지 못하게 하기 때문입니다. '친구들이 다음번에는 나를 따돌리지 않을까?' 하는 불안 심리를 없애주고 서로를 믿을 수 있게 하는 배경에는 언제나 '서로의 차이에 대한 존중'이 있습니다.

제 2 장

따돌리는 말로부터 몸과 마음을 지키려면

지금까지 따돌리는 말을 하는 이유와 그 대처법을 사례 중심으로 살펴봤습니다. 아주 일부에 해당하는 사례 같지만 안타깝게도 우리 주변에는 따돌리는 말들이 넘쳐납니다. 아무리 조심한다고 해도 우리는 생각지도 못한 곳에서 갑자기 따돌리는 말을 듣게 됩니다. 이런 말들 때문에 우리는 일상에서 자신도 모르게 상처받을 수도 있습니다. 이제부터는 언제 어디서나 들을 수 있는 따돌리는 말에 대한 대처법을 알아보겠습니다. 그밖에 평소에 조심해야 할 말이나 가족이 함께 해보면 좋은 대화에 대해 이야기하겠습니다.

사실은 한 가지, 해석은 여러 가지

어느 날 누군가 당신의 발을 세게 밟았습니다. 당신은 너무 발이 아파서 겨우 머리를 들고 발을 밟은 사람을 쳐다보았습니다. 여기까지는 실제 일어난 일이고 '사실'입니다. 만약 발을 밟은 사람이 생기발랄한 젊은이라면 당신은 화를 냈을 것입니다. 하지만 만약 그 사람이 시각장애인이라면 어떤 반응이 나올까요? 아마도 '어쩔 수 없지'라고 생각하지 않을까요? 누군가에게 밟혀 발이 너무 아픕니다. 그런데 어떤 상황에서는 화가 나고 다른 상황에서는 화를 내기 어렵다, 이러한 차이는 무엇을 의미할까요?

결국 자신이 어떤 사건을 어떻게 해석하고 마음속에서 어떻게 처리하는지에 따라 감정이 결정된다는 것입니다. 쉽게 말해 힘든 일이 있어도 그 상황에 대해 다시 생각해보기를 추천합니다. 그 일을 파악하고 다르게 해석하면 감정 조절을 할 수 있습니다.

이런 것을 '다시 생각하기'라고 부릅니다. 스탠퍼드대학교의 블레처트Jens Blechert 연구팀은 다시 생각하기 효과를 실험을 통해 입증했습니다. 다시 생각하기 효과의 심리 실험 결과를 소개합니다. 블레처트 팀은 실험 참가자들을 아래의 세 그룹으로 나누었습니다. 세 그룹에 각각 다른 표정을 짓고 있는 인물 사진을 보여주었습니다. 그 후 각 그룹별로 사람들의 뇌 활동을 측정했습니다.

① 평상시의 일반적인 표정을 본 그룹

② 화난 표정을 본 그룹

③ 화난 표정을 보고 '다시 생각하기'를 한 그룹

예를 들어 '다시 생각하기' 효과에 대해 설명해보겠습니다. 회사에 출근했는데 직장 상사가 화난 표정으로 자신을 쳐다보면 사람들은 내심 걱정하기 시작합니다. '내가 어제 뭘 잘못했나?', '회식 자리에서 내가 한 말 때문인가?' 등등 마음은 불안해지기 시작합니다. 하지만 직장 상사가 점심을 먹으며 '출근 전에 아내랑 싸웠어'라는 말을 하면 그제야 이해가 되고 안심이 됩니다. 자신 때문에 화가 나지 않았다는 것을 알게 되었기 때문입니다. 직장 상사가 화가 난 원인이 자신이 아니라는 걸 알게 되면서 불안감을 느끼던 사람은 '다시 생각하기' 시작합니다. 그러면 불안한 감정을 조절하고 평상심을 가질 수 있습니다.

이 실험에서도 화난 표정을 본 사람들에게 화난 이유를 알려주면 사람들은 '다시 생각하기' 시작합니다. 일상에서는 누군가 화난 이유를 알려주지 않을 수도 있습니다. 그러면 아마 불안함과 답답함으로 초조해지고 온종일 그 생각이 머릿속을 떠나지 않을 것입니다. 결국 일이나 공부를 제대로 못 할 수도 있습니다. 외부 자극 때문에 자신의 감정이 변화를 일으키면, 즉 직장 상사의 화난 표정을 보고 불안함이 생긴다면 우리는 그 순간 '다시 생각하기'를 시작해야 합니다. 이것은 훈련으로 가능합니다. '나 때문인가?'라는 의문을 품게 되면 불안한 감정에 갇히게 됩니다. 하지만 '무슨 일 있나 보네'라고 생각하면 불안감은 많이 줄어듭니다. 그리고 화가 풀릴 때까지 기다릴 수 있습니다. 혹은 물어볼 수도 있습니다. 이렇게 '다시 생각하기 트레이닝'을 해두면 사건을 재해석하고 내 감정을 다독거릴 수 있습니다.

이제 다시 실험으로 돌아가보겠습니다. ③ 그룹의 사람들에게는 실험 전에 '다시 생각하기 트레이닝'을 시켰습니다. 실험 결과, '다시 생각하기 트레이닝'을 받지 않고 화난 표정의 사진을 본 ② 그룹의 실험 참가자들은 다른 그룹의 사람들보다 확실히 부정적인 감정이 높아졌습니다. 한편, ③ 그룹의 사람들도 ② 그룹의 사람들과 마찬가지로 화난 표정을 보았습니다. 하지만 ③ 그룹의 사람들은 일반적인 표정 사진을 본 ① 그룹 사람들과 뇌 활동에서 큰 차이를 보이지 않았습니다. ③ 그룹 사람들의 뇌 활동을 측정하면 '다시 생각하기' 때문에 부정적인 감정을 보이지 않았습니다.

결국 감정이라는 것은 일어난 일에 대해 어떻게 파악하는가에 관련되어 있다는 것입니다. 따돌림이나 괴롭힘을 당하는 것은 정말 괴로운 일입니다. 따라서 따돌림을 있는 그대로 해석하고 받아들이면 스스로 견딜 수 없게 됩니다. 따돌림을 당한 상황에 대해 다시 생각해보는 일이 필요합니다. 무엇보다 중요한 것은 어떤 상황에서도 자신의 마음을 지키는 일입니다. 따돌리는 말을 듣게 되면 우리는 마음의 상처를 입습니다. 사람마다 그 말에 대한 해석 때문에 상처의 정도가 다를 것입니다. 조금이라도 자신의 마음을 지키려면 '다시 생각해보기'를 해보세요. 가해자가 사과를 안 할 수도 있고 따돌리는 말을 더 심하게 계속할 수도 있습니다. 우리의 말이나 행동으로 가해자의 마음을 바꿀 수 없을지도 모릅니다. 하지만 우리가 마음을 지키지 못하면 가해자가 원하는 대로 상처 입고 상황은 부정적으로 흘러갈 것입니다. 결국 피해자만 뼈아픈 상처를 입게 됩니다. 그 때문에 평소에도 '다시 생각하기'를 익혀두면 좋습니다.

브레처트 팀의 '다시 생각하기' 실험은 뇌의 활동에 대한 관찰 결과를 보여줍니다. 부정적인 감정을 품고 있을 때는 감정을 담당하는 뇌의 후두엽 부분이 활발해집니다. '다시 생각하기'를 한 후에는 감정을 조절하는 전두엽 부분의 활동이 늘어납니다. 반대로 후두엽은 안정된 활동을 보였습니다.

② 그룹과 ③ 그룹은 같은 화난 표정을 보았는데 왜 각각 뇌의 다른 부분이 활발해지는 것일까요? 이는 뇌에 속한 각각의 영역이 다른 역할을 하기 때문입니다. 전두엽은 논리적 사고를 담당합니다. '다시 생각하기'라는 것은 어떤 의미에서 보면 논리적으로 생각하는 것과 같습니다. 그러므로 '다시 생각하기'를 하면 뇌의 에너지가 전두엽에 집중됩니다. 반면 감정을 담당하는 후두엽은 에너지 전달이 줄어들어 활동이 저하됩니다.

누군가가 갑자기 내 마음을 불안하게 하거나 기분 나쁜 말을 했다면 '다시 생각하기'를 통해 전두엽에 에너지를 모아주세요. '아침에 부모님에게 혼나고 왔나?'라든가, '어제 잠을 설쳤나? 힘들겠네'라고 생각해보세요. 다시 생각하기는 여러 가지 방법이 있습니다. 이렇게 질문을 통해 다시 생각할 수도 있고 미래를 생각하는 방법도 있습니다. 불편하고 힘든 일이 생길 때마다 미래를 생각해보세요. '내년 이맘때 오늘 일을 떠올리면 지금처럼 힘들지 않을 거야. 그때도 눈물이 나진 않겠지'라고 생각하는 것만으로도 마음의 상처는 훨씬 줄어듭니다.

사실은 딱 한 가지입니다. 하지만 해석은 무한합니다. 사건이 생겼을 때 감정의 변화가 생긴다면 한 번쯤 큰 숨을 쉬고 생각할 시간을 가지세요. 처음에는 어려울 수도 있습니다. 누군가 발을 밟으면 주변 상황을 살피지도 않고 소리 지르고 화를 낼 수도 있습니다. 이때 한 박자 쉬어가는 훈련을 하면 좋습니다. 쉬어가는 시간 동안 사건의 전후를 따져보고 여러 갈래로 생각하세요. 비관적인 생각도 할 수 있고 긍정적인 생각도 할 수 있습니다. 비관적인 생각을 선택하면 마음의 상처가 생길 가능성이 높습니다. 예를 들어 친구가 한 마디 툭 던진 말을 듣고 기분이 나빠질 수 있습니다. 그리고 그 친구를 미워하기 시작하면 당신의 마음은 절대 즐거울 수 없습니다. 미움은 부정적인 감정이고 그 시간이 오래될수록 마음속 상처도 커질 것입니다.

그럴 때는 친구가 기분 나쁘지 않게 물어보세요. "아까 그 말 농담이지? 걱정했잖아"라고 긍정적으로 생각하고 툭 털어버릴 수도 있습니다. '쟤 애인이랑 싸웠나?'라고 생각할 수도 있습니다. 작은 일이면 다르게 생각해보고 평온한 마음을 가질 수도 있습니다. 이때도 조심해야 할 경우가 있습니다. 친구가 당신에게 진지하고 심각하게 화를 내는 경우입니다. 친구가 만날 때마다 기분 나쁜 말을 한다면 그 친구와는 꼭 대화가 필요합니다. 그냥 가볍게 넘겨서는 안 됩니다. 그러나 이런 심각한 상황은 자주 생기지는 않습니다. 평소에 친구들은 당신과 관계없는 이유로 기분이 안 좋은 경우가 더 많습니다. 기분이 안 좋은 친구의 표정이나 말 혹은 행동 때문에 당신의 마음속에 분노나 불안함 혹은 우울감 같은 안 좋은 감정이 생긴다면, 이때야말로 '다시 생각하기'가 필요할 때입니다.

누군가 내 마음에 상처를 냈다고 생각해보겠습니다. 그 상처는 쉽게 없어지지 않습니다. 과거에 일어났던 일이지만 상처는 현재까지 남아 있습니다. 우리 마음은 계속 괴롭습니다. 하지만 상처를 키우는 사람은 바로 자기 자신입니다. 과거의 사건에 집착하면 우리 마음만 힘들어지고 상처는 덧나게 됩니다. '그럴 수도 있지. 뭐!' 하고 털어버리세요. 앙금이 남은 마음은 몸까지 아프게 만들기도 합니다. 이것이 많은 의사가 환자에게 마음을 편하게 먹으라고 말하는 이유입니다. 스트레스를 받지 말라는 말입니다. 몸이 아픈 병 중에는 마음에서 시작되는 병도 많기 때문입니다.

불안을 적어보기

설상가상이란 말이 있습니다. 먼 길을 가야 하는데 서리가 내리고 그 위에 눈까지 쌓이니 어렵다는 뜻입니다. 우리는 살면서 엎친 데 덮치는 일을 자주 겪습니다. 뭔가 중요한 시험이나 대회, 큰일을 앞두고 안 좋은 일이 겹쳐서 생기거나 연이어 나타나기도 합니다. 그런 일이 자주 발생하면 우리는 일이 제대로 안 될 수 있다는 불안감을 느낍니다. '시험에 떨어지지 않을까?', '대회에서 실수하면 어떻게 하지?', '큰일을 망치는 건 아닐까?', '열심히 준비했는데, 평소 실력이 안 나오면 어떻게 하지?' 아주 작은 일이라도 잘못되면 우리는 마치 징크스처럼 불길한 미래를 상상합니다.

그런데 많은 심리학자가 현실에서 일을 망치는 원인 중에 하나로 미래에 대한 불안감을 꼽습니다. 시험을 망치지 않을까 걱정하다가 공부를 못 할 수도 있습니다. 경기장에 들어선 선수가 불안감 때문에 전력을 다하지 못할 수도 있습니다. 불안감 때문에 자기 행동을 통제하지 못하거나 실수를 할 때도 있습니다. 사실 불안감은 인간 모두가 가지고 있습니다. 미래를 알 수 있는 인간은 없기 때문입니다. 미래는 알 수 없는 영역입니다. 인간은 처음 가는 길이나 빛이 없어 길을 찾을 수 없을 때 불안감을 느낍니다. 불안감은 본능이지만 언제나 인간에게 안 좋은 영향을 주는 건 아닙니다.

인간은 불안감 때문에 미래를 예측하고 통제하려고 문명을 만들기도 했습니다. 인간은 홍수가 덮쳐 일 년간 고생한 농작물을 쓸어가는 것을 보고 저수지를 쌓았습니다. 비가 오지 않더라도 폭우가 내릴지 모른다는 불안감 때문에 댐을 쌓았습니다. 불안감 때문에 인간은 미래를 대비할 수 있었습니다. 인간 공동체에서 불안감이 갖는 긍정적인 측면입니다. 부정적인 측면도 있습니다. 옆 나라나 옆 부족이 우리 공동체를 침범할 수 있다는 불안감에 전쟁이 벌어지기도 합니다. 약한 나라가 강해지면 강국들이 불안해하며 자기 것을 뺏길지도 모른다는 불안감에 약한 나라를 침범하기도 합니다. 미국은 이라크가 대량 학살 무기를 가지고 있다는 불안감과 두려움에 이라크 전쟁을 일으켰지만 전쟁이 끝난 지 15년이 지난 지금도 대량학살무기를 찾아내지 못했습니다.

이 불안감은 개인에게도 여러 가지 방식으로 작용합니다. 불안감을 느끼지 못하는 사람은 호랑이가 다니는 길을 활보했을지도 모릅니다. 호랑이에게 화를 입을 가능성이 커집니다. 어떤 사람이 불안감을 느끼지 못한다면 생존 확률이 줄어듭니다. 우리는 불안한 상황을 회피하거나 그 상황에 대처하려는 행동을 합니다. 그래서 자신을 지킵니다. 불안감의 긍정적인 효과입니다.

반대로 불안감이 개인에게 부정적으로 작용하기도 합니다. 알 수 없는 미래, 처음 겪어보는 일에 대한 불안감은 자신감을 떨어뜨립니다. 모든 사람은 알 수 없는 미래를 살고 있기 때문에 무슨 일을 하든 불안감이 생깁니다. 아무것도 하고 있지 않아도 '내가 이렇게 그냥 있어도 되나?'라는 의문과 함께 불쑥 불안감이 찾아옵니다. 불안감은 여러분이 세운 목표를 향해 나가는데 방해물이 됩니다.

또한 일시적인 불안감이 계속 쌓이면 사람은 무기력하게 됩니다. 누군가 당신에게 화난 표정을 한다면 당신은 '나 때문인가?', '왜 그러지?'라고 생각할 수 있습니다. 이런 말들이 마음속에서 계속 쌓이면 결국 당신의 마음을 차지하게 되는 주인은 '불안감'이 됩니다. 불안감에 마음의 주인 자리를 주면 당신이 일상이 멈추기도 합니다. 아무것도 못 하고 오직 그 일만 생각하기 때문입니다. 그렇기에 자신만의 불안감 없애는 방법을 하나씩 가지고 있으면 좋습니다.

저도 여러분이 활용할만한 불안감 해소법 하나를 소개하겠습니다. 당신이 지금 느끼는 감정을 손으로 종이 위에 써보는 것입니다. 이 방법은 시카고대학교의 라미레스Leonard G. Ramirez와 베일록Sian Leah Beilock이 2011년에 과학 전문 학술지 《사이언스*Science*》에 게재한 논문에서 소개되었습니다. 라미레스와 베일록은 대학생들에게 어려운 문제를 풀게 하는 심리학 실험을 진행했습니다. 그때 실험 참가자들이 불안과 압박을 느낄 수 있도록 환경을 조성했습니다.

시험 점수가 높으면 학생들은 돈을 받습니다. 반대로 낮으면 돈을 내야 하는 실험입니다. 또한 긴장감을 높이기 위해 시험을 보고 있는 모습이 녹화되고 있으며 나중에 교수님과 학생들에게 그 영상을 보여줄 것이라고 사전에 알려주었습니다.

그리고 시험을 두 번 치렀습니다. 첫 번째 시험과 두 번째 시험 결과를 비교하기 위해서였습니다. 비교를 위해 그룹을 3개로 나눴습니다. 첫 번째 그룹은 10분간 조용히 앉아 있도록 했습니다. 두 번째 그룹에는 시험을 보기 전에 시험을 보는 자신의 감정과 생각을 종이에 써보라고 했습니다. 마지막으로 세 번째 그룹에는 시험과 전혀 관계없는 일을 적게 했습니다. 각 그룹의 학생들은 요구 사항을 지킨 후 시험을 봤습니다.

그 결과, 조용하게 앉아 있던 학생 그룹이나 시험과 상관없는 내용을 적어낸 학생 그룹은 첫 번째 시험보다 두 번째 시험 정답률이 7% 낮아졌습니다. 한편 시험 보기 전에 불안한 마음을 적었던 학생 그룹은 첫 번째 시험보다 두 번째 시험의 정답률이 4% 정도 올랐습니다. 이렇게 자신의 불안감을 써본 학생들이 성적이 오른 이유는 뇌과학에서도 찾을 수 있습니다.

불안과 같은 감정은 뇌의 대뇌변연계*라는 부분과 연관되어 있습니다. 반대로 불안한 감정을 억제하는 것은 대뇌 신피질**이라는 부

* 섭식행동, 개체보호, 종족보존을 위한 성행위, 본능행위의 욕구가 위협될 때의 불쾌감과 분노, 반대로 욕구가 충족될 때의 쾌감 등 정서, 감정 및 본능행동을 주재하며 학습과 기억에도 관여하는 기구입니다.

** 대뇌 피질(표면)에 있는 신경세포의 집합을 말합니다. 기억과 집중, 사고와 언

분입니다. 불안을 써 내려가는 작업은 자신의 감정에 대한 분석을 동반합니다. 그 분석은 대뇌 신피질에서 하는 일입니다. 그사이에 감정을 담당하는 대뇌변연계의 활동은 억제됩니다. 대뇌 신피질은 인류 진화의 결과물입니다. 인간이 대뇌변연계에서 담당하는 본능과 욕망 그리고 감정에만 의존하지 않고 이성적으로 생각하는 것은 대뇌 신피질이 있기 때문입니다. 우리는 대뇌 신피질 때문에 불안한 감정도 억제할 수 있습니다.

괴롭힘 등 안 좋은 일을 당해서 슬픔과 불안, 괴로움을 느낀다면 일기장, 메모지나 전단지 뒷면, 어디든 좋으니 지금 어떻게 느끼고 있는지를 적어보세요. 그렇게 내뱉고 난 후에, 당신에게 벌어진 일과 마주하는 것이 좋다고 생각합니다.

나를 지키는 리셋의 말

앞에서 봤던 사례 1(커뮤니케이션의 오해), 소우타의 사례를 다시 살펴보겠습니다. 마지막에 소우타는 자기의 발언을 후회하는 듯 보였습니다. 그러나 타인에게 상처 주는 말을 하는 사람들은 소우타처럼 후회하지 않습니다. 대부분 자신이 한 말을 농담이라고 생각합니다. 설사 공격할 생각으로 말을 했다고 해도, **피해자가 신경 쓰는 만큼 가해자는 신경 쓰지 않는 경우가 대부분입니다.** 상처 주는 말을 하는

어, 의식과 각성에 관여하는 뇌의 기관으로, 신피질은 대뇌 피질에서 6개의 층으로 이루어진 부분을 가리킵니다.

사람은 상대방의 마음이나 사정 같은 건 거의 신경 쓰지 않습니다. 많은 가해자가 그냥 자신의 시간을 즐기며 생활합니다. 이 상황을 이해하기 위해 몇 년 전 트위터Twitter에서 화제가 되었던 사건을 소개하겠습니다. 이 사건의 이름을 제목으로 한 책도 출간되었습니다. '리셋의 말' 사건입니다.

《그 녀석, 지금 파르페나 먹고 있을 거야多分そいつ､今ごろパフェとか食ってるよ》라는 책의 저자인 잼JAM도 어떤 친구에게 괴롭힘을 당하고 마음고생을 했던 적이 있었습니다. 그때 잼의 친한 친구 한 명이 파르페에 대한 이야기를 했습니다.

"너를 괴롭힌 그 녀석, 지금 파르페나 먹고 있을걸."

그 말을 들은 잼은 결국 자기 마음만 아프다는 걸 깨달았습니다. 그 후 가해자 때문에 자신의 시간과 체력, 정신력을 소모한 것이 아깝다고 생각하게 되었습니다.

만약 당신이 심하게 괴롭힘이나 따돌림을 당한 게 아니라면 잼처럼 스스로 극복할 수 있습니다. 피해 정도가 크지 않다면 말입니다. 말 몇 마디로도 편안한 마음을 가질 수 있습니다. '설마 10년 후에도 이러겠어. 이런 일은 생각도 안 날걸?', '기분 나쁜 말은 다른 사람을 향하면 칼날, 나를 향하면 열심히 살아가게 하는 에너지가 된다.', '우주에서 보면 티끌같이 작은 것일 뿐!' 등 나만의 '리셋의 말'을 준비해두세요. 이렇게 말 한마디로 그냥 넘어가는 것도 따돌림의 상처를 극복하는 하나의 방법입니다. 바로 말로 하는 감정 조절법입니다. 리셋의 말 몇 개를 준비해두세요. 물론 이 방법이 통하지 않을 때도 있습니다. 화가 머리끝까지 날 때지요. 이때 화를 억누르는 방법이 있습니다. 그 방법에 대해서는 다음에 이야기하겠습니다. 말 한마디 준비하는 정도의 수고로움이니, 여러분도 손해 보는 일은 아닐 겁니다.

꼭 잊지 마세요. 당신은 누군가를 원망하거나 미워하고, 그에게 화를 낼 수도 있습니다. 앙갚음을 계획할 수도 있습니다. 하지만 복수는 또 다른 싸움을 낳을 뿐입니다. 결국 당신은 행복해지지 않습니다. 그러니 그 시간에 좋아하는 책을 읽거나, 기분 좋아지는 영화를 보거나, 취미에 몰두하거나, 공부를 하는 것이 자신을 위해 더 좋은 일일 것입니다. 미워하고 분노하고 복수를 준비하느니 스스로 행복한 시간을 만들어보세요. 그럴 때 당신의 시간은 더욱 의미가 있을 것입니다.

누구든 틀릴 수 있다

인간은 사물의 진짜 모습을 볼 수도, 느낄 수도 없습니다. 지금 눈앞에 보고 있는 사물도 진짜 그 사물의 본모습이 아닙니다. 우리가 보고 있는 것은 안구를 통해 들어온 정보를 뇌가 처리하고 만들어낸 이미지에 지나지 않습니다. 그래서 움직이지 않는 것이 움직이는 듯 보이기도 합니다. 착시현상이지요. 결국 우리는 모두 몇 겹의 색안경을 끼고 눈으로 사물을 보고, 뇌에서 이해한 후 재생합니다. 뇌가 재생한 화면은 기억에 남습니다. 하지만 카메라보다 정확하지는 않습니다.

과학도 마찬가지입니다. 과학적으로 옳다고 알려진 것이 절대적

으로 옳다고 할 수는 없습니다. 과학이 내린 결론도 시대에 따라 바뀝니다. 사람들은 그 시대에 내린 결론을 '정답'이라고 생각합니다. 예를 들어 천동설 시대에는 천동설이 과학적으로 옳은 결론입니다. 반면에 지동설은 틀렸다고 생각했습니다. 현대에 들어서도 얼마 전까지 과학적으로 옳다고 알려진 결론이 가장 최근의 연구를 통해 실수로 밝혀집니다. 과학적 증명 때문에 우리가 알고 있는 '정답'이 바뀌는 일은 다반사입니다. 단지 학술적인 가치관이나 학파의 차이 때문에 어떤 과학적 결론이 올바르다, 틀리다로 결정되어버리는 경우도 있습니다. 결국 과학이 증명하는 진실은 우리가 살고 있는 이 삼라만상의 세상에서 1% 정도입니다. 극히 일부입니다. 법도 마찬가지입니다. 무엇이 위법이고 아닌지는 그때의 사회상에 따라서 달라집니다. 상식이나 도덕도 마찬가지입니다.

이렇게 생각하면 남의 말도 나의 생각도 '절대적으로 옳은' 것은 거의 없습니다. 사람들은 현대를 '정답이 없는 시대'라고 부릅니다. 무엇이 맞고 무엇이 틀렸는지를 좀처럼 정할 수 없는 시대죠. 그러므로 무엇을 듣든 혹은 말하든, 그것을 진짜라고 믿기 어렵습니다. 사람들이 어떤 것에 대해서 '다 그렇게 말한다'고 해도, 진짜 모두가 그렇게 말했는지는 알 수 없습니다. 심지어 그 말을 들은 사람이 맞는다고 들으면 거짓도 사실이 될 수 있습니다. 우리는 앞서 듣는 사람의 언어행위에 대해 살펴보았습니다. 말의 의미는 말을 하는 사람이 아니라 듣는 사람에 의해 그 뜻이 달라집니다.

사람들은 세상에서 들리는 대부분의 말에 신경조차 쓰지 않습니다. 일부분만 듣습니다. 어떤 경우에는 아예 기억에도 남지 않습니다. 이렇게 인간이 가진 감각기관과 뇌의 한계 때문에 자신에게 벌어지는 일에 대해 쉽게 옳다 그르다 판단하기 어렵습니다. 심지어 눈앞에서 벌어진 사건도 인간의 인식과 인지의 한계로 그것이 사실인지 확인할 수는 없습니다. 이렇게 보면 정답이 없는 듯 보입니다.

그러니 누가 나를 평가하거나 욕을 할 때 너무 남의 말에 신경 쓸 필요는 없습니다. 또한 자기 생각만 고집할 필요도 없습니다. 우리는 유연하게 사건과 사물 그리고 사람을 볼 수 있는 능력을 가지고 있습니다. 사실 그 능력이 발휘될 때 우리 마음은 가장 편합니다. '누가 뭐라고 하든지 신경 쓰지 말자!'라는 식의 태도는 어디까지나 따돌림 피해자의 입장에서 자신의 마음을 지키기 위한 방법입니다.

'모두'라는 것은 없다

흔히 사람들은 '모두'나 '다'라는 말을 자주 사용합니다. '모두 그렇게 말해'라든가 '다 그렇게 생각해' 같은 말입니다. 분명 사람마다 생각이 다를 수 있는데 말이죠. '모두', '다'라는 말은 한 사람의 의견을 모든 사람의 의견처럼 일반화합니다. 많은 사람이 자신의 의견을 말할 때 '모든' 사람들을 대표하는 것처럼 말합니다. '모두'라는 말은 상대를 비난할 때나 자신의 정당성을 주장할 때도 자주 사용합니다. 예를 들어 '길 가는 사람 다 붙잡고 물어봐라. 내 말이 틀렸나?' 같은 말입니다.

그렇지만 그 '모두'라는 말이 정말 사람 '전체'나 혹은 '다수'를 뜻

할까요? 실제 사람들이 얻을 수 있는 정보는 기껏해야 두세 사람에게 들었을 가능성이 높습니다. 혹은 딱 한 사람한테 들었을 수도 있습니다. 누군가 '모두'라고 말했을 때 실제로 몇 사람에게 그 말을 들었는지 물어보세요. 아마도 자기 주변의 사람들 몇 명에게 들었을 것입니다. 사람들이 하는 이야기 중 대부분은 각자의 마음을 거쳐 '모두'의 이야기가 됩니다. 사실 각자의 이야기는 다 다릅니다.

사람들은 왜 자기 주변에 있는 몇 사람의 의견을 가지고 '모두'가 그렇게 생각한다고 말을 할까요. 그것에는 특별한 이유가 있습니다. '확증편향' 때문입니다. 사람은 자신이 원하는 의견이나 정보만을 받아들이는 경향이 있습니다. 자기가 생각하고 있는 것과 다른 의견이나 정보는 무시합니다. 자신의 생각과 같은 의견만을 받아들여 "역시, 내가 맞았어" 혹은 "너희는 모두 틀렸어"라고 말합니다. 그런데 누군가 이런 말을 하면 자신과 생각이 달라도 누구도 나서서 지적하거나 반대하지 않습니다. 아무도 의견을 내지 않으니 확증편향은 마치 '모두의 의견'처럼 보입니다. 하지만 이것도 착각입니다.

사람들은 자신의 의견이 다른 사람과 다를 때 자신에게 문제가 있다고 생각하기도 합니다. 마음속에는 '내가 이상한가?'라는 질문이 생기기도 하죠. 내 생각은 나 혼자만의 의견일 뿐입니다. 사람들의 생각과 다를 수도 있죠. 사람들 속에 속하지 못한다고 걱정하지 마세요. 사람은 누군가의 확증편향에 동조하는 경향이 있습니다. 겉으로 봐서는 듣는 사람의 마음을 알 수 없습니다. 속으로는 다른 의견을 갖고 있을 수도 있죠. 그런데도 보통 듣는 사람은 말하는 사람의 이야기를 조목조목 따져 비판하거나 부정하지 않습니다. 어떤 사람의 이야기를 듣고 마음에 안 든다고 대놓고 말하는 사람은 드물죠. 듣는 사람은 괜히 반대 의견을 냈다가 말하는 사람의 소극적 페이스를 자극할까 걱정합니다. 소극적 페이스는 비난이나 비판을 받고 싶지 않은 마음입니다. 그래서 대부분의 사람은 누군가의 이야기를 듣고 '겉으로는' 최소한 공감하고 인정해주려고 합니다. 제삼자를 비난하는 말이라도 긍정적으로 반응합니다. 이렇게 한 사람의 확증편향은 주변 사람들에게 아무런 지적도 받지 않고 모두의 의견이 됩니다. 하지만 알고 보면 사람들은 마음속으로 다른 생각을 하거나 무관심할 수도 있습니다. 그냥 나서지 않을 뿐이죠.

인터넷에서 확증편향은 조금 다릅니다. 자신의 의견에 반대하는 사람이나 무관심한 사람과는 아예 관계를 맺지 않습니다. 인터넷에서 활동하는 사람들은 자기에게 맞는 정보나 자신의 관심사 혹은 생각한 비슷한 정보를 찾게 됩니다. 트위터 등 SNS에서 자신이 공감하는 사람들하고만 팔로우합니다. 생각이 다른 사람의 계정은 아예 차단해 버립니다. 그 결과 인터넷은 동아리처럼 비슷한 취향과 의견을 가진 사람들만 모이게 됩니다. 결국 더 강한 확증편향을 만들 수 있습니다. 이런 인터넷 커뮤니티 공간에서는 모두가 '모두'라는 말을 사용해도 괜찮을 것 같습니다. 하지만 인터넷도 사람이 모여 있는 곳입니다. 아무리 단합이 잘되는 커뮤니티라도 그 안에 수많은 종류의 의견이 있을 수밖에 없습니다. 이곳에도 소극적 페이스를 자극하지 않으려는 사람들이 '좋아요'를 누르고 댓글로 칭찬을 합니다.

결국 오프라인 공간보다 강한 확증편향이 나타나는 곳이 바로 인터넷 공간입니다. 인터넷에서는 대면 관계가 아니다 보니 자신과 의견이 다른 사람에게 차마 입에 담을 수 없는 욕설까지 하며 다툼을 벌이기도 합니다. 서로 다른 확증편향 두 개가 부딪칩니다. 인터넷은 확증편향의 전쟁터처럼 보입니다. 시간이 지나고 나면 악성 댓글을 다는 사람들의 소모적인 논쟁이었다는 것을 알게 됩니다.

따라서 오프라인이든 온라인이든 누군가 '모두' 또는 '다'라고 말할 때, 내 의견이 다르다고 부담을 느낄 필요는 없습니다. 더는 속상해하거나 사면초가가 된 것 같은 고독감을 느낄 필요도 없습니다. 누군가 '모두'나 '다'라는 말을 사용하면 냉정해질 필요가 있습니다.

'저 녀석도 자기랑 비슷한 생각을 한 사람을 찾고 있네. 확증편향이군. 그래 봤자 두서너 명에게 들은 이야기일 텐데 말이야.'

물론 이 말은 속으로 해야 합니다. 그렇다고 대놓고 물어보면 안 됩니다. "모두가 그랬다고? 누군데? 누구야? 네가 이 세상에 그렇게 많은 사람한테 물어봤어? 그건 불가능해"라는 말을 들은 상대방은 아마 당신이 자신에게 달려들고 있다고 느낄 게 분명합니다. 이런 말은 불에 기름을 붓는 격입니다. 화재를 일으키지 않는 게 좋지요.

모두가 그렇다는데 나만 아니라는 이유로 소외감을 느끼지 않으면 됩니다. 이럴 때는 나만 잘하면 됩니다. 우선 내가 하는 말이 항상 옳다는 생각을 접어야 합니다. 항상 여러 의견 중 하나일 수 있다고 생각하세요. 즉 내 안의 확증편향을 없애는 방향으로 자신의 생각을 돌아봐야 합니다. 왜냐하면 여러분도 살면서 '모두'나 '다'라는 말을 자주 사용하기 때문입니다.

또한 상대방이 '모두'라는 말을 사용하면 '정말 모두가 그렇게 생각할까?'라든지 '진짜인가?'라고 생각할 필요는 없습니다. 그 사람의 말을 냉정하게 객관적으로 생각해보아야 합니다. 상대방이 진짜 내 잘못을 지적했다는 것이 분명하면 그 문제를 고치도록 노력하면 됩니다. 그렇지 않다면 그냥 듣고 넘기면 되죠. 그 사람의 말은 확증편향에서 나왔을 가능성이 높기 때문입니다.

자신의 마음을 지킬 수 있는 사람은 자신입니다. 뭔가 괴로운 일이 있다면 냉정하고 객관적으로 생각해보세요. 이성적인 작업은 뇌의 전두 부분을 사용합니다. 그사이에 감정을 담당하는 뇌의 후두 부분의 활동이 억제됩니다. 당신이 이성적으로 생각하는 동안 내 안에서 요동치는 감정을 억누를 수 있습니다. 이렇게 감정 소모가 적어지는 것만으로도, 당신은 확증편향을 최대한 줄이면서 합리적으로 행동을 할 수 있습니다.

괴로운 마음 그대로 잠들지 말 것

'차라리 잠이나 자자' 하고 집에 들어오자마자 침대에 쓰러지고 싶은 날이 있습니다. 여러분도 일과를 마치고 빨리 잠들고 싶었던 날이 있을 것입니다. 유난히 힘든 일을 겪은 날이거나 생각하기도 싫은 날에는 빨리 자는 것이 좋은 방법처럼 보입니다. 그러나 사실 이 방법은 별로 좋지 않습니다. 잠을 자면 불쾌한 생각을 피할 수 있고 아침에 일어나면 그런 생각을 잊을 수 있을 것 같습니다. 하지만 잠들기 직전에 괴로운 일을 생각하는 것은 가장 피해야 할 일 중 하나입니다.

다음은 베이징사범대학교의 리우윈저柳昀哲 팀의 연구 사례입니다. 연구팀은 73명의 남학생에게 동물의 사체나 자신을 향한 총구 등 불쾌한 이미지를 보여주었습니다. 그리고 남학생들에게 이런 나쁜 기억이 어느 정도까지 남아 있는지 테스트했습니다.

연구팀은 남학생들을 세 그룹을 나누었습니다. 첫 번째 그룹은 실험 후 30분 뒤에 기억 테스트를 실시했습니다. 두 번째 그룹은 다음 날 기억 테스트를 했습니다. 이들 두 그룹 참가자들의 기억은 별 차이가 없었습니다. 세 번째 그룹에게는 불쾌한 영상 뒤에 아름다운 영상을 보여주었습니다. 연구팀은 실험자가 앞에 봤던 불쾌한 영상을 잊어버리게 하려고 일부러 따뜻하고 행복한 영상을 보여준 것입니다.

실험 결과 세 번째 그룹의 실험자들은 앞서 두 그룹보다 기억하는 불쾌한 영상이 1/3 정도밖에 안 되었습니다. 즉 자기 전에 괴로운 감정을 가진 채 잠이 들었다가 아침에 일어나면? 전날의 불쾌한 기억 중 꽤 많은 것을 기억하게 됩니다. 그렇기에 안 좋은 일이 있더라도 기분 전환을 하고 가벼운 마음으로 잠드는 것이 좋습니다. 자기 전 기분 전환은 굉장히 중요한 일입니다. 전날의 기억이 오늘의 기분까지 결정하기 때문입니다.

자기 전 기분 전환을 위해 어떤 일을 하면 좋을까요? 예를 들어, 가장 좋아하는 작가의 소설을 읽거나 재미있는 동영상을 봐도 좋습니다. 좋아하는 사람들과 문자를 하거나 이야기를 하는 것도 방법입니다. 사람마다 다 다르니 자신에 맞는 좋은 방법 몇 개를 찾아두세요. 편안한 음악을 듣는다거나 운동을 한다거나 취미에 몰두하는 등 어떤 것이어도 상관없습니다. 그리고 이것은 어른이나 아이 모두 마찬가지입니다. 만약 아이가 싫은 말을 듣고 돌아왔을 때는 즐겁고 긍정적인 기분이 되도록 노력해야 합니다. "공부나 하다 자!"보다는 "영화 볼래?", "아빠랑 게임할래?" 등 아이가 평소에 좋아하는 것을 같이 할지 물어봐주세요. 이렇게 기분이 좋아지는 놀이나 일을 하게 한 후 재우는 것이 좋습니다. 그래야 다음 날 학교에 가서 즐겁게 공부하고 친구들과도 사이좋게 지낼 수 있습니다.

보복의 원리 – 모든 것은 자신에게 돌아온다

친구를 따돌리는 말을 한 사람을 비난하고 반박하기는 쉽습니다. 그러나 반격을 하고 나면 더 큰 역공을 받습니다. 이것을 심리학에서는 '호의의 보답성'이라고 부릅니다. 사람들은 호의적으로 대하는 상대에게는 호의로 대하고 싶어 합니다. 하지만 비호의적으로 대하면 똑같이 혹은 더 안 좋게 되갚으려고 합니다. '호의의 보답성'을 생각한다면 자신을 비난하거나 따돌린 사람에게 그대로 되돌려주는 것은 좋은 방법이 아닙니다.

이때 사용해야 할 방법은 앞에서 소개했습니다. 축구 선수 미우라 카즈요시 선수의 '다시 생각하기' 방법입니다. 물론 '다시 생각하기'가 모든 상황에 적용되는 건 아닙니다. 하지만 적어도 이런 방법도 있다는 것을 기억하고 있을 필요가 있습니다. 미우라 선수와 같이 마이너스의 에너지를 플러스로 바꿀 수 있는 일은 그 자체로 훌륭합니다. 분노의 감정은 타인을 향하면 칼날, 자신을 향하면 에너지가 됩니다. 쉽게 생각하면 뭔가 듣기 싫은 말을 들었을 때 일일이 대꾸하면 큰 싸움이 벌어질지도 모른다는 말입니다. 매번 반격을 계속한다면 당신의 마음속에는 부정적인 에너지가 쌓여 결국 상처 입는 사람은 당신이 될 것입니다.

그렇다면 다른 사람을 비난하거나 상처를 주는 말을 하는 사람의 마음은 괜찮을까요? 뇌과학자들의 연구에 따르면 욕하는 사람의 뇌의 상태는 욕을 듣는 사람의 뇌와 비슷한 모습을 보인다고 합니다. 이것에 관련하여 동핀란드대학교의 톨파넨Anna-Maija Tolppanen 팀은 주목할 만한 연구 결과를 내놓습니다. 타인에 대해서 비판적인 경향이 있는 사람일수록 치매에 걸릴 확률이 높다는 것입니다. 다른 사람을 비판하거나 비난할 때는 자신의 마음에서부터 심지어 뇌까지 상처를 주고 있다는 뜻입니다. 어떤 의미에서 다른 사람을 욕하는 것은 자해하는 것과 같습니다. 자신도 모르게 보복을 당하는 것과 비슷합니다. 인과응보이지요.

이왕이면 다른 사람을 존경하고 자신도 존중하세요. 상대를 좋아하는지 어떤지에 관계없이 말입니다. 같은 인간이니까 서로를 존중해야 합니다. 상대를 마음속으로 조금이라도 깔보거나 하면 그것은 말이나 태도 어딘가에서 반드시 드러나게 되어있습니다. 당연히 상대방은 눈치챕니다.

사람들을 좋아하고 존경하겠다고 생각을 하는 것만으로도, 그런 사람이 될 수 있습니다. 실제 존경하는 마음이 없을 수도 있지만 우리의 의지가 뇌를 속일 수도 있습니다. 스스로 자신과 타인을 존경

한다고 말을 하고 행동하면 진짜 그런 사람이 될 수 있습니다. 그렇게 되기까지 아마 시간이 조금 걸릴 것입니다. 그래도 꾸준하게 나와 남을 존중하는 행동을 하고 태도를 취하면 점점 내 편이 늘어나게 됩니다. 저는 여러분이 이왕이면 미우라 선수처럼 자랑스럽게 살기를 바랍니다.

반격은 새로운 반격을 부른다

따돌림이나 괴롭힘을 당할 때는 반론이나 반격을 하면 된다고 생각하는 사람도 있을지 모릅니다. 그러나 오히려 반격이 또 다른 반격을 부를 가능성이 큽니다. 이것이 앞서 이야기했던 '호의의 보답성' 원리입니다. 사람은 호의적으로 대하는 사람에게는 호의적으로 대하려고 합니다. 보복성의 원리는 반대의 패턴도 가지고 있습니다. 사람들은 비호의적인 태도로 대하는 사람에게는 비호의적인 태도로 대하는 경향이 있습니다.

사실 심리학적 이론까지 동원할 필요도 없죠. 싫은 일을 당하면 앙갚음하고 싶어지는 것은 당연합니다. 반격은 새로운 반격을 낳을 뿐입니다. 싸움은 싸움을 부릅니다. 누군가를 공격해서 좋을 것은 없습니다. 그 공격이 처음이든 혹은 공격을 받아 반격을 하는 것이든 상관없습니다. 내가 당한 것을 그대로 되갚아주면 마음이 편할까요? 심한 복수를 하거나 상대를 곤란하게 하면 할수록 죄책감이 느껴집니다. 복수가 끝났다고 마음이 상쾌해질까요? 아마도 계속해서 마음에 커다란 추를 매달고 있는 것처럼 불편할 것 같습니다. 당신도 원망이나 복수를 생각한 적이 있을 것입니다. 그동안 당신의 마음은 비뚤어지고 뭔가에 꽉 막혀 있다고 느끼지요. 그런 자신에게 당당할 수 있을까요? 그런 자신을 좋아할 수 있을까요?

만약 반격이나 보복을 하더라도 자신이 당한 것과 같은 방법으로 되돌려줄 필요는 없습니다. 이럴 때는 다른 규칙을 가진 게임으로 옮겨가는 것이 좋습니다. 이왕이면 다른 것, 다른 분야에서 상대방을 극복하려고 생각하는 쪽이 생산적입니다. 예를 들어 공부나 일이나 운동으로 결과를 내는 것은 어떨까요? 그편이 건전하고 또한 자신에게도, 타인에게도 당당할 수 있는 일입니다. 마음은 거짓말을 하지 않습니다. 올바른 일을 하고 가슴을 펴고, 당당하게 사는 것이 좋지요. 저는 여러분이 억울한 마음을 긍정적인 에너지로 바꾸기를 바랍니다. 분노하는 마음은 자신이 무엇이든 열심히 할 수 있게 만드는 계기로 삼았으면 좋겠습니다.

이 대목에서 기네스북에도 이름이 올라가 있는 세계 최고의 보험세일즈맨이 말한 명언을 소개합니다. '열심히 할 이유는 자신의 안에서만 찾을 수 있다', '부정적인 마음은 타인을 향하면 칼이 되지만, 자신을 향하면 에너지가 된다' 이렇게 공격받은 당신이 그 마음의 상처를 긍정적으로 바꿀 수 있다면 성장의 기회를 만들 수도 있습니다.

하지만 현실에서는 더 안 좋은 경우도 있습니다. 가해자가 계속 따돌림을 하거나 집단 따돌림으로 커질 수 있습니다. 그 때문에 생긴 상처로 가해자를 보기만 해도 위축되고 땀이 나고 도망가고 싶을 때 말입니다. 이럴 때는 어떻게 해야 할까요? 마음을 긍정적으로 바꾸기도 힘들고 가해자가 점점 더 강하게 나를 압박한다면? 그냥 도망가세요.

따돌림에 맞서지 않고 도망치는 방법도 있다는 것을 잊지 마세요. 따돌림을 당할 때는 어떻게 해도 해결할 수 없는 경우가 있습니다. 너무 애를 쓰다가 당신의 마음만 망가집니다. 이 상황이 계속되면 결국 학교에 갈 수 없게 되기도 합니다. 이건 당신이 약하거나 혹은 능력이 없어서가 아닙니다. 그냥 그런 상황이 당신에게 생긴 것뿐입니다.

이럴 때는 끙끙 앓지 말고 당신의 경험이나 상황을 주변에 알리세요. 당신과 공감하는 가족과 친구들, 혹은 상담 선생님은 당신과 함께 여러 대책을 찾을 것입니다. 누군가가 나를 강하게 괴롭히면 자존감이 많이 떨어집니다. 무너지는 자기 모습을 주변 사람들에게 들키는 것도 부끄러운 일입니다. 그렇지만 당신의 마음이 망가지는 것만은 절대 안 됩니다.

편하게 생각하세요. 당신의 가장 친한 친구가 당신에게 자신이 왕따라고 털어놓으면, 아마 당신은 당연히 친구의 문제를 해결하기 위한 대책도 생각하고 과감한 행동도 할 것입니다. 이렇게 친구를 돕는 마음은 친구가 불쌍해서가 아닙니다. 친구를 지키고 싶고 친구를 아끼는 마음에서 비롯된 것입니다. 상처를 입었을 때는 숨고 기대고 치료받아야 합니다. 당신과 공감하는 사람들과 함께 고민하세요.

심한 따돌림이 있고 난 뒤 나를 모르는 학교 친구들까지 나를 이상하게 본다면? 학교를 그만두세요. 마음에 상처를 내며 학교를 계속 다는 것은 자신을 사랑하는 방법은 아닙니다. 학교를 그만두면 향후 어떻게 미래를 준비할지 걱정하지 마세요. 주변 사람들과 상의하면 됩니다. 앞으로 어떤 일을 하면 좋을지 말입니다. 사람들은 요즘 시대를 정답이 없는 시대라고 부릅니다. 많은 직업이 사라지고 새로운 직업이 생겨납니다. 학교 졸업장도 개인의 미래를 책임지지 않습니다. 많은 사람이 인정하고 있는 사실입니다. 학교를 안 가고도 이룰 수 있는 일, 사회에서 성공할 방법을 충분히 찾을 수 있습니다.

학교를 떠날 때는 조금 더 열린 사고가 필요합니다. 그리고 친한 사람들의 적극적인 지지도 중요합니다. 그것보다 더 중요한 것은 당신의 용기입니다. 계속 고통을 받으며 살 것인가 아니면 학교 밖으로 뛰쳐나가 행복한 삶을 찾을 것인가? 당신은 갈림길에 서게 됩니다. 지금 생활하는 공간에서 숨 쉬는 것조차 힘든 상황이라면 당신에게 필요한 것은 용기와 과감한 행동입니다.

분노조절관리

'분노조절관리'라는 말을 아시나요? 말 그대로, '분노anger'를 '조절·관리management'하는 것입니다. 불교에서 분노는 탐욕, 어리석음과 함께 세 가지 좋지 않은 마음 중 하나라고 합니다. 인간은 화가 나면 자신도 모르게 해서는 안 될 말을 하거나 해서는 안 될 행동을 합니다. 일찍이 피타고라스도 '분노는 무모함으로 시작되고 후회로 끝난다'고 했습니다. 화를 내서 이득을 보는 사람은 한 명도 없습니다.

아이오와주립대학교의 부시맨Jill Buschmann 팀은 분노조절에 대한 연구를 했습니다. 만약 어느 날 오후 당신이 어떤 사람과 다퉜다고 생각해보겠습니다. 화는 났지만 그 사람에게 제대로 대거리도 못 했습니다. 같이 있을 때는 한마디도 떠오르지 않았습니다. 그 사람과 헤어지고 집에 돌아왔는데 낮에 못 한 말이 막 떠올라서 억울합니다. 화가 가라앉지 않습니다. 머릿속에는 낮에 다퉜던 사람이 했던 말과 얼굴이 계속 떠오릅니다. 그 사람에게 과몰입할수록 분노는 계속 커져만 갑니다. 그러다가 엄마나 아빠가 문을 열면 버럭 소리를 지릅니다. "왜? 밥 안 먹어!"라고 아무 죄 없는 가족에게 화를 내게 됩니다. 동쪽에서 뺨을 맞고 서쪽에서 화풀이를 하는 것과 비슷합니다. 연구 결과에 의하면 25분 이상 화가 지속되면 주변 사람들에게 공격적으로 변할 수 있다고 합니다.

따돌림 피해자가 되었을 때를 생각해보죠. 가해자가 따돌리는 말을 멈추지 않고 계속한다면 마음속 분노는 계속 커질 것입니다. 상대에게 반격할 수 없는 상황이라면 화가 머리끝까지 올라올 것입니다. 많은 경우 자신을 공격하거나. 따돌리는 말을 들었을 때 생각이 멈춥니다. 제대로 대답할 수 없는 경우가 많습니다. 그래서 자신을 괴롭히는 말 한마디를 마음속에 담고 집에 돌아옵니다. 자신의 방에 앉아 그 말을 여러 번 되새김질합니다. 25분 이상 그 말과 그 말을 한 사람을 떠올리면 어떻게 될까요? 마음은 조금만 건드려도 터져버릴 만큼 부풀어 오릅니다. 그럴 때 누가 말 한마디라도 하면 그에게 소리를 지르고 화를 냅니다. 분노가 깊어지면 마음은 통제할 수 없습니다. 자신과 전혀 다른 사람이 나타납니다. 주위 사람들이 당신을 돕고 싶어도 접근할 수가 없습니다. 부모와 교사, 친구들도 점점 당신에게서

멀어질지 모릅니다. 화풀이는 진짜 내 편이 되어줄 사람들을 공격하는 것과 비슷합니다.

분노는 자신을 포함한 주변의 모든 사람을 무차별 공격 대상으로 삼습니다. 분노라는 감정은 매우 원시적이고 본능적입니다. 진화 과정을 살펴보면 대부분의 동물의 뇌 속에서 가장 처음 생긴 곳이 있습니다. 이곳을 자극하면 바로 공격하는 도마뱀처럼 분노가 폭발합니다. 이곳은 본능과 관련된 뇌의 기관은 '뇌간'입니다. '파충류의 뇌'라고도 부릅니다. 인간의 진화 과정을 보면 뇌간을 통제하고 조절하는 뇌는 나중에 출현합니다. 이 뇌를 대뇌 신피질이라고 부릅니다. 대뇌 신피질은 인간이 진화하면서 생겨난 새로운 뇌입니다. 사람들이 분노에서 나오는 불같은 행동을 보고 사람이 할 행동이 아니라고 말하는 것은 이유가 있습니다. 파충류의 뇌인 뇌간이 관여하기 때문입니다. 반대로 대뇌 신피질은 이성적이고 냉정한 사고에 관여합니다. 이렇게 감정을 통제하는 대뇌 신피질은 인간적인 특징입니다. 대뇌 신피질이 없었다면 인류의 생존도 어려웠을 것입니다. 사람 사이의 관계도 공동체 형성도 불가능했을 것입니다. 일단 사람들이 만나면 화내고 싸울 가능성이 높기 때문입니다.

우리는 가끔 하고 싶은 말 다 하며 남에게 상처를 주는 사람과 얽히게 됩니다. 불같이 화를 내며 주변 사람들을 욕하거나 심지어 폭력을 사용하는 사람을 볼 수 있습니다. 그럴 때면 속으로 이렇게 생각하세요. '감정에 이끌려 하고 싶은 대로 다 말하는 건 도마뱀 수준 행동 아냐?' 이런 생각을 하는 것만으로도 상당히 마음이 편해집니다. 막말을 하거나 화를 내는 사람은 대뇌 신피질은 기능이 멈추고 간뇌에 조종당하고 있는 것입니다. 막말을 들은 당신도 간뇌에 주인 자리를 넘겨준다면? 그 순간 당신도 도마뱀이 됩니다. 결국 도마뱀 두 마리의 싸움으로 변질됩니다. 피가 흐르는 것도 개의치 않고 무조건 돌진하는 도마뱀처럼 맹목적으로 변합니다. 눈앞에 아무것도 보이지 않습니다. 시간이 지나 대뇌 신피질이 제 기능을 발휘했을 때 당신에게 남은 건 상처와 후회밖에 없을 것입니다. 가해자의 따돌림과 괴롭힘으로부터 나를 지켜야 하는데 결국은 가해자처럼 되고 그가 원하는 방식대로 서로 물어뜯는 싸움을 하게 됩니다. 이럴 때일수록 침착하게 당신의 대뇌 신피질을 동원해야 합니다. 끓어오르는 감정을 통제할 수 있도록 일부러 큰 숨을 쉬고 냉정하게 판단해야 합니다.

내가 분노하는 상황이 되면 마음속으로 되새김질해야 하는 말이 있습니다. '난 인간이야. 동물이 아니라고. 조금 더 이성적으로 행동해야 해'와 같은 생각을 하는 것만으로도 자제심이 생깁니다. 이성을 관장하는 대뇌 신피질을 강제로 가동시키는 것입니다. 사람들은 이렇게 대뇌 신피질을 가동하는 방법을 이미 알고 있습니다. '화가 나면 몇 초 동안 기다려!'라고 생각하는 방법은 먼저 움직인 원시적인 뇌, 즉 파충류의 뇌에서 나온 감정을 통제할 수 있습니다. 인간 진화의 결과물인 대뇌 신피질을 의도적으로 움직이는 방법입니다. 화가 날 때마다 몇 초 기다리는 훈련을 자주 하다 보면 파충류의 뇌가 움직이는 순간을 더 빨리 통제할 수 있습니다. 그렇게 해서 일단 분노를 스스로 억눌러야 합니다. 그리고 다음 행동을 어떻게 할지 생각해 보는 것이 좋습니다.

비현실적으로 들릴지 모르지만 화가 날 때 몇 초간 기다리는 방법을 써보세요. 나를 지키고 가장 상처를 덜 입는 방법입니다. 몇 초만 쉬고 생각할 시간을 가지면, 나와 상대방 모두 마음에 상처 입지 않을 수 있습니다. 또한 서로를 존중하며 감정이 지배하는 상황을 벗어날 수 있습니다.

용서하는 마음을 갖자

누군가 당신을 괴롭혀서 힘든 일을 겪고 있는데 가해자를 용서해야 한다면? 정말 상상할 수 없을 만큼 싫습니다. 나를 괴롭힌 사람을 용서해야 한다니. 하지만 용서는 당신에게 정말 중요한 일입니다. 왜냐하면 용서를 통해 당신의 마음을 지키고, 당신이 추가 피해를 당하지 않을 수도 있기 때문입니다.

여기서 특히 어려운 점이 있습니다. 따돌림 피해 아이에게 가해자를 용서하라고 일러줘야 한다는 것입니다. 따돌림 피해 아이에게 감정이입을 해보겠습니다. 아이는 전에 한 번도 경험해보지 못한 따돌림을 당하고 상처를 입었습니다. 피해 아이는 가해한 친구들에 대한 상상할 수 없을 만큼의 적대감과 공포심을 가지고 있습니다. 사실 피해 아이의 부모도 가해 아이를 용서하라는 말을 들으면 화 먼저 낼 것입니다. 그렇기에 아이도 부모도 자신의 감정이 가라앉기를 기다려야 합니다. 분노조절관리처럼 몇 초 안에 가능한 일은 아니지요.

피해 부모와 아이에게는 자신의 감정을 다스릴 수 있는 오랜 시간이 필요합니다. 그 시간 동안 부모와 아이의 말을 들어주어야 합니다. 그러니 부모와 아이 사이 대화를 포함해 여러 이야기를 들어줄 수 있는 제삼자가 필요합니다. 심리상담사나 혹은 친척이나 친한 친구도 좋습니다. 피해 후에 생겨난 부정적인 감정을 다 말로 털어내야 합니다. 감정이 말이 되면 객관적으로 생각할 수 있는 근거를 얻게 됩니다. 이성적으로 생각하고 분노의 감정을 어느 정도 털어냈다면 자연스럽게 용서에 대한 이야기를 꺼내야 합니다. 당장은 아니더라도 시간이 지나면서 용서하는 마음을 갖는 것은 중요한 일입니다. 용서는 피해 아이를 위하는 일 중 하나이기 때문입니다. 따돌림 사건이 일어난 지 얼마 안 되었다면 무리한 이야기일 수 있지만 그런데도 장기적으로 보면 왜 용서해야 하는지 그 이유를 살펴보겠습니다.

트리니티대학교의 월리스Harry Wallace 교수의 연구를 살펴봅시다. 이 연구에는 153명의 학생이 참여했습니다. 학생들은 시나리오를 읽고 그것이 자기의 일이라고 생각하라는 주문을 받았습니다. 그 후 월리스 교수가 질문하고 학생들은 답을 했습니다. 학생들이 읽은 시나리오는 다음과 같습니다.

“당신은 자신의 목표를 달성하기 위해 열심히 노력하는 대학생입니다. 그래서 주변을 돌아볼 여유조차 없었죠. 그러던 어느 날 당신이 대학 친구들에게 안 좋은 행동을 합니다. 상처 줄 생각은 없었지만 피해를 본 친구들에게는 꽤 심각한 사건이었죠. 친구들은 당신을 용서할 생각이 없습니다. 잘못을 깨달은 당신은 친구들에게 사과의 편지를 보냈습니다. 그래도 단 한 명의 친구만은 당신을 용서했다는 소문을 듣습니다. 2주가 흐르고 두 번째 사건이 터집니다. 당신 때문에 친구들

중 한 명이 어떻게든 피해를 입는 상황이 벌어집니다. 게다가 당신은 친구들 중에서 피해 입을 한 명을 골라야만 하는 상황입니다. 당신이라면 자신을 용서를 한 친구와 용서하지 않은 친구 중 어느 쪽을 선택해 피해를 주겠습니까?"

이 실험의 결과 86%의 사람들이 가해자를 용서하지 않은 사람에게 피해를 입히겠다는 선택을 했습니다. 이 연구를 통해 대부분의 가해자는 자신의 행동을 용서하는 피해자에게는 다시는 같은 실수를 하지 않으려고 하는 경향이 있다는 것을 확인했습니다. 또한 같은 연구의 다른 실험에서는 주목할 만한 연구결과를 보여주었습니다. 피해자 쪽이 용서하면 가해자는 후회한다고 합니다.

사실 많은 가해자들이 스스로 잘못을 인식하지 못하거나 피해자에게 사과해야 할 필요성을 느끼지 못합니다. 특히 친구를 따돌리거나 괴롭히는 사람들 중 대부분은 가해 행위를 하고도 죄책감을 느끼지 못합니다. 용서를 구하지 않는 경우도 많습니다. 이 실험에서는 가해자가 죄책감을 가지고 있고 용서를 구하는 편지를 썼다는 전제가 있다는 것을 기억해야 합니다. 가해자가 용서를 구하는 사람일 경우에만 피해자가 용서를 했을 때의 긍정적인 효과가 있습니다. 가해자가 죄책감이 없거나 자신의 책임이 없다고 생각하는 상황에 피해자가 용서해준다는 의사표시를 하면 어떤 일이 벌어질까요? 가해자는 자신은 아무도 괴롭힌 적이 없다고 주장하며 피해자가 누명을 씌우고 있다고 화를 낼 것입니다. 추가 피해가 생길 수도 있습니다. 그렇다면 가해자가 용서를 구할 때만 용서를 하는 게 맞는 일일까요?

어떤 경우든 피해자가 가해자를 용서하는 것은 몹시 괴롭고 힘든 일입니다. 그럼에도 불구하고 중요한 건 아이의 마음입니다. 아이가 용서하는 마음을 가지고 있다면 용서한다는 말을 하지 않아도 아이의 태도를 부드럽게 만듭니다. 보답성의 원리에서 봤듯이 비호의적인 태도는 비호의적인 태도를 부릅니다. 용서를 구하지 않는 가해자라도 피해 아이가 적대적으로 대하면, 가해자도 다시 적대적으로 대할 가능성이 높아집니다.

물론 피해 아이가 가해자를 용서했다고 해서 반드시 가해자가 다시 공격하지 않으리라 단언할 수는 없습니다. 그러나 인정을 베푸는 건 꼭 남을 위한 것만은 아닙니다. 당신이 선행을 했다고 해도 꼭 상대방의 선행으로 돌아오라는 법은 없습니다. 하지만 대부분 다정한 사람에게는 다정한 사람이 다가옵니다. 복잡한 인간관계가 있다고 해도 아이의 선한 행동은 돌고 돌아 결국 아이에게 돌아올 겁니다.

하루 다섯 번의 친절이 최대의 행복을 느끼게 한다

따돌림을 당한 피해자는 우선 자신의 마음부터 챙겨야 합니다. 가해자를 미워하는 것보다 중요한 일입니다. 자신을 다독여주는 일을 멈추면 안 됩니다. 이 일은 마음가짐으로만 할 수 있는 일이 아닙니다. 왜냐하면 상처받은 아이는 기존에 잘 지켜왔던 좋은 관계까지 망칠 수 있기 때문입니다. 그래서 마음을 챙기는 것만으로는 부족합니다. 행동으로 옮기는 일이 같이 이루어질 때 자신을 지킬 수 있습니다. 나를 지킨다는 말은 내 인간관계와 내가 소속된 집단과의 관계를 잘 풀어간다는 것도 포함합니다. 그러기 위해서 따돌림 때문에 상처받은 아이가 주변 사람들과 큰 문제를 일으키지 않고 잘 생활할 수 있는 방법 하나를 소개하겠습니다. '주변 사람에게 친절하게 대하기' 입니다.

가끔 낯선 사람에게 베푸는 친절도 아이의 정서를 더 풍요롭게 만듭니다. 불쾌한 일을 계속 당하다 보면 행복한 기분이 사라져 버리는 경우가 있습니다. 이럴 때는 행복함을 느낄 수 있는 행동, 즉 타인을 돕는 일을 함으로써 자신의 마음을 지킬 수 있습니다. '주변 사람에게 친절하게 대하기' 방법이 아이에게 행복감을 가져다줄 수 있다는 것을 입증하는 연구가 있습니다.

캘리포니아 리버사이드대학교의 류보머스키Sonja Lyubomirsky 팀은 친절에 대한 연구를 진행했습니다. 연구팀은 실험 참가자들에게 일주일에 다섯 번씩 친절한 행동을 하도록 했습니다. 일주일 동안 5회를 언제 어떻게 할지는 본인 스스로 결정할 수 있는 자유를 주었습니다. 하루에 한 번이든, 일주일 동안 나눠서 하든, 하루에 5회를 모두 하든 괜찮다는 규칙을 알려주었습니다. 6주 후 참가자들의 행복감을 조사했습니다. 가장 행복감을 많이 느낀 사람들은 일주일 중 하루를 골라 다섯 번의 친절을 한꺼번에 베푼 사람들이었습니다.

사람들은 보통 하루에 한 번이라도 착한 일을 하라고 이야기합니다. 친절한 행동을 습관처럼 만들고 매일매일 행복감을 느끼라고 하는 말입니다. 실제로 사람들은 일주일에 한 번, 하루 동안 몰아서 다섯 번의 친절을 베풀 때 가장 많은 행복감을 느낀다고 합니다. 노

약자나 임산부에게 자리를 양보하거나, 심부름을 하거나, 길에 떨어진 쓰레기를 줍거나, 길을 잃고 곤란해하는 사람을 돕거나 하는 등 타인에게 친절을 베풀면 하는 쪽도 받는 쪽도 행복한 마음이 됩니다. 이렇게 모두를 행복하게 하는 일인데도 왜 친절한 행동을 하는 게 어려울까요?

확실히 친절한 행동을 하려면 용기가 필요합니다. 보통 친절한 행동을 하기 전에 사람들은 고민에 빠집니다. '내가 위선적인 게 아닐까', '사람들이 나를 착한 아이인 척한다고 생각하지 않을까' 하며 역시 망설이게 됩니다. 이미 아는 사람에게 평소에 하지 않던 일을 하는 건 쑥스러운 일이죠. 낯선 사람에게는 조금 부끄럽기도 하고 말을 거는 것도 용기가 필요한 일입니다.

'내가 원래 이렇게 착한 척하는 사람이 아닌데……'라는 생각은 죄책감으로 바뀝니다. 뭔가 찝찝한 기분도 듭니다. 이럴 때 마음속에서 있는 용기를 아주 조금만 끄집어내세요. 작은 용기를 낸다면 행복해집니다. 다른 사람이 기뻐할 일을 하면 자신도 행복감을 얻을 수 있다니. 멋진 일 아닐까요?

친절에 관한 류보머스키 팀의 연구에 의하면 가장 행복하다고 느끼는 것은 일주일에 한 번, 한꺼번에 친절한 행동을 하는 것입니다. 하지만 매일 친절한 행동을 해도 행복을 느낄 수 있는 것도 틀림없는 사실입니다. 이왕이면 언제나 친절한 행동을 하고, 소소한 행복으로 채워진 날들을 보내는 것도 나쁘지 않다고 생각합니다. 보답성의 원리에 따르면 타인을 돕는 행동을 계속하면 자신을 돕는 사람들이 늘어납니다. 호의는 호의로 돌아옵니다. 따돌림을 당한 아이가 사람들을 돕는 일을 한다면, 그 사람들이 피해 아이에게 친절하게 대합니다. 친구들에게 마음의 상처를 입은 아이가 다른 사람들의 호의를 접하게 됩니다. 이것은 마음을 치유하는 효과가 있지요.

따돌림을 당했던 아이는 공격적이거나 불친절하거나 혹은 무관심한 아이들 사이에 둘러싸여 있습니다. 새로운 친구들을 만나고 다시 행복한 관계를 만들어야 합니다. 아이의 행복을 위해서라도 아이에게 친절한 행동을 알려주는 것은 중요합니다. 따돌림을 당했던 아이들 중에는 사람을 만나는 것조차 두려워하는 친구들도 있습니다. 사람 자체가 공포의 대상이 된 것이죠. 이들은 자기 존재감을 잃고 친구들을 상처 주는 사람으로만 기억합니다. 이럴 때 아이를 보호받아야 할 대상으로만 보지 말고 아이가 다른 사람을 보호할 사람이라는 것을 인식하게 해주는 건 중요한 일입니다. 그 일을 통해서 아이는 자존감을 높일 수 있습니다.

“네 잘못이 아니야!”, “네가 얼마나 중요한 사람인데!”라는 말은 피해 아이에게 위로가 될 수 있지만 그저 말뿐으로 그칠 수 있습니다. 말보다 몸으로 자신이 괜찮은 사람이라는 것을 깨닫게 해주면 어떨까요? 따돌림을 당한 아이와 함께 아는 사람이 없는 곳으로 봉사활동을 하루 다녀오세요. 처음에는 힘들지 모르지만 온종일 사람들이나 동물을 돕고 돌아오는 길, 저녁노을을 보며 행복감을 느낄지 모릅니다. 그리고 평소에도 타인을 돕는 행동을 할 수 있게 해주세요. 아이는 자기도 모르게 친절한 사람들에게 둘러싸여 있을 것입니다.

웃으면 복이 온다

따돌림을 당하고 매일 힘들어하는 아이를 보고 안쓰러워할 수만은 없는 일입니다. 아이를 위로해주기 위해 가족 여행도 가고 맛집도 가지만 집으로 돌아온 아이는 다시 우울한 얼굴이 됩니다. 특별한 이벤트는 순간 고통을 잊게 하지만 다시 일상으로 돌아오면 더 힘들어질 수도 있습니다. 상처받은 아이가 일상에서 우울한 기분을 줄일 수 있는 방법이 있을까요? 웃음기가 사라진 아이에게 다시 웃음을 찾아주어야 합니다. 아이를 웃기기 위해 가족이 노력하는 방법도 있지만 그 반대의 방법도 있습니다. 먼저 웃고 나중에 행복함을 느끼는 방법입니다. 함께 피해 아이의 웃음을 찾으러 가보겠습니다.

"웃으면 복이 와요"라는 말이 있습니다. '소문만복래笑門萬福來'라는 한문에서 나온 말입니다. '웃음이 끊이지 않는 집에는 행복이 찾아온다'는 뜻이지요. 늘 웃는 얼굴인 사람에게도 행복은 찾아옵니다. 캘리포니아 대학교의 리벳Benjamin Rivet이라는 심리학자의 연구에 따르면 뇌파는 생각을 할 때 보다 몸을 움직일 때 더 빨리 나온다고 합니다. 즉, 몸과 마음 중에서 몸이 먼저 활동을 시작한다는 뜻입니다.

인간의 뇌는 두개골로 싸여 있습니다. 창문이 없는 컴컴한 밀실 안에 갇혀 있다고 할 수 있습니다. 뇌는 오감을 통해 신체 정보를 받아들입니다. 뇌는 그 정보를 믿고 자기가 지금 무엇을 하고 있는지 판단합니다. 그래서 몸의 움직임에 따라 뇌는 자신의 지금 상태를 착각할 수도 있습니다. 웃기지 않아도 웃고 있으면 뇌는 즐거운 기분이라고 착각합니다.

이 원리를 잘 보여주는 재미있는 현상이 있습니다. 나무젓가락이나 펜을 가로로 입에 물어보세요. 최대한 입술이 닿지 않도록 물면, 마치 웃는 얼굴처럼 됩니다. 이 페이크 스마일fake smile, 즉 만들어낸 미소를 띠며 일을 해보세요. 그러면 아무리 지겨운 일이라도 즐겁게 느껴질 수 있습니다. 이번엔 미소를 띠며 만화를 보세요. 만화가 더 재미있다고 느껴집니다. 일도 더 잘되고 즐겁다니. 안 믿길 수도 있습니다.

미소가 업무 효율을 올린다는 것은 캔자스대학교의 크라프트Tara L Kraft와 프레스맨Sarah D Pressman이라는 학자가 한 실험 실험이나 그 밖의 다양한 연구에서 밝혀졌습니다.

페이크 스마일을 하면 얼굴 근육이 움직이며 웃고 있다는 신호를 뇌로 보냅니다. '지금 웃고 있다'는 신호가 뇌에 전달됩니다. 그러면 뇌가 '아, 나는 지금 웃고 있네. 즐거운 거구나'라고 착각합니다. 그러면 즐거운 기분이 됩니다. 이것을 보면 신체의 움직임에 뇌가 속는다는 것을 알 수 있습니다.

그렇기 때문에 괴로울수록 입꼬리를 올리고 웃는 얼굴을 해보세요. 웃으면 마음이 건강해집니다. 물론 진심으로 웃는다면 정말 행복해지겠죠. 억지로 웃는 것보다 진짜 웃을 수 있게 되면 뇌는 최고의 행복감을 가질 수 있습니다. 따돌림을 당한 아이가 있는 가정에서는 이 '웃으면 복이 와요' 방법을 사용해보세요. 우선 부모님이 따돌림으로 상처 입은 아이를 보고 있으면 쉽게 웃음이 나오지 않습니다.

부모가 아이의 우울한 얼굴과 같은 얼굴로 아이를 바라보면 아이는 어떻게 느낄까요? 우울함과 고통은 더 심해질 것입니다.

가끔 부모가 강아지를 무서워하면 아이도 강아지를 무서워하는 것을 볼 수 있습니다. 앞에서 이야기했듯 이것은 뇌의 거울 세포 때문에 일어나는 일입니다. 예를 들어 영화관에서 어떤 영화를 보다가 슬픈 장면을 보면 눈물이 날 수 있습니다. 그러나 슬픈 장면보다 우리를 더 슬프게 하고 눈물을 흘리게 하는 것은 옆자리에서 울고 있는 사람입니다. 우는 사람의 표정을 보면 뇌는 머릿속에서 그 동작을 재현합니다. 그 모습이 슬프다는 것을 알고 있는 거울 세포가 슬픈 감정을 불러오게 합니다. 그 결과로 우리는 눈물을 흘립니다. 강아지를 한 번도 만져보지 않은 아이는 부모가 개를 피하면 그 동작을 보고 거울 세포의 작용으로 공포를 느끼게 됩니다. 반대로 부모가 강아지를 보고 웃고 쓰다듬고 좋아한다면 아이도 강아지를 보고 즐거워합니다. 강아지를 쓰다듬기도 합니다. 마찬가지로 아이가 아무리 힘들어해도 부모가 웃으면 아이도 웃게 됩니다. 뇌의 거울 세포는 부정적인 감정에서 긍정적인 감정까지 모두 영향을 끼칩니다.

부모는 아이의 상처에 공감합니다. 그렇다고 아픔을 과장하면 아이는 더욱 고통스러워합니다. 상처받은 아이가 너무 심각하게 느끼지 않게 도와주어야 합니다. 그러니 부모가 우선 웃는 연습을 해야 합니다. 부모의 웃음은 아이의 고통을 경감시켜줄 수 있습니다. 아이의 거울 세포가 즐거운 모습에 반응할 수 있도록 부모의 마음이 더 가벼워야 합니다. 그리고 아이와 함께 즐길 수 있는 일이나 행복하게 느낄 수 있는 일을 찾아보는 일도 중요합니다. 일상에서 재미있는 일을 찾고 함께 웃을 수 있는 여유가 부모에게 있다면 아이도 그 여유를 가질 수 있습니다. 가족이 늘 서로에게 웃는 얼굴이라면 아이는 즐거워지고 가족은 행복해질 수 있습니다.

인사는 마음을 여는 열쇠

따돌림을 당한 아이들에게 가장 중요한 건 평온한 미래입니다. 상처를 극복할 수 없더라도 다시 사람들 속에서 살아가야 합니다. 사람들을 두려워하지 않고 만나는 방법. 새로운 사람을 만나도 잘 섞여 지낼 수 있는 방법 중에 제일 좋은 방법은 '인사 잘하기'입니다. 원래 현대인은 인사를 잘 하지 않습니다. 매일 만나는 사람한테는 인사할 필요가 없다고 생각합니다. 낯선 사람한테는 인사할 필요를 느끼지 못합니다. 가끔 인사를 처음 배운 아이들이 누구든 가리지 않고 인사를 하는 것을 볼 수 있습니다. 그리고 인사를 받은 사람들은 인사하는 아이들에게 호감을 느끼고 친절하게 답해줍니다. 그래서 인사하는 아이는 누구하고든 친해질 수 있습니다.

인사하는 문화는 나라와 민족을 따지지 않고 사람이 있는 곳이라면 어디에든 있습니다. 사람들이 모여 사는 곳에 인사 문화가 생긴 이유는 싸움을 피하기 위해서입니다. 인사는 상대가 자기 적인지 아군인지를 판단하는 행동입니다. 예를 들어 악수는 처음 만난 사람들이 손에 흉기나 무기가 없다는 것을 보여주고 상대방을 안심시키기 위해 하는 행동입니다. 서로의 호의를 확인하는 거지요. 인류학 연구에서 인사는 효과적인 집단생활을 위해 인간 사이에서 자연스럽게 발생했다고 합니다. 인사는 상대에게 '나는 당신의 적이 아니야'라고 알리는 신호입니다. 그러니까 인사를 안 하는 사람, 인사를 해도 반응하지 않는 사람은 자신의 적일지도 모른다는 느낌을 받습니다. 인사를 나누지 않는 사람을 보면 불안감이나 반감이 생깁니다.

인사하는 게 뭐라고 이렇게 강조하는지 궁금하시죠? 인사에 관련된 심리 실험을 진행한 연구팀도 있습니다. 캔자스대학교의 에드워드K. Anthony Edwards와 존스턴Ray Johnston의 연구입니다. 이들은 고등학교 스쿨버스 운전기사에게 "안녕하세요!"나 "안녕히 가세요!"라는 인사를 학생들에게 하라고 시켰습니다. 그리고 비교 실험을 위해 다른 운전기사에게는 일부러 인사를 하지 말라고 부탁했습니다. 그 후 학생들의 반응을 봤습니다. 예상대로 학생들은 인사하지 않는 운전사보다 인사하는 버스 운전사를 호의적으로 느꼈습니다. 심지어 쾌적한 서비스를 받고 있다고까지 느꼈습니다. 스쿨버스를 새것으로 바꾸지도 않았고 항상 보는 친구들과 같이 탔는데도 말입니다.

인사는 여러 상황에서 스쿨버스 실험과 비슷한 좋은 효과를 낸다는 것을 알 수 있습니다. 인사를 하는 사람과는 더 대화하기 쉽습니다. 웃는 얼굴로 인사를 주고받는 사람들이 있는 교실이나 직장은 분위기도 좋겠지요. 인사를 하는 것이 때로는 번거롭게 느껴질 때도 있을지 모릅니다. 하지만 안 하는 것보다는 하는 게 낫습니다.

미국에서는 길에서 스치는 낯선 사람이라도 눈이 마주치면 "Hi~!"라고 인사를 합니다. 미국은 역사적으로 이민자가 대부분이고 다른 문화가 섞여 있는 나라이기 때문입니다. 서로 인사를 주고받으며 적의가 없음을 나타내는 것은 중요한 일이었을 것입니다. 반대로 인사도 나누지 않고, 대화도 하지 않는 시간은 매우 무겁게 느껴질 것입니다. 심지어 그런 분위기에서는 말할 계기를 찾는 것도 어렵습니다. 그러나 인사말 하나로 분위기가 크게 달라집니다.

따돌림을 당하는 경우라면 인사하기도 어려울 수 있습니다. 더군다나 가해자와 같은 공간에 계속 있어야 하는 상황이라면 어떻게 해야 할까요. 늘 눈길을 피하고 인상만 쓰고 다닐 수는 없는 법입니다. 학교를 떠나거나 직장을 옮길 것이 아니라면 어떻게든 같이 지내야 하겠지요. 내가 먼저 인사해서 상황을 긍정적으로 바꿀 수 있는 기회가 있다면 관계를 역전할 수도 있습니다.

그렇지만 가해자가 죄책감도 없이 피해자를 계속 무시한다면 인사를 건네다가 더 큰 상처를 받을 수도 있습니다. 계속 친절하게 인사한다고 해서 따돌림의 문제를 풀 수 있는 것은 아닙니다. 하지만 따돌림은 대개 한 명에게 다수가 가해하는 행위입니다. 처음에 한두 명이 따돌리다가 나중에는 교실에 있는 아이들 전체가 적대감을 보일 수도 있습니다. 그렇기 때문에 최초 가해 아이가 인사를 받지 않더라도 주변의 아이들과는 인사를 나누는 게 좋습니다. 인사를 통해 나머지 친구들과의 관계에서 적대감을 해소하고 호감을 나누는 것은 중요합니다. 따돌림 상황이 벌어졌을 때 피해 아이는 고립감을 느낍니다. 인사를 나누고 대화로 발전하고 친밀함 늘어난다면 피해 아이가 느끼는 고립감은 확연히 줄어듭니다. 또한 친한 친구들이 많은 아이가 집단 따돌림의 피해자가 되기는 쉽지 않습니다. 아이는 친구 관계 속에서 보호받을 수 있습니다. 그래서 아이에게 인사하는 습관을 갖게 만들면 따돌림을 예방할 수도 있고 사건이 벌어져도 상처가 덜 할 수 있습니다.

인간관계가 어떻게 흘러갈지 사실 그 누구도 확신할 수는 없습니다. 하지만 자신이 노력을 할 수 있는 만큼 최대한 해보는 게 좋지요. 매일 눈인사라도 나누는 사람이면 쉽게 여러분을 따돌리거나 욕하기 어렵습니다. 혹은 가해자와 인사를 나누며 계속되는 가해 행위를 멈추게 될지도 모릅니다. 가해자와 심각한 대화를 나누기 전에 인사를 나누던 사이라면 이야기는 좀 더 쉽게 풀릴 수 있습니다. 내 욕을 하던 사람하고 인사를 나눈다는 것은 엄청난 용기가 필요한 일입니다. 아이들이라면 더 부담이 클지도 모릅니다. 하지만 거기서 인사를 하지 않으면 상황은 더욱 악화되고 맙니다. 누구와도 이야기를 나눌 수 없게 될 수도 있죠.

작은 용기라도 쥐어짜내 보세요. 우선 웃는 얼굴로 "안녕!", "좋은 아침이야!"라고 인사해보세요. 인사는 호의의 표시이기 때문에, 계속하면 점차 호의적으로 대하며 보답하는 사람도 늘어갈 것입니다. 그리고 집단 따돌림의 상황에 여러분을 지지하는 많은 친구들 얻을 수도 있습니다. 물론 인사를 나누다가 가해자와 이야기를 통해서 향후에 그런 일이 없도록 의사표현을 하는 것은 당연한 일일 것입니다.

인사는 사람의 마음을 여는 열쇠입니다. 그 마음에 나를 찌르고 괴롭히는 기사가 있더라도 문을 열고 마주하면 당신의 괴로움은 반감될 것이기 때문입니다. 물론 아이에게 인사하는 것을 부탁하기 전에 부모님은 하루에 몇 번이라도 아이와 인사하는 일에 망설이지 마세요. 자신이 하지 않는 일을 아이에게 시키는 것은 좋은 일이 아닙니다.

정말 강한 사람은 따돌리지 않는다

다시 처음으로 돌아가 보겠습니다. 책의 앞부분에서 저는 누군가를 괴롭히는 사람의 마음에는 다른 사람 위에 서고 싶은 욕망이 있다고 말했습니다. 이 욕망을 실현하려면 강하거나 최소한 강해 보여야 합니다. 그렇다면 강하다는 것은 무슨 의미일까요? 사실 싸움을 잘하고 권력이 있다는 것은 진정한 강함은 아닙니다. 진짜 강하다는 것은 소중한 사람이나 물건을 지킬 때 싸울 수 있는 용기를 가지는 것입니다. 지키려는 마음이 진정한 강함에 더 가깝습니다.

따돌림이나 파워 해러스먼트는 쓸데없이 강함을 과시하는 것입니다. 이렇게 강해 보이고 싶은 마음은 사람의 행동 원리 중 하나인 '불안'으로부터 나옵니다. 불안 때문에 새로운 것을 경계하고, 누군가보다 우위에 있고 싶어 합니다. 불안을 해소하기 위해서 편안하게 안심할 수 있는 방법을 찾는 것입니다. 무슨 일이 벌어질지 몰라 무서운 상황에도 많은 사람이 모여 있다면 불안감은 줄어듭니다. 누군가를 욕하는 사람들은 높은 불안감을 가지고 있습니다. 그래서 자신 주위로 사람들이 모여들어 자신을 인정하고 지지해주기를 바랍니다. 불안한 사람은 자신의 편이 늘어나면 안정감을 느낍니다. 자신의 편을 만들기 위해 사용하는 방법 중에 하나가 누군가를 괴롭히거나 따돌리는 것입니다. 대개 일대일의 관계에서는 자기보다 약하다고 생각하는 사람을 공격합니다. 그것을 통해 피해를 당한 아이에게 정신적인 우위를 차지하고 싶어 합니다.

하지만 진짜 강한 사람은 자신이 강하다는 것을 알고 있기 때문에, 쓸데없이 허세를 부리지 않습니다. 무도의 달인은 힘을 과시하지 않습니다. 논어에 '인자필유용, 용자불필유인仁者必有勇, 勇者不必有仁'이라는 말이 있습니다. '인자한 사람은 반드시 용기를 가지고 있지만, 용감한 사람이라고 해서 반드시 인자한 것은 아니다'라는 뜻입니다. 논어에서 말하는 용기는 외적인 강함만을 뜻하는 것 같지는 않습니다. 용기 있는 행동을 하는 사람을 보고 우리는 그 사람을 평가합니다. 하지만 진짜 강함은 외면에 있지 않습니다. 강한 내면을 가진 아이는 평소에 할 수 없는 행동까지 할 수 있습니다. 외면만 강하다는 것은 사람들 위에 서고 싶다는 권력욕이나 허세일 가능성이 높습니다. 논어에서는 내면의 강함을 '인仁'이라고 부릅니다.

진짜 용기는 내면의 선함, 인으로부터 나오는 것을 말합니다. 논어의 토대가 되는 2,500년 전에도 외면적으로 힘을 과시하는 것은 사회에서 좋지 않은 일로 여겼습니다. 착한 사람은 남을 괴롭히는 일을 하게 되면 마음이 불편하고 힘들어합니다. 이렇게 착한 사람은 행동을 조심하는 사람이라기보다는 상대방의 상황과 마음에 공감하는 사람입니다. 논어에서 말하는 선한 사람은 감정이입을 잘하는 사람입니다. 남을 괴롭히거나 따돌리는 사람은 상대방의 마음에 전혀 감정이입하지 않거나 그 마음을 알려고 하지도 않습니다. 선한 사람은 자신의 언행으로 다른 이에게 피해를 주지 않으려고 노력합니다. 무의식적으로 다른 사람의 마음을 모르는 사람도 있습니다. 이 경우도 비슷합니다. 선한 사람은 자신도 모르게 피해를 주었다면 잘못을 인정하고 사과하는 사람입니다.

논어의 가르침에서 보면 이렇게 상대방을 '배려'하지 않는 사람은 인자한 사람이 아닙니다. '배려'는 내 '마음'을 상대에게 '주는' 것입니다. 소중한 사람을 지키는 진짜 용기는 자신이 지키려고 하는 사람에게 마음을 주었을 때만이 생깁니다. 또한 이렇게 마음이 열린 사람들은 낯선 사람이나 친하지 않은 사람에게도 똑같이 행동합니다.

즉 인자하지 못한 사람들은 주변이나 낯선 사람들에게도 마음을 주지 못하는 사람들입니다. 그래서 가해자들은 괴롭힘이나 따돌림을 당하는 사람의 마음을 이해하기 어렵습니다. 동시에 자신의 닫힌 마음도 들키지 않으려고 합니다. 그래서 좀처럼 타인에게 마음을 줄 수도 없고 타인의 마음을 받아들이지도 못합니다.

아이들에게 말해주세요. 강한 아이는 없고 강해 보이는 아이가 있을 뿐이라고. 친구를 괴롭히는 아이들은 자신이 강해 보이려고 애쓰는 중이라고 말입니다. 그들은 약한 친구들을 괴롭히면서 자신들이 강하다는 것을 주위에 알립니다. 혹은 자신이 약하다고 생각하는 친구들을 괴롭힙니다. 이 두 가지 경우 모두 친구를 괴롭히는 아이들은 스스로 강하다고 믿으며 강해 보이려고 합니다. 하지만 자신의 마음을 지키려고 마음의 문에 자물쇠를 채운 아이들입니다.

따돌림을 하는 아이들은 약한 마음을 가지고 있습니다. 약한 아이들일수록 강하게 보이려고 애쓰고 화를 내고, 으스댑니다. 현실에서 약한 사람이 자신이 강한 것을 증명하기 위해 가장 많이 쓰는 방법은 약자를 공격하거나 무시하는 것입니다. '겁 많은 개가 자주 짖는다'

좋은 아침!

는 말이 있는 것처럼요.

우리 아이가 다른 친구에게 괴롭힘을 당한다면 부모가 아이에게 말해주세요. "그 녀석은 자신이 없는 거야. 그러니 얼마나 불안하겠어. 그래서 자꾸 강해 보이려고 너를 괴롭히는 거야"라고요. 아이들을 괴롭히는 친구가 얼마나 약한 상대인지 알도록 해주세요. 왜냐면 피해 아이는 가해 아이에 대해 두려워하는 마음을 가지고 있기 때문입니다. 가해 아이를 두려워하면 더 위축되고 학교생활을 어려워합니다. 괴롭히는 아이도 사실 별것 아니라는 것을, 그냥 약한 친구일 뿐이라고 아이에게 확실히 알려줘야 합니다.

아이가 자신감을 보이면 따돌림을 하는 아이는 약한 마음 때문에 위축될 수 있습니다. 그리고 따돌림을 당하는 아이도 사소한 괴롭힘은 신경 쓰지 않을 수 있습니다. 아이에게 뜻이 잘 전달된다면, 약하지만 강해 보이려 하는 아이들을 상대하는 여러 방법을 스스로 찾아낼 수도 있습니다. 예를 들면, 피해 아이가 가해 아이의 눈을 피하지 않고 똑바로 쳐다보면서 웃을 수도 있고 반갑게 인사를 나눌 수도 있지요. 마치 아무렇지 않다는 듯이, 아무 일 없었다는 듯이 말입니다.

제 3 장

따돌리는 말로, 상처 주지 않기 위해서

지금까지 주로 피해자의 입장에서 따돌림의 원인과 대책에 대해 살펴보았습니다. 그렇다면 가해자의 입장이 되어볼까요? 아, 누구를 괴롭힐 만큼 나쁜 일을 한 적이 없다고요? 하지만 일상에서는 많이 일어나는 일입니다. 사람들은 그럴 의도가 없었는데 따돌리는 말을 하게 됩니다. 의도하지 않은 말실수로 가해자가 됩니다. 평소 하던 말을 했는데도 따돌림의 가해자로 몰리면 억울합니다. 하지만 내가 한 말 때문에 상대방이 상처받았다면 그 책임의 일부는 나에게 있을 수도 있습니다. 그렇기에 평소에 남에게 말로 상처를 주지 않으려고 노력해야 합니다. 또한 만약 내가 한 말로 친구가 상처받았다면 친구에게 사과하고 상처를 치유해줘야 합니다. 이제 따돌림의 가해자가 되지 않으려면 어떻게 해야 좋을지에 대해 이야기해보겠습니다.

하나의 단어가 말의 전체 느낌을 좌우한다

말을 하는 건 참 어렵습니다. 내가 꽃을 줬는데 상대방은 칼로 느낄 수 있기 때문입니다. 이건 말을 하든, 듣든 상관없이 적용되는 원칙입니다. 한마디 말일 뿐인데 듣는 사람이 어떻게 듣는지, 말을 할 때 상황이 어땠는지에 따라 여러 의미를 지닙니다. 말 한마디로 대화의 전체 분위기를 확 바꿀 수도 있습니다.

이해를 돕기 위해 심리학자 아시Solomon Eliot Asch의 유명한 실험을 소개합니다. 이 실험을 통해 말 한마디가 사람에 대한 평가도 바꿀 수다는 것을 알 수 있습니다. 아래와 같이 성격을 A 유형과 B 유형으로 나누고, 그 성격을 알려주는 단어 모음을 실험 참가자들에게 나눠 주었습니다.

A : 지적인, 능숙한, 근면한, 따뜻한, 의지가 강한, 재능 있는, 주의 깊은

B : 지적인, 능숙한, 근면한, 냉정한, 의지가 강한, 재능 있는, 주의 깊은

'따뜻한'과 '냉정한'이라는 부분만 다르고 A와 B는 성격이 똑같은 사람입니다. A 세트를 받은 90명은 평가대상이 된 사람에 대해 '친절하다', '사교적이다', '재미있다'라고 평가했습니다. 전체적으로 긍정적인 평가를 했습니다. 그에 비해, B 세트를 받은 76명은 확실히 부정적으로 평가했습니다. 이것은 딱 한 단어, '냉정한'이라는 부정적

인 이미지를 주는 말이 섞여 있기 때문입니다. '냉정한'이란 말 한마디로 한 사람에 대한 인상이 완전히 달라집니다.

이 실험 결과를 우리의 평소 대화에 적용해봅시다. 어떤 사람이 누군가에 대해 조금이라도 부정적으로 평가하면, 그 말을 들은 다른 사람들은 그 누군가에 대해 전체적으로 낮은 점수를 주게 됩니다. 아무리 다른 사람 칭찬을 많이 하더라도 부정적인 평가가 하나라도 있다면, 말을 듣는 상대방은 그 사람에 대한 좋지 않은 인상을 받게 됩니다. 말이 아무리 짧아도 어떤 사람에 대한 부정적인 평가를 담고 있다면, 그 사람은 전혀 다른 사람이 될 수도 있습니다. 나쁘게 평가받은 사람들은 억울합니다. 말 한마디로 나쁜 사람이 되었으니 말입니다. 사실 이 실험에서 볼 수 있듯 성격을 나타내는 나머지 항목(지적인, 능숙한, 근면한, 의지가 강한, 재능 있는, 주의 깊은)도 같이 살펴보면 B는 나쁜 사람이 아닙니다. 오히려 장점이 많은 좋은 사람으로 볼 수 있습니다. 단 하나의 나쁜 평가에 휘둘리지 않고 전체를 보고 냉정하고 균형 있게 판단하는 것이 중요합니다.

누군가의 일을 평가할 때에도 마찬가지입니다. "걔는 다 좋은데 마무리가 안 좋아"라고 말하면 사람들 머릿속에는 오직 '마무리가 좋지 않다'는 말만 남게 됩니다. 이 말을 들은 사람들은 절대 그 사람과 일을 하려고 하지 않겠지요. 조금이라도 부정적인 평가의 말을 하면, 그 사람에게 상상 이상으로 큰 피해를 줄 가능성이 있습니다. 당사자에게 직접 말을 한다면 어떨까요?

"너는 다 좋은데 마무리가 안 좋아."

이 말을 들은 상대방은 당장 "네가 나에 대해 뭘 알아?"라고 대답할 것입니다. 당사자 귀에도 "너는 다 좋은데……"라는 말은 들리지 않습니다. 영향력은 마찬가지입니다. 전체적으로는 나쁜 말을 들었다고 생각합니다. 그러므로 가능한 한 부정적인 말을 피해야 합니다. 특히 사람들을 평가할 때는 긍정적인 단어를 사용하는 습관을 들여야 합니다. 부모가 아이들에게 이야기할 때도 마찬가지입니다.

부모는 아이들의 행동을 바꾸려고 여러 가지 지적을 합니다. 그렇기에 아이를 부정적으로 평가하는 경우가 많습니다. 아이의 행동 교정을 위해 지적할 때는 아이가 상처받지 않게 하려고 칭찬을 한 후에 문제가 있는 부분을 말합니다. 이때 아이는 칭찬은 잊어버립니다. 그 반대로 지적한 후에 칭찬해도 비슷합니다. 기분이 나빠질 테니 자신을 위로한다고 생각하게 됩니다. 결국 행동 교정은 어려워지지요.

한 걸음 더 나아가 보겠습니다. 부모가 아이에게 "네 책상 위 좀 정리해"라고 말하면 아이는 '너는 책상을 정리하지 않는 아이야'라고 듣습니다. 뭔가 잘못하는 걸 바꿔주려고 말하면 아이는 자신에 대한 평가로 듣습니다. 그렇기에 부모는 아이를 평가하는 말을 최대한 자제해야 하고 행동 교정을 할 때도 다른 말을 사용해야 합니다.

"우리 책상 같이 치울까?"

앞의 말과 똑같이 청소하라는 의미인데 전혀 다르게 들립니다. 하지만 이 말을 들은 아이는 청소를 해야 한다고 생각하지, '청소도 안 하는 아이'라는 평가로 듣지 않습니다. 부모가 사람에 대해 평가하지 않는 습관을 갖추고 아이와 대화하면 아이는 부모의 말에 높은 신뢰를 갖습니다. 그 신뢰 위에 아이들에게 말하는 방법을 알려줘야 합니다. 부모가 하지 않는 일을 아이에게 시키면 아이는 반대로 엇나갈 수도 있습니다. "아빠도 안 하면서……"라면서요.

신뢰가 뒷받침된다면 이제 아이들에게 말하는 법을 일러줘도 괜찮습니다. 아이에게 듣는 사람의 입장을 고려하는 법을 알려주세요.

"엄마가 너한테 청소도 잘하고, 인사도 잘한다고 칭찬하다가 '너는 책상에 20분도 채 앉아 있지 않잖아'라고 이야기하면 어때?"

이렇게 역지사지하는 방법을 알려주세요. 또한 친구가 없을 때 친구 이야기를 하는 것도 피하는 게 좋다고 말해주세요. 사람들은 부정적인 단어만이 머릿속에 남아서 자리에 없는 친구에 대한 오해나 편견이 생길 수 있다고 말이에요.

아이들이 학교생활과 친구 이야기를 부모에게 하는 경우가 있습니다. 아이가 '걔는 그게 문제야'라고 말하면 꼭 설명을 덧붙여주세요.

"친구가 없는 자리에서 네가 그 친구를 부정적으로 평가하면 어떨까? 그 말을 들은 아이들은 네 이야기에 동의해줄지도 몰라. 하지만 아이들은 마음속에서는 그런 생각을 할 거야. '쟤는 내가 없는 곳에서 나에 대해 안 좋게 말하겠구나' 이런 생각이 들면 친구들은 너를 믿지 못할 거야."

부모님도 아이 앞에서 다른 사람에 대한 안 좋은 평가를 하지 않아야 합니다. 아이들은 부정적인 것에 대한 기억력이 좋아서 바로 반박할 가능성이 높습니다.

"엄마도 옆집 아주머니에 대해 안 좋게 이야기했잖아."

그럴 때도 당황하지 마시고 솔직히 인정하세요.

"그러네. 엄마가 잘못했네. 앞으로 조심할게. 옆집 아주머니는 나쁜 분이 아니니 오해하지 마."

이 말을 통해서 나쁜 평가는 나쁜 말이 될 수 있다는 사실도, 그리고 사과해야 할 일이라는 것도 알려줄 수 있습니다.

제가 사는 일본은 '영혼의 나라'라고 합니다. 많은 일본 사람들은 말에도 영혼이 깃들어 있다고 생각합니다. 물론 그렇게 생각하지 않는 사람도 많습니다. 하지만 고운 말을 쓰는 것이 제일 좋겠지요. 원한, 질투, 욕설을 내뱉지 않는 것은 자기 자신을 위해서도, 다른 사람을 위해서도 가장 좋은 방법입니다. 이것을 아이에게 일러주고 부모님도 지켜야 합니다. 말은 누군가의 영혼에 용기를 줄 수도 있고 상처를 입힐 수도 있습니다. 늘 명심하길 바랍니다.

약속하기의 효과

우리 아이가 누군가를 따돌리거나 따돌림을 당하지 않기 위해서는 무엇을 해야 할까요? 가장 좋은 따돌림 예방법은 평소에 부모와 아이가 대화를 자주 나누는 것입니다. 그러면 어떤 이야기를 하면 좋을까요? 아이와 약속을 하는 것입니다. 이것을 심리학에서 '커밋먼트 Commitment'라고 부릅니다. 사람은 다른 사람에게 '이렇게 하겠다'라고 선언하면, 그것을 지키지 않았을 때 불쾌감을 느낍니다. 그래서 다른 사람과 한 약속은 가능한 한 지키려고 합니다.

캘리포니아대학교의 바카-모테스Katie Baca-Motes와 브라운Amber Brown 연구팀은 2,416쌍의 호텔 이용객을 대상으로 심리 실험을 진행했습니다. 연구팀은 호텔 이용객에게 'YES(예)' 혹은 'NO(아니요)'에 체크할 수 있는 두 종류의 메시지 카드를 나누어 주었습니다. 이때 이용객에게 나누어주는 방법을 다르게 했습니다.

첫 번째 카드에는 '나는 집에서도 여행지에서도 환경에 신경을 씁니다. 지구를 소중하게 생각하는 사람으로서, 호텔에 머무는 중에 친환경적인 행동을 하려고 노력할 것입니다'라고 쓰여 있습니다. 두 번째 카드에는 첫 번째 카드보다 더 구체적인 내용을 넣었습니다. '물을 절약하고 수건을 다시 쓰는 등의 친환경적인 행동을 하려고 노력하겠습니다.' 그리고 '지구의 친구'라고 적힌 핀배지도 나누어주었습니다. 사람들이 핀배지를 옷이나 가방에 달고 다니면 좋은 점이 있습니다. 핀배지는 환경을 지키겠다는 약속을 지속적으로 떠올리게 하지요. 카드와 핀배지는 총 7가지 방법으로 나눠줬습니다.

① 첫 번째 카드를 나눠주고 'YES' 혹은 'NO'에 체크하게 한 후 다시 받는다.
② 첫 번째 카드에 체크하면 핀배지를 준다.
③ 첫 번째 메시지에 체크한 카드를 받지 않고 핀배지만 준다.
④ 구체적인 환경보호 실천 내용이 담긴 두 번째 메시지 카드를 나눠주고 'YES' 혹은 'NO'에 체크하게 한 후 다시 받는다.
⑤ 두 번째 카드에 체크하면 핀배지를 준다.
⑥ 두 번째 메시지에 체크한 카드를 받지 않고 핀배지만 준다.
⑦ 메시지 카드와 핀배지, 그 어느 것도 나누어주지 않는다.

이 실험 결과 ⑤번 방법으로, 즉 두 번째 카드에 체크하고 핀배지를 받은 손님들이 호텔에서 제공한 수건을 재사용하는 비율은 아무것도 하지 않은 ⑦번 방법의 손님의 경우보다 25%나 높았습니다. 또한 방을 나갈 때 전등 스위치를 끄는 비율도 높았습니다.

이 실험 결과를 아이와의 대화에 적용해보겠습니다. 아이와 '따돌리지 말자', '친구에게 나쁜 말을 하지 말자'와 같이 약속을 추상적으로 하는 것은 큰 효과를 보지 못합니다. 약속의 내용을 구체적으로 바꾸어보겠습니다.

"앞으로 다른 친구의 외모나 버릇, 성격 같은 걸로 놀리지 않는 거야. 특히 친구들이 듣기 싫어하는 말은 하지 말자. 친구가 네가 싫어하는 말을 네게 했을 때 너도 기분이 나빴잖아. 그때를 떠올려봐."

그리고 약속을 떠올릴 수 있는 아이템을 하나 정해서 눈에 잘 띄는 곳에 두세요. 벽에 즐겁게 노는 아이들 사진을 붙여두고, 그 아래에 "친구와 재밌게 놀려면 친구를 놀리지 말자!"라고 적어두는 거죠. 아이는 그 사진을 볼 때마다 부모와 한 약속을 떠올릴 것입니다.

괴롭힘을 당하는 아이에게는 다른 약속이 필요합니다. "친구가 너를 어깨로 치거나 욕을 하면 선생님이나 엄마한테 말하기로 약속하자. 외모나 성적으로 놀려도 이야기해줘"라고 약속해야 합니다. 이것을 지키기 위한 아이템을 준비해두어야 합니다. 약속에는 꼭 구체적인 '행동'이 있어야 합니다. 그런데 친구가 자기에게 한 비난이나 욕설을 부모나 교사에게 말하면 고자질한다고 생각할 수 있습니다. 이럴 때는 아무리 필요한 약속이라도 행동하지 않습니다.

그러기에 부모는 아이에게 약속에 대한 충분한 설명을 해주어야 합니다. 가능하면 설명에 부모님의 경험이 들어가면 좋을 것입니다.

"엄마도 초등학교 때 놀리는 아이가 있었어. 학교 가기가 얼마나 싫었던지. 선생님이나 엄마한테 이야기하면 괜히 창피하고 친구를 고자질하는 것 같아서 꺼림칙했거든. 그래서 엄마를 놀리는 친구에게 그러지 말라고 했어. 근데 말을 듣지 않는 거야. 결국은 엄마한테, 그래서 네 외할머니한테 이야기했어. 결국 할머니가 선생님과 이야기했지. 선생님은 그 친구와 상담했어. 그 후에는 더 이상 그런 일이 없었거든."

이렇게 부모님이나 선생님에게 친구에 대해 이야기하는 것이 큰 일이 아니라고 아이에게 확신을 주세요. 아이에게는 어른들의 힘을 빌리는 것이 아니라는 것도 알려주어야 합니다.

이때 아이가 수동적으로 행동하지 않게 조심해야 합니다. 우선 아이의 자존감을 지켜주세요. 자존감을 잃은 아이는 피해의식만 커지게 됩니다. 부모가 "우리가 다 해결할 테니, 넌 가만히 있어"라고 말하면 아이는 수동적인 존재가 됩니다. 이렇게 되면 아이는 자신을 피해자로만 보고 스스로 약한 존재라고 생각합니다. 피해 아이의 말 때문에 위축되고 자존감이 무너진 상태가 더 나빠질 수도 있습니다. 문제가 생겼을 때마다 선생님과 부모님의 뒤로 숨을 수도 있습니다. 부모의 부정적인 상황 판단은 쉽게 아이를 숨게 만듭니다. 자신이 어려운 상황에 처한 것만을 생각하게 됩니다. 부모는 사실 아이를 돕는 존재입니다. 아이를 약하게 만드는 존재가 아닙니다. 따돌림 피해를 극복하고 친구도 다시 사귀고 밝고 건강하게 자라게 해야 한다는 것을 잊으면 안 됩니다. 피해 아이지만 아이를 부모와 함께 상처를 극복하는 주인공입니다. 부모는 조연입니다. 아이가 스스로 어려운 상황을 극복한 경험은 성장 과정에 큰 힘이 됩니다. 아이를 부정적인 상황에 묶어두지 마세요. 그렇기 때문에 아이와 약속을 할 때는 긍정적인 언어를 사용하는 것이 좋습니다.

앞에서 이야기한 것처럼 같이 '하지 말아야 할 일'이라고 약속하는 것은 좋은 일이 아닙니다. 아이에게 '나는 이렇게 행동을 하는 사람이 되어 볼까?'라고 질문해보세요. 긍정적인 방향으로 의논하면 아이도 문제를 해결하는 주체가 될 수 있습니다. 물론 조금 더 구체적으로 약속하면 효과는 두 배로 커집니다.

"네가 힘들었던 일에 대해 말하면, 훨씬 더 마음이 편해져. 그리고 엄마랑 선생님이랑 같이 고민하면 더 좋은 해결책이 나올 거야. 그러려면 우선 네가 이야기를 해줘야 해. 앞으로 어떻게 할지, 너와 함께 상의해서 결정하자."

이렇게 대화를 할 수 있도록 약속하는 것이 좋습니다. 말을 하는 것만으로도 문제의 반은 해결될 수 있습니다. 그리고 '걱정 인형' 같은 것을 책상에 놓아주세요. 걱정 인형은 두 개를 놓아야 합니다. 하나에는 '엄마' 혹은 '할머니' 다른 하나에는 '아빠' 혹은 '선생님'이라고 적어두세요. 아이가 걱정이 생길 때마다 항상 부모님 혹은 믿을 수 있는 어른과 함께 해결할 수 있다는 것을 떠올릴 수 있게 말입니다.

아이와 함께 다른 사람 칭찬하기

아이는 부모님의 행동을 가장 많이 배우고 따라 합니다. 많은 아이들이 성격이 형성되는 시기에 부모님과 가장 긴 시간을 보냅니다. 부모가 다른 사람에 대한 비난을 많이 하면 아이도 친구들을 비난합니다. 반대로 칭찬하면 친구를 칭찬하는 것에 거부감이 없습니다. 누구나 아는 상식입니다.

스탠퍼드대학교의 밴듀라Albert Bandura와 월터스Richard H. Walters는 부모의 행동이 아이에게 얼마만큼 영향을 미치는지를 알아보는 실험(1963)에서 특별한 점을 발견합니다. 이 실험 결과를 보면 아이는 부모의 공격적인 행동을 본다고 바로 따라 하지는 않는다고 합니다. 대신 아이는 부모가 없는 곳에서 공격적으로 행동합니다. 그 외에도 아이를 공격적으로 만드는 부모의 행동이 있습니다. 부모가 아이를 엄격하게 혼낼수록, 역시 부모가 없는 곳에서 아이는 공격적인 성향이 됩니다. 아이를 혼내는 것은 아이를 공격하는 것과 비슷하다는 뜻입니다. 부모님의 의도가 아무리 선할지라도 아이를 혼내면, 아이는 공격받았다고 느낍니다.

이 실험 결과에서 가장 주목할 사항은 '부모가 없는 경우'에 아이가 공격성을 보인다는 것입니다. 부모가 다른 사람에게 공격성을 보이거나, 아이를 혼내면 그것을 지켜보는 아이는 공포를 느낍니다. 부모님 앞에서는 더 순해지고 복종할 수 있습니다. 문제는 두려운 존재가 되어버린 부모가 없을 때 발생합니다. 부모에게 배웠던 공격적인

행동이 그대로 드러납니다. 자신이 스스로 두려운 존재가 되려고 합니다. 그래서 다른 아이에게 공격적으로 행동하기도 합니다. 모든 아이가 부모의 공격성을 배우지는 않습니다. 대신 부모님의 공격적인 행동을 보고 위축된 아이들은 다른 사람들과의 관계를 원만하게 풀기 어려울 수도 있습니다.

아이는 놀랄 만큼 부모의 말과 말투를 흉내 냅니다. 부모가 푸념하거나 불평만 하면, 아이도 부모가 없는 곳에서 그런 말만 하게 되지요. 부모가 누군가를 비난하면, 아이도 자기 친구를 비난하게 됩니다. 반대로 부모가 애정을 가득 담아 다른 사람을 대한다면 어떨까요? 아이도 따뜻하게 친구를 대할 것입니다. 우리가 거울을 보고 화장을 하고 옷매무새를 바로잡듯이 아이는 부모의 행동을 보고 자기 행동을 고쳐나갑니다. 아이는 따뜻한 행동을 보면 따뜻하게, 과격한 행동을 보면 과격하게 자기의 행동을 바꿔나갑니다. 부모는 아이가 가장 자주 보는 거울입니다.

다른 말로 하면 부모의 반성 없이 아이의 행동 교정은 어렵다는 말입니다. 아이가 따돌리는 말을 하며 친구를 괴롭혔다면 부모는 그동안 자신이 어떻게 행동했는지 돌아볼 필요가 있습니다. 자신을 성찰하는 일은 예수님이나 부처님 같은 성인이나 가능한 일처럼 보입니다. 하지만 부모가 타인에게 공격적인 태도를 계속 유지하면 아이는 자신이 친구에게 한 욕설이나 비난이 아무런 문제가 없다고 느낍니다. 이럴 때 아이는 자신이 잘못한 일을 잘했다고 비춰주는 거울을 보고 있는 것이지요.

아이의 잘못을 지적하기 전에 아이가 부모의 행동을 보고 따라 배운 것은 아닌지 생각해야 합니다. 아이가 잘못된 일을 할 때, 비로소 아이는 부모의 거울이 됩니다. 부모는 아이에게 자기 잘못을 인정하는 고백을 먼저 해야 합니다. 그러지 않고 아이만 잘못되었다고 탓하면, 아이는 이제까지 부모의 모습을 당연하게 받아들였기 때문에 혼란을 느끼거나 부모에게 배신감을 느낄 수 있습니다.

감정을 컨트롤하고 남을 배려하고 타인에게 상처를 주지 않는 아이. 그런 아이로 키우고 싶다면 부모가 그 근본이 되어야 합니다. 그렇기에 부모는 평소에 남의 험담을 하지 말아야 합니다. 주변 지인들의 좋은 점을 발견하는 연습도 해야 합니다. 이 모든 것을 아이와 함께하세요. 함께할 때만이 가장 좋은 효과를 냅니다. 특별히 시간을 내지 않더라도 식탁, 거실, 놀이공원 등 어디서든 가족 간의 대화를 하세요.

친척이나 친구의 좋은 점을 찾아보고 서로에게 말하는 시간을 가져보세요. 사소한 일이라도 긍정적으로 보고 감사할 수 있는 마음을 아이와 함께 나눠보는 건 어떨까요? 지금까지 한 이야기는 당연한 이야기지만 의외로 잊는 경우가 많으니 늘 신경 쓰는 것이 좋습니다.

아이의 인정 욕구를 부모가 채워주려면

인정 욕구는 '타인에게 인정받고 싶다', '가치 있는 존재로서 인정받고 싶다'라는 마음입니다. 사람이라면 누구나 가지고 있는 욕구입니다. 사람들은 집단생활 속에서 자신의 존재를 상대에게 알리고 인정받을 필요가 있습니다. 인정 욕구는 욕망이라는 측면에서만 바라볼 수는 없습니다. 생존을 위한 합리적인 선택이기도 합니다. 자신의 존재를 알리고 타인에게 가치가 있다고 인정받는다면, 다른 사람들과 함께할 수 있습니다. 집단생활은 인간이 생존확률을 높이는 중요한 방법입니다. 오래전 인류는 함께 사냥하거나, 육식동물과 다른 부족의 공격을 막았습니다. 농사를 지어 먹고살 때도 마찬가지입니다. 사람들은 함께 생활할수록 살아남을 가능성이 커집니다. 작은 마을의 공동체에서 대규모의 행정력을 갖춘 국가가 태어날 때까지, 인간은 더 큰 집단을 만들어서 생존 위기에 대응하려고 했습니다. 집단에 속하지 못한 개인은 위기에 대처할 수 있는 능력이 떨어지고 그 때문에 생존 확률이 줄어듭니다. 한 국가나 민족에 소속되지 못한 사람들, 예를 들면 난민은 생존 확률이 떨어집니다. 그렇기 때문에 집단에서 인정받는 것은 한 개인의 생존을 가능하게 했습니다. 한 사람은 공동체 내에서 어떤 역할을 부여받고 그 역할을 수행함으로써 존재가치를 인정받습니다. 다른 사람에게 인정받지 못하면 사람은 혼자 살아가야 합니다. 이 때문에 인정 욕구는 인간의 생존본능입니다.

따돌림은 한 사람의 인정 욕구가 다른 사람에 의해 좌절되었다는 뜻입니다. 친구들 사이에서 자기 역할을 아무리 잘해도 집단에서 인정을 받지 못한 아이는 자신의 존재 이유를 잃게 됩니다. 친구에게 인정받지 못하고 집단에 대한 소속감도 없어진 아이의 마음은 물에 떠다니는 나뭇잎처럼 불안하기만 합니다. 친구 집단에서 따돌림을 당한 아이가 느끼는 고통도 인정 욕구에서 생겨납니다.

반대로 인정 욕구 때문에 따돌리는 말을 하는 친구들도 있습니다.

친구들에게 인정받으려고 다른 친구를 괴롭히는 것이죠. 앞에서 이야기했듯 따돌림을 통해 집단 내에서 우위를 차지하고 다른 친구들로부터 인정받는다는 느낌이 듭니다. 인정 욕구의 부정적인 측면입니다. 그 외에 인정 욕구에는 여러 부작용도 있습니다. 이른바 '자만', '자기현시욕*', '우월감', '관심받고자 하는 마음'도 인정 욕구에서 생깁니다.

사실 정말 대단한 사람은 자신이 대단하다고 말하지 않으며, 일일이 자랑하지도 않습니다. 타석 수에서 세계 기록을 달성하며 야구 천재라고 불리는 전 프로야구 선수가 있습니다. 스즈키 이치로鈴木一朗. 그는 자신을 천재라고 생각하지 않습니다. "나는 대단해!"라고 자랑하지도 않습니다. 그냥 있는 그대로 자신을 보여줘도 모두가 인정합니다. 이치로는 자기 자랑이 사람들이 보기에도 좋지 않다는 것을 알고 있습니다.

하지만 이치로 선수는 특이한 사례입니다. 많은 사람들은 자신이 멋지다고 인정받고 싶어 합니다. 자신이 강하다는 것도 보여주고 싶어 합니다. 자신을 드러내어 남들보다 낫다는 우월감을 느끼고 싶어 합니다. 사실 이런 사람들 중 대부분은 대단하지도 강하지도 않습니다. 이런 사람들이 강해 보이려고 쓰는 방법 중에 하나가 누군가를

* 자기 존재를 다른 사람에 대해서뿐만 아니라 자기 자신에 대해서도 실제 이상으로 과시하려는 욕망을 말합니다. 독일의 실존주의 철학자 야스퍼스K. Jaspers는 '자기현시욕'을 "자신 및 타인을 향해서 자신의 있는 그대로보다도 그 이상으로 과시하고, 자신이 체험 가능한 것보다도 더 이상으로 체험하려고 하는 욕망"이라 정의했습니다.

따돌리는 것입니다. 앞서 이야기했지요.

따돌림 사건이 벌어진 후, 이전까지 없었던 심리적 계층, 즉 위와 아래가 생깁니다. 이것을 '계층 만들기'라고 부릅니다. 과거의 지배 계층은 혈통에 따른 신분이나 군대 같은 조직의 힘을 이용했습니다. 요즘은 민주주의의 원리에 따라 상위 계층이 됩니다. 근대 이후 어떤 사람이 높은 계층으로 올라간다는 것은 많은 사람의 지지를 얻는다는 뜻입니다. 그러나 따돌림의 가해자는 민주주의 원리를 악용해서 높은 계층으로 올라갑니다. 이 과정에서 안타까운 일이 벌어집니다. 칭찬을 하는 사람보다 비난하는 사람이 더 많은 지지를 받는다는 것입니다. 나쁜 행동을 한 사람이 더 많은 지지를 받고 인정을 받는다니 이해가 안 될 수도 있습니다. 위에서 살펴봤듯이 따돌림 가해자들은 피해자가 마치 문제가 있는 것처럼 말합니다. 따돌림 가해자들은 피해자들이 비도덕적이거나 비윤리적이고 문제가 많은 사람이라고 주장합니다. 하지만 진실은 확인하기 어렵고 대부분 가해자의 주장만 남습니다. 이런 주장을 통해서 따돌림 가해자는 도덕적인 권위자가 됩니다.

주변 사람들은 가해자의 주장에 지지를 보내면서 피해자를 비도덕적인 사람이라고 비판하고 비난합니다. 따돌림 가해자의 편에 서면 자신은 도덕적인 사람이 됩니다. 일부는 가해자의 주장에 무관심합니다. 다른 사람들은 가해자의 주장에 동의하지 않지만 반론을 제기하지 않습니다. 그 순간 자신도 비도덕적인 사람이 될 수 있기 때문입니다. 이렇게 한 집단 내에서 누군가를 비난하는 가해자는 대부분 피해자가 비도덕적이며 잘못된 행동을 했다고 주장합니다. 그리고 적극적인 지지자와 의사 표현을 하지 않은 무관심한 사람들과 반론을 가진 사람들을 자신의 주위로 모읍니다. 그리고 마치 판사처럼 옳고 그름을 판단하는 도덕적인 권위자가 됩니다. 이렇게 지지를 얻고 나면 집단 내에서 상위의 계층에 오르게 됩니다.

물론 따돌림의 속성은 개별 집단마다 다릅니다. 어떤 경우에는 자신들과 다른 것을 먹고 다른 말을 쓰고 다른 옷을 입는 사람들을 따돌리기도 합니다. 이렇게 차이를 강조하는 것은 집단의 동질성을 유지하기 위한 것도 있지만 자신과 다른 것을 문제가 있는 것으로 만드는 것입니다. 문제와 문제 아닌 것을 가를 때 가장 많이 사용하는 기준이 도덕성입니다.

타인을 비난하면 사람들이 자신을 지지한다는 것을 아는 아이들은 인정 욕구가 강하거나 인정 욕구를 만족하지 못하는 경우가 많습니다. 이들 중 일부가 친구를 따돌리거나 괴롭힙니다. 이런 아이들이 다른 친구들을 따돌리지 않게 하려면 인정 욕구를 채워주어야 합니다. 그러면 아이를 인정해줘야 하는 사람은 누구일까요? 아이의 주변 사람들입니다. 선생님, 친구들, 부모님 등이 있습니다. 이해를 돕기 위해 학교에서 흔히 볼 수 있는 따돌림 사례 하나를 들어보겠습니다.

학생들이 좋아하는 선생님은 학생들에게 따뜻하게 대하고 무엇이든 잘 가르쳐주려고 애씁니다. 그런데 이 선생님이 학생들이 모여 있을 때 특정 학생 한 명을 골라 칭찬을 해주면 무슨 일이 생길까요? 다른 아이들은 선생님이 그 학생을 편애한다고 생각합니다. 그리고 자신들은 선생님이 인정해주지 않는다고 생각합니다. 그러면 학생들 사이에서 선생님에게 칭찬받은 학생은 아부가 심하다거나 선생님에게 예쁨 받으려고 별짓을 다 한다는 소문이 돌기 시작합니다. 칭찬을 받았다는 이유로 부도덕한 아이가 됩니다. 이렇게 되면 본격적으로 따돌림이 시작됩니다.

만약 칭찬을 받는 자리에 같이 있던 아이들이 자존감도 강하고 평소에 어느 정도 자신의 인정 욕구를 충족하고 있다면 상황이 나빠지는 일은 없습니다. 집에서도, 학교에서도 인정받지 못한다고 생각하는 아이들일수록 질투심은 더 강해집니다. 평소에 집에서 인정을 받고 있는 학생이라면 이 집단적인 질투심에 별로 공감하지 못합니다.

아이들을 따돌림의 가해자로 만들지 않으려면 부모가 해야 할 일이 많습니다. 부모는 가능하면 항상 아이를 인정해주고 칭찬해주어야 합니다. 아이들이 가진 인정 욕구를 부모가 우선 채워주는 것입니다. "우리 딸은 책상은 정말 깔끔하게 정리해"라고 칭찬을 해주세요. 아이는 청소를 잘한다는 인정을 받았습니다. 그 순간 앞으로도 청소를 잘해야 한다고 마음먹을 가능성이 큽니다. 즉 부모의 인정이 아이의 마음속에 내면화됩니다. 그러면 부모의 잔소리 없이도 향후 책상 정리를 잘할 가능성이 높습니다. 부모가 자신에게 기대하고 있다는 것을 알고 있기 때문입니다. 기대를 받으면 그대로 행동하려고 노력합니다.

이런 현상을 '피그말리온 효과Pygmalion effect*'라고 부릅니다. 사

* 로젠탈 효과, 자성적 예언이라고도 합니다. 그리스 신화에 나오는 조각가 피그말리온의 이름에서 유래한 심리학 용어입니다. 피그말리온은 아름다운 여인상을 조각하고, 그 여인상을 진심으로 사랑하게 되고, 미의 여신 아프로디테가 그

람은 기대를 받으면 그대로 행동하려고 노력하는 경향이 있습니다. 하버드대학교의 심리학자 로젠탈Robert Rosenthal과 캘리포니아주의 한 초등학교 교장인 제이콥슨Lenore Jacobson이 초등학생들을 대상으로 한 가지 실험(1968)을 진행합니다. 여러 명의 초등학생에게 가짜 지능 테스트를 받게 했습니다. 그중 20%의 아동을 무작위로 선택해서 "(이 아이는) 성적이 오를 것 같은 아이들"이라고 교사에게 전했습니다.

그러자 교사들은 그 아동들에게 기대를 걸고 지도하게 되었습니다. 그 결과 선택받은 아동들의 성적은 좋아졌습니다. '성적이 오를 것 같은 아이들'이라는 것에는 아무런 근거도 없었습니다. 어찌 보면 엉터리입니다. 그렇지만 선택된 학생들은 교사의 기대에 부응하기 위해 노력합니다. 선생님에게 인정받은 학생은 자신의 능력이나 실력과 무관하게 선생님의 기대를 충족시키기 위해 노력합니다.

그렇기 때문에 아이가 인정받을 만한 행동을 했다거나 그만큼 무엇을 잘한다거나 등 인정의 근거가 꼭 있어야 할 필요는 없습니다. 아이의 존재 자체로 인정해주는 태도를 가지고 아이의 행동에 대해 특별한 점을 찾아내 칭찬해야 합니다. 즉 다른 아이와 경쟁이나 비교를 통해 아이를 칭찬하거나 인정하지 말고 아이가 가진 특징을 잘 찾

의 사랑에 감동하여 여인상에 생명을 줍니다. 이처럼 타인의 기대나 관심으로 실제 능력이 향상되거나 결과가 좋아지는 현상을 말하며 심리학에서는 타인이 나를 존중하고 나에게 기대하면 그 기대에 부응하는 쪽으로 변하려고 노력하여 결국 그렇게 된다는 것을 의미합니다. 특히 교육심리학에서는 교사의 관심이 학생에게 긍정적인 영향을 미치는 심리적 요인이 된다는 것을 말합니다.

아내는 것이 필요합니다. 로젠탈과 제이콥슨의 실험에 따르면 20%의 학생들은 성적이 오를 것 같다는 근거나 비교 대상도 없습니다. 그냥 칭찬과 인정 하나로 아이들은 좋은 결과를 냈습니다.

물론 이 실험 결과가 모든 경우에 통하는 것은 아닙니다. 모든 심리 실험의 결과는 언제나 확률로 나타납니다. 일부는 오르기도 하고 일부는 떨어지기도 합니다. 우리는 실험 결과를 평균으로만 봅니다. 하지만 성적이 오른 아이와 떨어진 아이의 점수를 합쳐서 평균을 냅니다. 우리 아이들은 언제나 평균적이지 않습니다. 어떤 경우는 아이의 인정 욕구가 채워져 자만하게 되어 노력을 안 하게 될 수도 있습니다. 반대 측면도 고려해야 합니다.

그렇기 때문에 부모는 성적 같은 경쟁이나 비교 대상에 대해 아이를 인정하는 것은 피해야 합니다. 예를 들어 부모가 아이에게 "넌 수학 점수 오를 수 있어. 하면 되는 아이니까"라고 말했다고 생각해 봅시다. 아이는 부모의 기대를 받고 공부를 열심히 할 수 있습니다. 하지만 다음 시험이 어려웠다거나 실수를 해서 점수가 낮아지면, 아이는 부모의 기대를 충족시키지 못했다고 느낍니다. 결국 자신이 인정받지 못하게 될 것이라는 좌절감에 빠지게 됩니다. 반면 청소를 잘한다거나, 준비물을 잘 챙긴다거나, 친구에게 친절히 대하는 것을 인정해주면 비교나 경쟁 상황에서 벗어나고 아이의 인정 욕구를 채워줄 수 있습니다.

부작용 없이 아이의 인정 욕구를 채우면서, 아이를 따돌림의 가해자가 되지 않도록 하는 방법이 있습니다. 앞에서 소개한 초등학생 대상 실험을 기반으로 생각해보겠습니다. 아이에게 "너는 친구들의 마음에 공감을 잘하는 따뜻함이 있어", "친구들 마음도 배려할 줄 알고…… 다 컸네"라고 말할 수 있습니다. 이런 말을 자주 들은 아이는 자신이 다른 친구에게 잘 대해줄 것이라는 부모의 기대를 알고 있습니다. 그 기대를 충족시키기 위해 친구들과 좋은 관계를 만들어낼 가능성이 높습니다.

반대로 부정적인 인정과 기대를 가진다면 안 좋은 결과가 나옵니다. 이를 교육심리학에서 '골렘 효과Golem effect'라고 부릅니다. 교사가 학생에 대해 부정적인 기대를 가지고 있으면 학생의 성적이 떨어진다는 것입니다. 농담이라도 아이에게 "네가 그걸 한다고? 잘도 하겠다!" 같은 말은 절대로 피해야 합니다.

피그말리온 효과를 연구한 로젠탈과 포드Kermit L. Fode는 학생들을 대상으로 한 실험(1982)을 진행했습니다. 학생들을 두 그룹으로 나누고 쥐를 나눠주고 돌보게 했습니다. 한쪽 그룹의 쥐들이 있는 사육장에는 '똑똑한 쥐'라고 이름을 붙였고, 다른 쪽에는 '멍청한 쥐'라고 이름 붙였습니다. 물론 이 모든 쥐들은 모두 다 평범한 쥐였습니다. 그리고 학생들과 쥐들이 어떻게 행동하는지 알아봤습니다. '똑똑한 쥐'를 돌보는 그룹의 학생들은 자신이 받은 쥐를 정성껏 돌봤습니다. 그 결과 쥐는 마치 훈련받은 것처럼 학생의 말에 따라 움직이기도 했고 반응도 빨랐습니다. '멍청한 쥐'를 돌보는 그룹은 쥐를 함부로 다루었고, 쥐들의 반응도 느렸습니다.

아이들도 다른 사람들에게 긍정적으로 인정받고 싶어 합니다. 그래서 아이에게 칭찬을 해줘야 합니다. 그렇다면 어떤 칭찬을 해야 아이의 인정 욕구를 적절하게 채워줄 수 있을까요. 좋은 칭찬을 해주기 위해 제일 먼저 해야 하는 일은 아이를 잘 관찰하는 것입니다. 누구랑 친한지, 밥 먹을 때 버릇은 어떤 것이 있는지 등등 일상생활에서 아이의 특징을 잘 잡아내야 합니다. 좋은 것이든 나쁜 것이든 부모님과 선생님이 유심히 아이를 살펴봐야 합니다. 그래야 듣는 사람도 구체적으로 인정하고 마음속에서 기대감을 가질 수 있습니다.

예를 들어 "넌 참 성격이 좋은 것 같아"라고 말하면 아이는 자신이 인정받고 있는지 구체적으로 이해하기 어렵습니다.

"친구가 소리 지르는데 화도 안 내고 차분하게 말했다고? 진짜야? 오오 멋진데. 그래 같이 소리 지르면 싸움이나 나지. 인내심도 있고 차분하기도 하고 이야기도 잘하고…… 성격 최고야."

이렇게 아이의 말속에서 특징(인내심, 차분함, 설득력 등)을 끌어내고 그것을 근거로 인정하고 칭찬해줘야 합니다.

부모의 인정으로 아이들이 감동할 때도 있습니다. 아이가 한 행동으로 결과가 바뀌었을 때입니다. 이럴 때는 과감한 칭찬이 필요합니다. 엄청나게 큰 변화일 필요는 없습니다. 예를 들어 "손톱 좀 깎아. 그렇게 어떻게 학교 가겠니?"라는 말보다 "혼자 손톱을 깎았네. 아빠보다 잘 깎는데? 언제 아빠 손톱도 부탁해"라고 말해봅시다. 어른들이 볼 때 손톱을 깎는 일은 대단한 일이 아닙니다. 하지만 아이 입장에서는 다르지요. 아이는 맨날 잔소리 들으며 손톱을 안 깎으려고 버티던 어느 날, 아이가 직접 손톱을 직접 깎았을 때 부모님이 알아봐 준다면 아이는 인정받고 있다고 생각합니다.

아이가 무엇인가 바뀌었다면 부모가 알아봐 줘야 합니다. 아이들은 자신을 봐주는 사람이 있고, 기대하고 있는 사람이 있다는 사실만으로도 충분합니다. 인정 욕구가 채워지면 자존감도 높아집니다. 물론 같은 칭찬을 오랫동안 하거나 너무 잦은 칭찬은 역효과를 내기도 합니다. 매일 칭찬만 듣는 것은 어른들도 힘듭니다. 과도한 인정과 칭찬은 아이에게 부담을 주기 때문입니다. 가끔 해주는 칭찬은 그 효과가 매일 하는 칭찬보다 훨씬 더 좋습니다.

평소에 관심을 받고 있다는 사실은 아이를 행복하게 합니다. 행복한 아이가 친구를 따돌리거나 괴롭힐 확률은 확실히 줄어들지요. 관찰하고 말해주고 인정해주는 일은 아이의 성장과 인성 측면에서 매우 중요한 일입니다.

누군가를 상처받게 했다면

사람들과 더불어 살아가고 있는 한, 일부러든 아니든 타인에게 상처 주는 말을 하는 경우가 생깁니다. 그 말을 듣는 사람의 마음에 따라 상처를 입기도 하고 아무렇지 않을 수도 있습니다. 우선 상처를 주려는 의도가 없다고 해도 상대가 상처를 입었다면 말한 사람에게 책임이 있습니다. 일부러 상처를 주려고 말했다면 그 책임은 더 커질 것입니다. 실수로 상처 주는 말을 했든 혹은 일부러 했든 간에 말한 사람은 모든 일을 제쳐놓고 진심으로 사과해야 합니다. 이것이 최선의 방법입니다. 그렇지만 현실에서는 말한 사람이 그 책임을 느끼지 못하는 경우도 많습니다.

이번에는 실수로 상처를 주는 말을 한 사람 입장에서 생각해보겠습니다. 일부러 한 말도 아니고, 전에도 비슷한 말을 했을 때 아무런 반응이 없던 친구가 기분이 나빠졌다면 진심으로 사과하는 것은 어려운 일입니다. 말한 사람 스스로 잘못을 느끼지 못하고 책임져야 할 이유도 없다고 생각하기 때문입니다. 말한 사람 입장에서 잘못을 인정하고 사과를 한다는 것은 마치 죄를 짓거나 큰 문제를 일으킨 것처럼 생각되기도 합니다. 사과하면 자신의 자존심이 상한다고 생각하는 사람도 많지요. 잘못도 안 했는데, 잘못을 인정해야 하면 억울한 마음부터 들 수밖에 없습니다. 이럴 때는 마음에서 우러나는 사과를 하기가 어렵습니다.

마음에 없는 사과를 하게 되면 형식적인 것이 되기도 하고 그로 인해 오히려 싸움이 나기도 합니다. 상대방에게 더 깊은 상처를 남기기도 합니다. 이럴 때는 당장 사과하기보다 시간을 가져보는 것도 좋습니다.

"기분 나빴어? 원래 그러려고 한 말은 아니야. 나도 지금 당황스러워. 내가 조금 생각해보고 이따가 나랑 다시 이야기할 수 있을까? 꼭 시간 내줘!"

그리고 상대방의 입장에서 생각해보고 대화의 기회를 가져보세요. 생각을 해봐도 잘못을 한 것 같지 않으면 대화에서 자신이 왜 그런 말을 하게 되었는지, 어떤 상황이었는지 솔직하게 해명하는 것이 좋습니다.

"기분 나빴어? 내 말은 그런 의도는 아니야. 괜히 친한 척하려고 한 말인데, 내가 농담이 너무 심했던 것 같아."

여기까지가 해명입니다. 그런데도 상대방이 받아들이지 않으면 말싸움을 하거나 억지 사과를 하는 것보다는 조금 더 시간을 가져보세요. 이 상태는 아무리 친한 친구라고 하더라도 서로의 마음을 이해하기 어렵습니다. 당분간 냉각기를 가져보는 것이 좋습니다.

그러면 진심으로 사과해야 할 때는 언제일까요? 자신과 상대방의 입장을 바꿔서 생각해보면 됩니다. '나라도 화가 나겠어'라는 생각이 들면 주저 없이 사과하는 것이 좋습니다. 그렇다고 상대방에게 바로 "정말 미안해"라고 말하는 것은 좋은 태도는 아닙니다. 어떻게 사과하면 친구가 받아들이고 친구의 기분이 조금이라도 나아질까요?

오하이오주립대학교의 루이키Roy J. Lewicki는 사과에 어떤 내용이 들어가면 상대방의 용서받을 수 있는지에 대해 연구(2016)했습니다. 그는 사과에는 아래의 여섯 개의 구성 요소가 있어야 한다고 말합니다. 이 요소들을 많이 갖출수록 그 사과가 받아들여지기 쉽다고 주장합니다.

후회하는 마음을 표현할 것: '왜 그랬을까?'
무엇이 나빴는지 설명할 것: '무엇이 나빴던 것일까?'
자신의 책임을 인정할 것: '내가 나빴다고 인정한다.'
개선의 약속: '앞으로 어떻게 할 것인가?'
보상의 제안: '보상으로서 무엇을 할 것인가?'
용서를 구할 것: '용서해달라고 부탁한다.'

사과할 때는 이러한 여섯 가지 요소를 최대한 담아야 합니다. 상대방의 입장에서 생각해보면 더 쉽습니다. '이런 내용으로 사과하면 나는 받아줄 텐데……'라고 생각해보세요. 물론 나중에는 꼭 말로 해야 합니다. 이렇게 상대방의 입장에 공감하며 자세하게 사과하려면 생각할 시간이 필요합니다. 그래서 사과 전에 생각할 시간을 달라는 양해를 얻어야 합니다. 마음속으로 정리를 하고 해야 할 말을 정해놓아도 막상 입을 열면 다르게 이야기할 수도 있습니다. 평소에 조리 있게 말하는 게 자신이 없는 사람도 있습니다. 그런 친구는 루이키의 사과의 여섯 가지 요소를 갖춘 편지를 써서 친구에게 보내는 것도 방법입니다.

그렇지만 사과는 말로 하든 편지로 쓰든 하는 사람에게는 쑥스럽고 창피한 일입니다. 진심이 생기지 않으면 용기를 내기도 어렵습니다. 기술도 중요하지만 결국 중요한 것은 역시 마음입니다. 말로만 사과하는 것이 아니라 제대로 마음속에서부터 미안한 마음을 가져야 합니다. 이 마음은 억지로 생기지 않습니다. 그렇다고 미안한 마음이 생길 때까지 기다리는 것은 좋은 방법이 아닙니다. 벌어졌던 일에 대해 충분히 생각하고, 친구와 입장 바꾸기를 해보고, 친구의 마음에 공감하려고 노력해야 합니다. 그 후에 어떻게 미안한 마음을 잘 전달할 수 있을지 생각해야 합니다.

친구 관계 등 모든 인간관계에서 그렇듯, 어떤 마음을 상대방에게 전할 때 내 마음만을 내세울 수는 없는 법입니다. 그 마음을 친구에게 제대로 전하지 않으면, 그리고 친구가 받아들이지 않는다면 아무 소용이 없는 일이 될 수도 있습니다. 그렇다고 쉽게 포기하지는 마세요. 당신의 노력이 어느 순간에는 결실을 보게 됩니다. 사과받는 친구는 당신의 노력으로 당신의 진심을 알게 될 테니까요.

감정을 전하는 방법

감정을 드러내는 것에 서툰 사람들이 있습니다. 서툴다는 것은 감정 표현을 잘하지 못한다거나 과잉 표현을 한다는 것을 뜻합니다. 이런 사람 중에는 좀처럼 주변 사람과 잘 지내기 어려운 사람도 있습니다. 거울 세포 때문에 인간은 서로 공감하고 대화를 통해 감정을 전달합니다. 감정 표현을 잘못하면 공감하는 마음이 있더라도 친구에게 잘 전달되지 않을 수 있습니다.

거울 세포는 다른 사람의 감정을 보고 자극받지 못합니다. 친구의 감정과 마음이 보이면 좋을 텐데 현실에서 그런 일은 별로 없습니다. 거울 세포는 행동에 반응합니다. 친구의 표정이나 말 그리고 행동을 통해 어떤 감정인지 추측합니다. 그렇기에 서툰 행동이나 대화는 상대방의 거울 세포를 활성화하기 어려울 수 있습니다.

예를 들어 친구가 울고 있는 것을 보고 마음이 아프지만 위로를 어떻게 해야 할지 몰라 망설이는 아이가 있습니다. 다른 친구들이 어디가 아픈지 묻고, 너무 걱정하지 말라고 위로하는 동안 그 아이는 가만히 바라만 보고 있습니다. 그러면 울고 있는 아이는 가만히 있는 친구를 봅니다. 그 친구가 자신이 슬픈 걸 모른척한다고 생각할 수 있습니다. 혹은 냉정하다고 생각할 수도 있습니다. 이건 친구의 오해입니다. 감정 표현에 서툰 아이는 오해가 아니라고 설명할 기회도 놓칩니다. 결국 친구 사이에 약간의 금이 생길 수도 있습니다.

인간은 공감으로 타인과 연결됩니다. 그러므로 감정 표현을 잘하지 못하면 상대방에게 공감하는 마음이 전달되지 않습니다. 반대로 내 감정을 상대방이 공감하기 어렵습니다. 그 결과로 사람들과 관계를 맺는 것 자체가 어려워질 수 있습니다. 이 문제를 해결할 수 있는 것도 부모입니다.

아이는 부모를 흉내 냅니다. 평소에 감정 표현이 적은 부모를 본 아이들은 자신의 감정을 드러내기 힘들어합니다. 기쁘거나 즐거운 감정을 표현하기도 어렵습니다. 특히 부모가 신경 써야 할 부분은 긍정적인 감정 표현입니다. 아이가 기쁜 감정을 표현할 때는 공감해줘야 합니다. "기쁘다"라고 말하면 "기쁘구나!", 즐겁다고 하면 "즐겁네!"라고 공감해주는 것이 좋습니다. 공감을 받으면 아이는 두 배로 기뻐합니다. 부모가 자기의 즐거움과 함께했다는 기억은 아이에게 오래 남습니다.

즐거움을 공유한 기억은 아이가 다음번에 기쁜 일이 생길 때 확실하게 즐겁다고 표현할 수 있는 힘이 됩니다. 예를 들어 "아빠, 나 어제까지 못 풀었던 문제 드디어 풀었어! 너무 신나!"라고 말하면 아빠는 "진짜? 어디 어디? 이야, 이렇게 푸는 방법도 있구나. 아빠도 너무 기분이 좋은데?"라고 대답해주면 좋습니다. 만약 반대로 아빠가 "어, 잘했네. 이제 다른 문제 풀어봐!"라고 반응하면 아이는 자신의 즐거운 감정이 별거 아니라고 생각할 가능성이 큽니다. 그렇게 되면 결국 아이는 기쁜 마음을 표현하는 일을 점차 안 하게 됩니다. 이런 일이 자주 벌어지면 감정 표현이 서툰 아이가 됩니다.

반대로 부모가 감정 표현을 아껴야 할 때도 있습니다. 특히 아이 앞에서 분노를 드러내는 일은 최대한 피해야 합니다. 인간은 타인이 분노한 표정을 보고 공포를 기억합니다. 이것도 뇌의 거울 세포가 하는 일입니다. 아이는 부모의 행동을 보며 자신한테 벌어진 일이 즐거운 일인지, 무서운 일인지를 가르는 기준을 세우게 됩니다. 아이스크림을 먹으며 즐거워하는 부모의 얼굴을 보면 아이는 아이스크림을 먹는 것이 즐거운 일이라고 생각합니다. 반대로 아이스크림을 먹으며 화를 내는 부모를 보면 정반대 기분을 느낍니다. 아이스크림을 직접 먹어보기 전까지 아이는 부모의 표정을 보고 아이스크림에 대한 인상을 받습니다.

부모의 화난 얼굴을 본 아이는 겁을 먹고 위축됩니다. 자신의 감정을 드러내는 것도 피하게 됩니다. 당연히 부모도 마음속에서 분노나 우울 같은 부정적인 감정이 들 때가 있습니다. 이럴 때 아이가 주변에 있다면 큰 숨을 쉬고 감정을 가다듬는 훈련을 해야 합니다. 부모가 부정적인 감정 표현을 최소화하는 훈련을 하면 아이의 미래는 달라집니다. 아이는 적극적으로 감정 표현을 하고 긍정적인 정서를 가질 가능성이 커집니다. 이렇게 부모가 부정적인 감정 표현을 자제하는 것도 중요하지만 아이의 긍정적인 표현에 격한 공감을 표현해주는 것이 더 중요합니다. 이 방법은 어렵지 않습니다.

우선은 부모는 아이에게 '기쁘다', '즐겁다', '고맙다' 같은 긍정적인 마음을 표현하는 말을 확실하게 전달해야 합니다. 그리고 아이에게 "얼마나 기뻐?" 등의 질문을 하세요. 아이가 "날아갈 만큼 기뻐!" 처럼 더 풍부하게 표현할 수 있도록 도와주는 것입니다.

부모는 아이에게 어떻게 말을 해야 하나 항상 고민해야 합니다. 부모라면 반드시 직면하는 문제입니다. 일본어에서는 주로 '~하지 마라' 같은 표현이 많습니다. 예를 들어 '잔디 내 출입 금지'는 영어로는 'KEEP OFF THE GRASS(잔디 밖으로 나가주세요)'와 같이 표현합니다. 일본 속담에는 부정적인 표현이 많습니다. 같은 뜻을 가진 속담인데 영어에서는 긍정적으로 표현하는 경우가 많습니다. 즉 영어에서는 속담이나 격언에 'not', 'no', 'never'와 같은 부정어를 일본어보다 적게 사용합니다. 그래서 영어는 부정적인 뜻을 가진 속담도 긍정적인 비유적 표현을 사용합니다. 일본어에서는 '못하다', '안되다' 같은 표현이 많습니다. 예를 들어 보겠습니다.

'부정하게 얻은 재물은 오래가지 못한다'라는 속담에는 '못한다'라는 부정적인 단어가 쓰였습니다. '정당하고 합법적으로 노력해서 돈을 벌라'는 뜻입니다. 같은 뜻을 가진 영어 표현은 'Ill got, ill spent' 입니다. 직역하면 '문제가 있는 이득은 쓸 때도 문제를 일으킨다'입니다. 이 표현에는 부정을 뜻하는 'not'이라는 부정어가 없습니다. 한 가지 사례를 더 보겠습니다.

'두 마리 토끼를 잡으려다가 한 마리도 잡지 못한다'라는 속담도 역시 '못한다'라는 부정적 단어가 있습니다. '모든 것을 다 가지려고 욕심내지 말고 하나만 얻으려고 노력하라'는 뜻입니다. 같은 뜻을 가진 영어 속담은 'Between two stools one falls to the ground' 직역하면 '팔걸이와 등받이가 없는 의자 두 개 사이에 앉으면 바닥에 떨어진다'라는 뜻입니다. 이 속담에도 'not'은 없습니다.

이제 부모들은 긍정적인 표현을 개발해야겠습니다. '안돼!' '하지 마!'라는 말을 하기 전에 '그것도 괜찮아!' '다른 것도 해보자' '아까보다 더 좋은걸?'이라는 표현을 하는 것을 자주 연습하세요. 자주 하면 습관이 됩니다. 그렇게 되면 아이의 부정적인 표현은 줄어들고 긍정적인 감정은 늘어나게 됩니다.

상대방을 배려하지 않으면

오해는 '상대를 배려하지 않았을 때' 발생합니다. 특히 말을 할 때 오해가 많이 생깁니다. 습관적으로 말하거나 별생각 없이 이야기하는 경우가 많기 때문이죠. 배려심이 있다면 상대의 생각이나 마음, 상황이나 조건 등을 생각하며 말합니다. 상대방을 배려할수록 내 생각도 제대로 전달할 수 있습니다. 듣는 사람도 마찬가지입니다.

듣는 사람도 말하는 사람을 배려할 수 있습니다. 바로 경청하는 것입니다. 상대방이 무슨 이야기하는지 찬찬히 생각하면서 들어보세요. "아, 그렇게 생각할 수도 있겠네요"라고 맞장구도 쳐주세요. 듣다가 이해가 되지 않는 부분이 있으면 바로 물어보세요. 말하는 사람은 질문을 받으면 친절하게 대답할 것입니다. 이해를 못 하는 사람을 도와주려고 하는 건 인간의 본능입니다. 이해를 못 한 사람은 곧 약한 사람이라는 말입니다. 맹자는 약한 사람을 돕는 인간의 본능을 측은지심이라고 불렀습니다. 이해가 안 된다고 솔직히 인정하면 상대방은 당신을 배려하여 친절하게 대답해줄 것입니다. 또한 말하는 사람은 당신의 질문 때문에 당신이 자기 말에 집중하고 있다고 생각할 것입니다. 말을 하는 사람에게 이보다 기꺼운 일은 없습니다.

상대방을 이해하려고 노력하면서 말하고 상대방의 말을 집중해서 듣는 것. 서로 배려하는 마음은 능숙한 커뮤니케이션의 기본입니다. 대충 말하거나 집중해서 듣지 않으면 상대방은 금방 당신이 성의 없다고 생각할 것입니다. 아무리 좋은 말을 하고, 듣는다고 해도 성의 없는 대화는 서로 간의 신뢰를 망칠 뿐입니다. 그렇다면 배려하는 대화는 어떤 대화일까요?

배려란 누군가를 도와주고 보살피는 대화는 캐치볼과 비슷합니다. 우리가 쓰는 단어는 공이라고 할 수 있습니다. 자기 마음대로 난폭하게 상대에게 공을 던지면, 상대방은 공을 받기 곤란합니다. 폭투가 되는 경우도 있습니다. 공을 너무 세게 던져 상대방에 몸에 맞아 상처가 날 수도 있습니다. 그러나 상대가 받기 편하도록 배려를 담아서 던지면 상대방도 기분 좋게 공을 받을 수 있습니다. 요리도 상대를 생각하면서 기분 좋게 열심히 준비하면 맛있어집니다. 선물도 상대방을 열심히 생각하며 준비하면 어떤 것이든 마음이 담긴 멋진 선물이 됩니다. 커뮤니케이션도 마찬가지입니다. 상대방을 생각한 발언은 멋진 선물이 됩니다.

그럼에도 불구하고 내 성의와 배려가 꼭 상대방에게 잘 전달될 것이라는 막연한 기대는 피하는 게 좋습니다. 성의와 배려는 상대방이 거절을 할 수 있다는 것을 이해하고 하는 말입니다. 대화를 거절당하더라도 그럴 수 있다고 생각하는 것입니다. 이렇게 생각하면 말하는 사람은 '수고'를 해야 합니다. 대화하는 장소, 시간, 날씨 등을 고려해야 합니다.

제일 중요한 것은 상대방에 대한 관심입니다. 잘 모르는 사람에게 대화를 시도하는 것은 그 자체로 어렵습니다. 상대방에 대해 평소에 알고 있다면 그가 싫어하는 단어, 서운해하는 상황, 그가 가진 상처 등을 알게 됩니다. 상대방이 어떤 사람인지 좀 더 알고 있다면 대화의 성공 가능성은 높아집니다.

배려는 지금부터 상대방에 대해 생각한다고 생기는 것이 아닙니다. 현재 대화의 성패는 과거에 상대방과 쌓아온 시간이 결정합니다. 매일 농담이나 가벼운 대화를 하다가 갑자기 심각한 이야기를 하는 것은 피해야 합니다. 그 대화가 받아들여지기를 바라는 건 어쩌면 요행수를 바라는 것과 비슷합니다. 당신이 상대방에게 평소에 배려하는 말과 행동을 했다면 어떤 이야기를 하든 의미가 잘 전달될 가능성이 높아집니다. 배려에는 마음과 표현의 기술뿐 아니라 기억과 시간이 관여합니다. 마음과 행동을 말합니다. 대화는 '상대에게 내 마음을 전달하는 것'입니다. 두 사람의 마음이 제대로 닿지 않는 대화는 의미가 없습니다. 배려하지 않으면 자신의 마음을 있는 그대로 전하기도 어렵습니다. '전한다'는 말에는 '전달한다'와 '전달된다'라는 두 가지 의미가 있습니다. 이 둘은 완전히 다른 뜻입니다. 내가 말을 하면 '전달한다', 상대가 내 말을 이해하면 '전달된다'라는 말을 씁니다. 전달하는 것은 대화하는 것이 아닙니다. 보통 일방적으로 통지한다고 말합니다. 상대방에게 뜻이 '전달되어야' 소통을 했다고 할 수 있습니다.

내 뜻이 '전달되기' 위해서는 내가 무슨 말을 하는지는 하나도 중요하지 않습니다. 상대방이 내 말을 제대로 이해하려면 여러 가지 조건이 필합니다. 상대방의 기분과 상태는 어떤지, 평소에 상대방이 나를 어떻게 평가하고 있는지, 내 말에 상대방을 설득할 만한 근거나 혹은 감정이 있는지, 혹은 제대로 된 표현을 하고 있는지 등이 있습니다. 심지어 대화할 때 날씨나 기온 및 장소도 영향을 줄 수 있습니다. 이렇게 생각하면 내가 타인을 이해시키는 일은 운에 맡겨야 할 것 같습니다. 하지만 누군가와 교감을 위해서 여러분이 해야 할 몫은 분명히 있습니다. 책임도 있습니다.

말을 하는 사람과 듣는 사람 모두 자신의 역할을 충실히 한다면, 서로 배려하는 마음을 가지고 있다면 대화는 어렵지 않습니다. 둘 중 한 명이 배려하지 않으면 어떻게 될까요? 나머지 한 명이라도 배려의 마음으로 상대방을 대한다면 대화의 가능성은 커집니다. 특히 말하는 사람은 전달할 내용이 있기 때문에 더 많은 배려가 필요합니다. 말을 하는 사람은 상대방을 배려하는 마음을 갖고 '상대가 어떻게 받아들일까'라는 예측도 해야 합니다. 이것 말고도 여러 예측이 필요합니다. '이런 말을 들으면 싫지 않을까', '나라면 그 말을 어떻게 받아들일까' 등 상대의 입장이 되어서, 즉 상대방에 감정이입을 해서 말해야 합니다. 이런 '수고'가 중요합니다.

앞에서 이야기했던 '보답의 원리'에서 봤듯이 사람들은 호의는 호의로, 적의는 적의로 대합니다. 사람은 자기에게 잘 대해주는 사람에게는 잘 대해주려고 합니다. 그래서 상대를 배려하는 것은 곧 자신을 위한 것이 됩니다. 이런 '보답의 원리'는 한 번의 호의로 되지 않습니다. 쉽지 않은 경우지만 오랫동안 친했던 친구는 상처를 주는 말을 하더라도 자신을 위한 말로 듣는 경우도 있습니다. 아픈 말이 나를 깨우고 내 발전에 도움을 받기도 합니다. 친구는 하루이틀에 만들어지지 않습니다. 아이들에게 배려하는 대화에 대해 말해줄 때 꼭 시

간 이야기를 해주셔야 합니다. 친구 사이에서는 오랜 배려가 있을 때만 신뢰가 쌓인다고 말입니다. 친구들끼리 서로에 대해 알고 이해하는 대화는 의미를 가질 수 있습니다. 한 번의 대화를 성공시키기보다 오랜 신뢰 관계를 만드는 것이 중요하다고 알려주세요. 그러려면 평소에도 배려 있는 대화가 필요합니다.

모두가 서로 배려하는 친절한 사회. 그런 사회가 된다면 너무나 살기 좋고, 멋지겠지요. 천릿길도 한 걸음부터. 우선은 나부터 시작하도록 아이에게 권해보세요. 기분 나쁜 태도로 대하는 친구가 있어도 끈질기게 호의적으로 대하면 어느 순간부터 너도 배려를 받을 수 있다고 말입니다. 이것이 호의는 호의로 갚는 '보답의 원리'입니다. 배려하는 사람은 괜히 남을 해치는 사람들보다 훨씬 멋집니다. 하늘도 알고 땅도 알고, 무엇보다 자신도 알고 있습니다. 나쁜 행동은 반드시 내게 돌아오게 되어 있습니다. 아이도 그리고 당신도, 우리 모두 나쁜 말은 안 하는 것이 좋습니다.

하지만 현실에서 이렇게 고상하게 살아가는 건 어렵습니다. 따돌림은 비이성적이고 감정적인 판단과 말 그리고 행동에 의해 이루어지기 때문입니다. 아이에게 배려 있는 태도와 대화의 노력을 부탁하는 것은 좋습니다. 하지만 우리 아이가 할 만큼 했는데도 자신을 따돌리는 아이가 태도의 변화를 보이지 않는다면, 아이가 더 큰 좌절감에 빠질 가능성이 높습니다.

이럴 때는 부모와 학교, 사회의 개입이 필요할지도 모릅니다. 아이가 두세 번 연속 따돌리는 말을 들었다면 바로 부모님에게 알려야 합니다. 부모님은 선생님과 상담을 진행해야 합니다. 그리고 대책을 세워야 합니다. 보답의 원리는 맞습니다. 그렇지만 현실에서 그 원칙을 지키느라 자신을 괴롭히는 아이에게 계속해서 친절하게 대하는 것은 어려운 일입니다. 이때 아이가 받는 상처도 고려해야 합니다. 아이에게 마음의 상처가 생겼을 때, 그 순간부터 부모는 아이의 중요한 상담역이 되어야 합니다. 따돌림이 시작되면 부모가 배려심을 가져야 합니다. 아이의 말을 경청하고 조급하게 결정하거나 행동하지 말아야 합니다. 부모는 아이가 2차 피해를 당하지 않게 배려해야 합니다.

반대로 우리 아이가 상처를 주는 아이라면, '보답의 원리'에 대해서 잘 설명해주어야 합니다. 배려하는 대화와 적대적인 대화가 어떤 것인지 말해주세요. 어떤 대화가 아이에게 더 유리한지 잘 설득해야 합니다. 위에서 이야기했던 배려하는 대화가 가장 빛나는 때가 있습니다. 바로 내 아이가 가해자일 때 그렇습니다. 가해자라고 지목되거나 부모가 가해 사실을 확인한 경우에 배려하는 대화가 필요합니다. 아이와 이야기할 때는 잘못을 지적하거나 혹은 공격적으로 대해서는 안 됩니다. 충분한 대화를 하고 아이는 스스로 잘못을 인정하고 피해 아이에게 사과해야 합니다. 자신이 따돌림이나 괴롭힘 사건에 대해 책임을 져야 하는 상황을 받아들일 수 있어야 합니다.

가해 아이의 부모가 자기 아이의 잘못을 인정하기는 어렵습니다. 만약 인정했을 때도 아이에게 화를 낼 가능성도 높습니다. 부모도 객관적인 시각을 갖고 반성해야 합니다. 그 후 아이에게 충격을 주어 행동의 변화를 이끌어내려고 하지 말아야 합니다. 아이에게 우리(부모)는 유일한 네 편이라는 신뢰를 심어주고 스스로 행동을 변화할 수 있도록 기다리며 배려 있는 설득이 필요합니다. 가해 아이가 반성을 강요당하면 피해 아이는 성의 없는 사과만 듣게 됩니다. 문제는 더 심각해지고 상황은 통제될 수 없게 됩니다. 배려하는 대화의 가장 중요한 덕목은 기다림과 인내심입니다. 문제 해결에 오랜 시간이 걸리더라도 포기하지 말아야 합니다.

또한 따돌림 사건이 발생했을 때 가해 부모가 먼저 피해 아이에게 진심으로 사과하는 것도 필요합니다. 피해 아이를 배려해서 자신의 진심이 전달될 수 있도록 노력해야 합니다. 그리고 가해 아이의 부모라면 아이에게 사과를 강요하지 말아야 합니다. 그러기 위해서 자신의 아이가 진심 있는 사과를 할 수 있도록 시간을 달라고 피해 아이와 부모에게 양해를 구해야 합니다. 피해 아이와 부모도 이해해주어야 합니다. 성의 없는 사과가 더 큰 마음의 상처를 남길 수 있습니다. 가해자와 피해자는 이 모든 과정에 대해 서로에 대한 배려가 필요합니다.

하지만 이것도 한계는 있습니다. 피해 아이가 물리적인 폭력을 당했거나 심리적인 심각한 트라우마를 가지고 있을 수도 있습니다. 이럴 때는 변호사나 혹은 전문의와의 상담을 통해 방법을 모색해야 합니다. 현실에는 서로 간의 배려하는 마음을 넘어서는 심각한 상황도 많이 일어납니다.

채널의 특성을 이해한 커뮤니케이션

이번에는 말로 하는 대화가 아닌 다른 방식의 대화에 대해 생각해보겠습니다. SNS와 같은 문자 중심의 매체에서는 아무리 많은 말을 해도 이쪽의 진짜 마음이 전해지지 않는 때가 많습니다. 이런 경우 최고의 방법은 역시 직접 이야기하는 것입니다.

현생 인류인 호모 사피엔스는 약 40만 년 동안 직접 대화를 해왔던 사회적 동물입니다. 전자메일 등은 사실 최근에 보급된 것입니다. 과거에는 전화도 오해를 불러일으키기 쉬운 매체였습니다. 전화도 표정이나 몸짓 등 비언어 정보가 부족하기 때문입니다. 그런데도 전화는 화나거나 의기소침한 목소리가 가지는 비언어 정보를 전할 수 있습니다. 또한 말의 뉘앙스나 분위기도 전할 수 있습니다. 문자 소통은 의사 표현에 필요한 비언어 정보를 더 적게 가지고 있습니다. 문자 형태 커뮤니케이션의 경우 의미가 충분히 전달되었다고 생각하기는 어렵습니다. 그렇지만 말이 아닌 다른 대화 \방식도 장점이 많습니다.

전화는 어떤 면에서는 직접 대화보다 좋은 점이 있습니다. 얼굴이 보이지 않기 때문에 말하기 편할 수도 있습니다. 하지만 보통의 대면 커뮤니케이션에 비해 부족한 부분이 있지요. 대신 전화 소통에서 부족한 부분은 듣는 사람의 상상력을 끌어냅니다. 가끔 즐거운 상상을 할 수도 있습니다. 장점도 있습니다. 다른 장소에 있어도 공간적인 속박을 넘어 상대와 연결될 수 있습니다.

마찬가지로 문자를 주고받는 것에도 여러 가지 장점이 있습니다. 문자를 보낼 때는 시간을 갖고 내용을 꼼꼼하게 생각할 수 있습니다. 어떻게 하면 더 오해하지 않을 수 있을지 따져볼 수 있습니다. 어떻게 하면 좀 더 마음이 전달될 수 있는지 곰곰이 생각하며 문장을 만들 수 있습니다. 말주변이 없는 사람도 웅변처럼 들리게 말할 수 있습니다. 얼굴에 감정이 잘 드러나지 않는 사람도 간단히 이모티콘을 사용하여 풍부한 감정 표현을 할 수 있습니다.

지금 휴대전화로 하는 문자 소통보다 오래된 문자 소통 방식이 있습니다. 편지나 카드, 메모입니다. 요즘도 정성을 다해 직접 손으로 쓴 글을 받은 사람들은 감동합니다. 말이나 문자, 메신저로 뜻을 전달하기 힘들 때는 손편지를 써서 받는 사람에게 진심을 전할 수도 있습니다. 문자 대화나 소통이 언제나 오해만 일으키는 대화 방식은 아닙니다. 글이 주는 감동이 있기 때문입니다. 특히 편지글은 길게 씁니다. 친구에게 하고 싶었던 말뿐만 아니라 자신의 상황이나 감정 또한 담을 수 있습니다.

그런데 문자나 메신저 앱(한국의 카카오톡)으로 옮기면 글자 수 제한 때문에 여러 번 보내야 합니다. 문자 폭탄이라고 하지요. 문자 폭탄은 그 말이 지닌 어감처럼 받는 사람은 공격처럼 느낄 수 있습니다. 긴 내용을 전달할 때는 문자로 보내지 마세요. 대신 이메일을 활용하는 것이 좋습니다. 손편지를 쓰는 것처럼 마음을 담는다면 이메일도 마음을 전할 수 있는 좋은 수단입니다. 이메일을 보낸 후 잊지 말고 꼭 문자를 따로 보내서 메일 확인을 하도록 알려주세요. 받는 사람이 꼭 이메일을 확인해볼 수 있도록 배려하는 방법입니다.

물론 문자로 대화하는 것은 비언어 정보를 전달할 수 없다는 단점이 있습니다. 말로 하는 대화에도 한계는 있습니다. 말로 대화하면 즉시 대답해야 하는 경우가 많아져 말실수의 가능성이 높습니다. 직접 대화할 때처럼 빨리 생각하고 바로 대답해야 하는 즉시성은 휴대전화 문자에서도 확인할 수 있습니다. 화가 나서 문자를 급하게 써서 보낼 때는 사전에 확인하거나 생각하지 않고 그냥 보내는 경우가 있습니다. 마찬가지로 시간을 두지 않고 바로 보내는 문자 언어는 음성 언어와 똑같은 한계를 갖습니다. 게다가 한 번 소리 내고 없어지는 음성 언어와 다르게 문자는 휴대전화에 오래 남아서 받는 사람의 감정을 더 자극할 수도 있습니다.

반대로 문자를 받는 사람 중에는 음성 대화처럼 즉각적인 답을 바라는 사람도 있습니다. 대답 문자가 늦어지면 자신을 무시했다고 생각하기도 합니다. 새로운 소통 방식 때문에 생기는 오해입니다. 대답 문자를 보내는데 어느 정도 시간이 걸린다는 뜻은 나에게 좋은 대답하기 위해 상대방이 생각 중이라고 여기면 좋습니다. 음성 대화와 다르게 문자 대화는 시간 차이가 존재할 가능성이 있습니다. 그렇게 이해하고 여유 있고 긍정적인 생각을 하는 것이 낫습니다. 문자를 보낸 사람도 내 문자에 대한 대답이 장시간 없다면, 자신이 보낸 문자에 문제가 없는지 다시 한번 확인하는 것이 필요합니다. 별문제 없이 보냈는데도 대답이 없다면 "바쁜 일이 있나 보네요. 시간 되실 때 답 문자 한번 부탁드립니다"라고 한 번 더 문자를 보내주세요. 급하게 연락해야 할 일이라면 "제가 5분 후쯤 꼭 통화를 해야 합니다. 부탁드립니다" 정도의 문자를 남기고 전화를 하는 편이 좋습니다.

이렇게 문자는 음성 대화나 직접 대화가 이루어지는 데에도 중요한 역할을 합니다. 문자 메시지는 전화 대화를 하거나 직접 만나기 전에 서로의 사정을 알아보는 수단으로 유용하게 사용할 수 있습니다. "○○야, 지금 도서관이지? 우리 통화 좀 했으면 하는데 문자로 답해줘!" 정도의 문자는 적정한 통화 약속을 잡을 수도 있고 상대방이 어떤 상태인지 확인할 수도 있습니다. 여러분도 화장실에서 있을 때 전화벨이 울리면 얼마나 곤란한지 다 알고 있을 것입니다.

이렇게 문자, 전화, 직접 만나서 하는 대화 등 각 채널의 장단점을 잘 이해하고 구분해서 사용하는 것이 중요합니다. 그리고 메시지를 받는 사람이 자신이라면, 매체의 특성을 생각하면서 상대방의 뜻을 읽어야 합니다. 공격적인 내용인 것처럼 보이는 이메일도 꼼꼼히 읽어보면 그렇지 않을 가능성도 충분히 있습니다. 물론 자신이 메시지를 보내는 경우에도 상대방에게 오해가 없도록, 기분이나 생각이 제대로 전해지도록 고려하는 것이 중요합니다. 이렇게 많은 신경을 써야 할 만큼 말에는 마음과 영혼이 담겨있습니다. 어떤 말을 어떻게 사용하느냐에 따라 자신의 마음을 풍부하게 해주기도 하고, 상대방의 마음을 열게 만들기도 합니다.

이제 구체적으로 아이들을 위한 문자 대화법을 살펴보겠습니다. 아이들은 어른들보다 문자 대화를 훨씬 더 많이 사용합니다. SNS 등의 매체를 통해 메신저 방, 댓글, 문자 등을 사용합니다. 그래서 따돌림은 SNS나 인터넷 커뮤니티, 메신저를 통해서 많이 나타납니다.

아이는 문자 메시지로 다른 친구를 비난하거나 욕을 하면 안 된다는 것을 알아야 합니다. 특히 친구와 단둘이 문자를 하거나 몇 명이 단체 대화방에서 대화할 때, 대화에 참여하지 않은 친구 이야기는 최대한 피해야 합니다. 그 말이 칭찬이라도 단체 대화방에 없는 친구 이야기는 최대한 피하는 것이 좋습니다. 만약 칭찬을 해야 한다면 그 친구에게 직접 문자를 보내는 것이 좋습니다.

만약 우리 아이가 없는 단체 대화방에서 우리 아이에 대한 이야기를 하고 있다면, 아이는 어떤 기분일까요? 이 상황에서는 어른도 쉽게 기분이 나빠질 것입니다. 게다가 친구들이 모여 비난이나 욕을 하고 있다면, 그때부터 집단 따돌림이 시작될 가능성이 높습니다. 한 친구를 따돌리기 위해 비밀스럽게 단체 대화방을 만드는 경우도 있습니다. 이것은 범죄이며 폭력입니다. 하지만 따돌릴 의도가 없더라도 대화방에 없는 친구에 대해 비난하기 시작하면 이것은 결과적으로 집단 따돌림이 됩니다. 단체 대화방뿐 아니라 둘만의 대화방에서도 따돌림은 일어납니다.

그렇기 때문에 부모는 문자 대화에서 조심해야 할 한 가지 원칙에 대해 아이에게 반복해서 설명해주어야 합니다. 대화방에 없는 친구에 대해서는 최대한 말을 하지 말아야 한다는 것입니다. 친구에 대한 칭찬이든 욕이든, 다른 어떤 말이든 중요하지 않습니다. 부모님은 따로 시간을 내서 아이에게 대화방의 규칙에 대해 꼭 이야기해주세요.

"어떤 친구에게 해야 할 이야기는 꼭 그 친구에게만 해야 한다. 그 친구가 없을 때, 다른 친구와 그 친구에 대한 이야기는 하지 말아야 한다. 그것은 잘못된 일이다."

SNS가 생기면서 새로운 커뮤니케이션이 시작되었습니다. 직접 대면에서 할 수 없는 이야기를 친구와 나누면서 우정을 돈독히 할 수 있습니다. 하지만 친구를 문자 대화로 따돌리는 일도 SNS에서 일어납니다. 밝은 면이 있으면 어두운 면도 같이 따라오는 법입니다. 어두운 면이 있다고 아이에게 메신저 앱이나 문자 메시지를 사용하지 못하게 할 수는 없습니다. 어른들이 아이들의 중요한 소통 수단을 뺏을 수는 없지요. 대신 그것을 사용할 때 유의해야 할 것을 아이에게 교육해야 합니다.

"그 누가 되었든, 대화방에 없는 사람에 대해서는 최대한 이야기 하지 않는 편이 좋아. 만약 너만 빠진 어떤 대화방에서 친구들이 네 이야기를 하고 있다면 기분이 어떨 것 같아?"라고요.

아이를 혼낼 때나 주의를 줄 때 조심해야 할 것

우리 아이가 따돌림의 가해자가 되었을 때, 대부분의 부모가 보이는 첫 번째 반응은 피해 아이에게 문제가 있다거나 책임을 다른 쪽으로 돌리는 것입니다. 심지어 자기 아이가 피해자라고 주장하기도 합니다. 현실에서 자신의 아이가 가해자가 되었다는 것을 순순히 받아들이는 부모는 거의 없습니다. 이런 상황에서 부모는 가해자인 자신의 아이를 학교의 징계나 법적인 처벌로부터 보호하려고 합니다. 피해 아이에 대한 사과와 문제 해결을 위한 어떠한 노력도 하지 않습니다.

또 다른 상황도 있습니다. 자기 아이를 죄인 취급하고 벌을 주려 하는 부모도 있습니다. 이럴 때 가해 아이는 타인의 의지로 행동하게 됩니다. 자신의 잘못이 무엇인지 스스로 생각하고 깨닫기 전에 몸만 움직이는 사과 인형이 될지도 모릅니다. 가해 아이의 마음속에는 자신은 아무 잘못도 없는데 어른들이 자기를 가해자로 몰고 있다고 생각할 수도 있습니다. 그 아이는 피해 아이에게 사과하고도 다시 다른 친구를 따돌릴 수도 있습니다. 혹은 더 교묘한 방법으로 친구를 괴롭힐 수도 있죠.

그렇다면 부모 입장에서 가해 아이를 어떻게 돌보고 올바른 방향으로 이끌어줄 수가 있을까요? 분명히 자기 아이의 잘못이 밝혀졌을 때, 부모는 자기 책임을 느낍니다. 평소에 아이에게 어떻게 대했는지, 아이에게 했던 말을 떠올리고 자책합니다. 그리고 아이에게 자신도 책임이 있다고 말합니다. 하지만 모든 부모는 아이에게 잘못을 합니다. 사실 잘잘못을 가리기도 어렵습니다. 부모는 따돌림 같은 중대한 사건이 생겼을 때에야 반성하고 방법을 찾습니다. 중요한 건 사건이 발생하기 전에 아이들과 어떻게 좋은 관계를 맺어야 하는지 생각해야 합니다. 또한 부모는 보살핌과 교육을 통해서 따돌림이 얼마나 안 좋은 일인지 아이에게 명확하게 알려주어야 하죠. 앞에서도 말했듯이 좋은 부모는 좋은 사람입니다. 부모가 평소에 선한 생각과 행동을 해야 합니다. 부모의 행동을 본 아이들은 옳은 게 무엇인지 분명히 기준을 세울 수 있습니다. 부모가 그 기준에서 벗어난 행동을 하면 아이는 부모에 대한 신뢰를 잃습니다. 자식을 위해 평생을 살아왔다고 하더라도 부모의 행동이 아이가 세운 기준에서 벗어나 있다면 아이는 부모를 믿지 않게 됩니다.

부모도 언제나 원칙 있게 행동하기란 불가능합니다. 그렇기에 모든 따돌림 사건이 부모의 책임은 아닙니다. 아이도 성장하면서 일관된 삶이 얼마나 어려우며, 부모도 비도덕적일 수 있다는 것을 깨닫습니다. 그럴 때가 중요합니다. 아이가 비도덕적인 일에 대해 그럴 수도 있겠다고 판단하는 순간이 중요합니다. 부모는 자신의 이중적인 행동에 대해 잘못을 인정하고 바꾸려는 노력을 해야 합니다. 부모가 사과하고 반성할 줄 아는 태도를 보이면 아이도 같은 태도를 갖습니다. 하지만 부모가 자신의 비도덕적 행동을 덮고 넘어가면 아이는 그래도 괜찮다고 생각합니다. 완벽하게 도덕적인 부모는 세상에 없습니다. 부모가 할 수 있는 일은 반성과 잘못에 대한 인정입니다. 그것도 아이 앞에서 할 때 아이는 무엇이 잘못이고 앞으로 어떻게 살아가야 옳은지에 대한 판단과 기준을 갖게 됩니다.

예를 들어 설명해보겠습니다. 아이를 잘 돌보고 언제나 대화하며 문제를 해결하고 아이에게 사랑을 듬뿍 주며 키운 부모가 있다고 가정해보겠습니다. 하지만 이 부모가 아이 앞에서 회사 동료나 친구나 혹은 다른 친척에 대해 비난하거나 비판하면 아이는 부모의 행동을 따라 하게 됩니다. 사랑을 많이 받은 아이가 따돌림의 가해자가 되기도 합니다. 아이에 대한 사랑과 공감만큼 중요한 것은 부모의 삶의 원칙과 행동입니다. 완벽하지는 않지만 자기 삶을 성찰하고 반성하고 자기 행동을 교정하려고 애쓰는 부모는 아이에게 신뢰받을 수 있습니다.

부모와 자식 사이의 신뢰 관계가 중요하다는 것은 말할 필요도 없습니다. 그렇다면 이 신뢰관계를 해치는 대화에는 어떤 것이 있을까요? 특히 조심해야 할 대화는 아이의 행동을 교정하려고 할 때 부모가 하는 말입니다. 칭찬의 말은 아이의 행동을 강화하고 아이가 부모에 대한 신뢰를 높일 수 있습니다.

하지만 아이에게 언제나 긍정적인 말만 할 수는 없습니다. 가족이나 학교, 사회에는 오랫동안 쌓여온 관습이나 윤리가 있습니다. 대부분의 사람들은 그 규칙을 믿고 규칙대로 살려고 노력합니다. 아이가 그 규칙에서 벗어난 행동을 했을 때 부모는 부정적인 말을 하게 됩니다. '그건 하면 안 돼'라고 말합니다. 이런 부정적인 말은 아이가 부모를 못 믿게 하는 원인이 됩니다. 앞에서 말했듯이 아이에게 지시한 내용이나 기준으로 부모는 자신을 돌아볼 필요가 있습니다. 하나의 규칙을 기준으로 아이의 행동을 바꾸려면 그 규칙을 부모도 지켜야 합니다. 이것을 전제로 부모는 아이에게 주의를 주고 행동을 교정하려고 해야 합니다. 그럼 어떤 말을 해야 하는지 살펴보겠습니다.

혹시 당신은 일방적으로 "~해!"와 같이 명령하거나 야단을 치지는 않았나요? 적어도 이런 커뮤니케이션은 아이에게 반발심reactance을 유발합니다. 아이의 마음에 반발심이 일어나면 부모와 아이는 좋은 관계를 만들기 어렵습니다. 예를 들어 "네 방 정도는 네가 청소해!"라고 말하면, 아이는 실제로 청소를 하려다가 갑자기 하기 싫어집니다. 이것이 반발심입니다. 사람에게는 '자유롭고 싶다', '남에게 지시받고 싶지 않다'라고 하는 '자유 욕구' (소극적 페이스와 거의 같은 의미)가 있기 때문입니다. 사람들은 남이 뭐라고 하면 자유를 찾기 위해서 반발 행동을 합니다.

아이에게 규칙을 지키라고 말할 때, 부모는 어떻게 주의를 주면 좋을까요? 우선 '동기부여'에 대한 생각을 해보아야 합니다. '동기부여'에는 '내발적 동기부여'와 '외발적 동기부여'가 있습니다. 이 차이를 기억해두면 좋을 것입니다. 내발적 동기부여는 의욕, 관심, 흥미 등 자신의 마음에 따라 행동하는 것입니다. 그에 반해서 외발적 동기부여는 벌, 평가, 강요 등 외부의 동기에 의해 행동하는 것입니다. 이

둘 중에 내발적인 동기부여가 실제 행동으로 연결되는 경우가 많습니다. 그러므로 아이에게 무언가를 하게 하거나 못하게 하려면, 아이에게 내발적 동기부여가 될 수 있는 말을 해주어야 합니다. 그 후에 부모가 말한 것을 아이가 확실하게 해냈다면 많이 칭찬해주세요. 또한 혼낼 때도 비슷합니다. 감정적으로 질책하지 말고, 그 행위에 대해서 아이와 함께 생각하는 것이 중요합니다.

예를 들어 "만약 아빠가 그렇게 했다면 어떨까?" "그렇게 행동하는 사람을 어떻게 생각해?" "왜 그렇게 하면 안 될까?" "어떻게 하면 좋을 것 같아?"와 같이 스스로 생각할 수 있는 질문을 해보세요. 아이가 그 일에 대해 제대로 답을 낼 수 있다면 꼭 칭찬해주세요. 그렇게 해서 스스로 바람직한 행동을 할 수 있는 이유를 스스로 발견하게 하는 것입니다.

그 이유를 부모가 만들어 일방적으로 주입하게 되면 아이의 내면에는 반발심이 생깁니다. 그렇기 때문에 부모는 느낌표(!)보다 물음표(?)를 많이 사용해야 합니다. 부모의 생각은 중요하지 않습니다. 아이가 스스로 내리는 결론이 더 중요합니다. 그 결론이 아이가 스스로 행동하게 하는 동기가 됩니다.

내발적인 동기 부여가 되었다 하더라도 모든 일이 다 해결되는 것은 아닙니다. 부모에게는 동기 부여된 아이를 위해 세 가지를 더 준비해야 합니다. 첫 번째는 아이의 자발적인 행동을 기다릴 수 있는 인내심이 필요합니다. 두 번째는 부모가 아이와 같은 행동을 하는 것이 필요합니다. 세 번째는 아이의 행동 영역을 조금씩 늘려갈 수 있게 해야 합니다. 처음부터 큰일을 맡기기보다 작은 것에서 큰 것으로 조금씩 확장해야 합니다.

아이에게 인내심을 갖는 것은 참 어렵습니다. 부모는 동기 부여된 아이들이 바로 행동으로 옮기기를 바랍니다. 하지만 하겠다는 마음이 바로 행동으로 연결되지는 않습니다. 아이가 스스로 행동할 수 있게 기다려야 합니다. 청소를 하고 싶은 마음이 드는 아이에게 청소를 하라고 요구하면 아이는 다시 반발심을 갖게 됩니다. 그렇기에 아이가 스스로 행동하기를 기다려야 합니다.

그렇다면 기다리기만 하면 될까요? 아닙니다. 부모도 아이가 하려고 하는 행동을 같이 하면 더 좋은 효과를 볼 수 있습니다. 예를 들어 아이가 자기 방을 청소하려고 마음먹었다면 재촉하지 말고 부모는 거실이나 주방을 청소하면 됩니다. 백 마디 말보다 부모의 한 가지 행동이 아이에게 더 설득력이 높습니다. 가족이라면 누구나 집을 치워야 한다는 규칙을 배우게 하려면 부모가 먼저 청소하는 모습을 보여야 합니다.

물론 청소를 시작하기 전에 아이에게 내발적 동기부여를 할 수 있게 평소에 대화를 나누어야 합니다. 아이는 직접 자기 방 청소를 하기 전까지 그 일은 부모의 일이라고 생각합니다. 처음부터 청소를 다 맡기지 말고 처음에는 책상, 다음에는 책꽂이 그다음에는 침대 정리 등 이렇게 하나씩 늘려가는 것이 좋습니다.

속도 조절을 하라는 것이죠. 이렇게 조금씩 아이가 변해가는 것을 성장이라고 부릅니다. 자연스럽게 키가 크고 몸이 단단해지는 것처럼 마음과 행동의 성장을 기다려주는 것이 좋습니다. 억지로 키를 키우고 몸이 단단해지게 만들 수는 없습니다. '이렇게 하지 않으면 ~할 거야'와 같이 벌을 주는 방법은 마치 억지로 키를 키우는 것과 비슷합니다. 아이에게 명령하면 아이는 들키지 않게 부모가 원하지 않는 행동을 합니다. 그리고 벌을 받지 않거나 혼나지 않는 방법만 계속 찾아내 행동할 것입니다.

이러한 원리는 쥐 등을 이용한 동물 실험에서도 찾아볼 수 있습니다. 생명체의 본능에 가까운 행동입니다. 화를 내거나, 벌을 주는 것은 도망가거나 피하게 할 뿐 결국 부모와 아이 모두 원하지 않는 결과가 나오게 됩니다. 부모의 명령과 처벌은 아이의 거짓말과 거짓 행동을 유도합니다. 또한 이 상황에서 아이와 부모의 신뢰 관계는 깨지게 됩니다.

우리 아이가 따돌림의 가해자가 되지 않기 위해 그리고 따돌림의 가해자가 되었을 경우 스스로 반성할 수 있도록, 부모는 내발적 동기부여를 하고 인내심을 갖고 기다려야 합니다. 그리고 스스로 행동 교정을 할 수 있도록 부모도 자기 행동에 반성하고 조심해야 합니다.

마지막으로 아이에게 모든 것을 한 번에 바꾸라고 요구하면 안 됩니다. 피해 아이에게 무조건 사과하고 벌을 받으라고 하면 가해 아이는 부모의 눈속임하기 위해 그 행동을 할 수 있습니다. 하지만 아이는 자신이 고통받는 상황을 피하기 위해 하는 행동일 뿐, 진심으로 피해 아이를 위한 사과를 하지 않을 것입니다. 이렇게 되면 미래에 더 큰 문제를 일으킵니다. 다른 아이를 따돌릴 수도 있고, 더 교묘하게 피해 아이를 괴롭힐 수도 있습니다.

제 4 장

좀 더, 따돌림의 말에 대해 생각해보자

요즘은 스마트폰과 인터넷이 대중화되어 있습니다. 아이들은 글을 배우기 전에 스마트폰을 먼저 접하게 됩니다. 인터넷이 나오기 전까지 아이들은 TV라는 매체를 먼저 보았습니다. 그전에는 라디오나 신문, 책이라는 매체를 통해 정보를 접했습니다. 아이가 처음으로 하는 매체 경험은 아이의 성장 과정 내내 영향을 끼칩니다. 세대별로 매체의 특징에 따라 성장 과정도 다르고 성인이 된 후에도 정보를 받아들이는 방식이 다릅니다.

신문이나 책은 글자를 읽을 수 있어야 접할 수 있습니다. 유아기를 벗어나 아동이 된 후에 일정 교육을 받고 읽을 수 있습니다. 라디오는 일방적으로 청취자에게 정보를 전달하지만 상상력을 키울 수 있는 장점도 있습니다. 청취자들은 방송국에 엽서를 보내거나 전화 인터뷰로 방송 과정에 참여하기도 했습니다. 반면 TV는 시청각 정보를 제공합니다. 사람들은 80% 이상의 정보를 시각으로 확인하고 신뢰합니다. 라디오처럼 일방적으로 정보 제공을 하지만 TV에 대한 신뢰도는 다른 매체에 비해 아주 높았습니다. TV가 주류 매체일 때는 시청률이 30~40% 이상 되는 프로그램도 있었습니다. 스타들이 있었고 일부 출연자들이 전해주는 이야기와 정보에 대한 의심은 별로 없었습니다. 정보의 일방성은 점점 강화되었습니다. 시청자 참여나 일반인들의 TV 출연은 극히 일부였습니다.

하지만 인터넷이 등장하고 컴퓨터와 스마트폰이 대중화되면서 이제 정보는 생산하는 사람과 소비하는 사람이 구분되지 않습니다. 모두가 정보와 이야기, 사진과 영상을 만들고 모두가 볼 수 있는 상황이 되었습니다. 이전 매체와 다른 인터넷 정보의 가장 큰 특징은 편집이나 검토 없이 정보가 그대로 전해진다는 것입니다. 다른 말로 하면 아무도 책임지지 않는 정보가 홍수처럼 쏟아져 나온다는 것입니다. TV나 라디오 혹은 신문에서 보거나 읽을 수 있는 정보는 문제가 생길 경우 책임질 회사와 편집자 그리고 편성 책임자가 있습니다. 그리고 다른 매체의 비판을 통해 그 정보를 수정할 수도 있습니다. 그렇기에 각 매체는 편집 기준을 정하는 윤리적인 기준이 있습니다. 공익을 해치거나 사람들을 깎아내리는 말들은 자체 윤리 규정이나 방송법에 의해 처벌받기도 합니다. 반면에 인터넷은 정보의 양이 너무 많습니다. 특정 단어나 이미지가 들어간 경우를 제외하고 정보를 통제할 방법이 없습니다. 또한 나라마다 규제도 다릅니다. 어느 나라에서는 표현의 자유를 넓게 인정하고 어느 나라는 특정 사이트의 접근을 막기도 합니다.

인터넷은 정보의 사실성과 진실성 그리고 도덕성과 윤리성에 대한 어떤 규제도 없이 그냥 아이들에게 노출되는 경우가 대부분입니다. 그렇다 보니 정확하고 유익한 정보뿐만 아니라 가짜 뉴스와 혐오와 차별 혹은 따돌림의 말과 글이 한꺼번에 떠돌아다닙니다. 윤리적으로 문제가 있는 정보를 많이 본 아이들은 문제 있는 정보를 생산해 퍼뜨립니다. 어떤 아이든 자신의 취향과 무관하게 아주 쉽게 다양한 말과 글, 동영상과 사진들을 볼 수 있습니다. 청소년 유해 정보 표시를 통해 아이들이 접근하지 못하게 막는 각종 기술이 있지만 아이들은 여러 가지 방법으로 도덕적으로 문제가 있는 정보에 접근하기도 합니다.

차별이나 혐오 단어를 사용할 수 없거나 볼 수 없게 막으면 다른 비슷한 말을 만들어서 대응합니다. 특히 인터넷은 정보의 생산자가 누군지 알 수 없는 익명성이 보장되는 매체입니다. 아이들은 어찌 보면 무제한의 정보 접근과 생산의 자유를 가지고 상당히 격하고 나쁜 말들을 종종 사용합니다. 이런 인터넷 환경에서 아이들은 자신도 모르게 따돌림과 괴롭힘의 가해자가 되거나 피해자가 되기도 합니다. 어떤 아이들은 인터넷의 약점을 파악하고 고의로 친구들을 괴롭히기도 합니다. 자신이 상처받았다고 주장하는 수많은 아이들이 인터넷을 통해 복수를 시도하기도 합니다.

어떤 아이가 사실을 왜곡하거나 혹은 거짓말을 할지라도 인터넷에서 다른 아이들의 지지를 얻으면 그 주장은 정당성을 얻습니다. 언뜻 보면 실제 대면 관계에서 일어나는 따돌림과 비슷해 보입니다. 하지만 아이들에게는 인터넷 공간이 대면 관계만큼 중요하거나 혹은 더욱 치명적일 수도 있습니다. 인터넷에서 이루어지는 아이에 대한 평가는 은밀하게 이루어지고 순식간에 다른 아이들의 동의를 받아 그 아이에 대한 인상을 만들어냅니다. 다수의 뜻을 따라가려는 동조 현상이 강화되면 아이들은 몇 마디 말로 쉽게 따돌림의 피해자를 만들어냅니다. 왜냐하면 아이들은 어른들보다 쉽게 인터넷 안에서 자신의 정체성을 갖고 친구 관계를 만들기 때문입니다. 인터넷은 아이들에게 중요한 삶의 공간이 되었습니다. 그렇기에 인터넷 소통이 갖는 부정적인 측면인 혐오, 차별, 욕설, 분노 등의 말들이 여과 없이 아이들 속에서 돌아다닐 가능성이 높습니다. 그런 의미에서 4장은 인터넷에서 괴롭힘을 당하는 피해 아이의 입장으로 서술되었습니다. 이 장에서는 인터넷에서 일어나는 집단 따돌림에 대해서 생각해보고, 대처하는 방법에 대해서도 생각해보겠습니다.

따돌림의 신호

인터넷 따돌림을 이야기하기 전에, 부모와 교사는 우선 따돌림 사건의 존재를 빨리 파악하는 것이 중요합니다. 따돌림을 당하는 아이는 부모나 교사에게 자신의 상황을 이야기하지 않는 경우가 많습니다. 제일 좋은 방법은 아이가 직접 말을 하는 것이지만 여러 가지 이유로 아이는 말을 하지 않습니다. 아이는 수치심이나 공포심 때문에 혹은 부모가 이해하지 못할 것이라는 이유나 평소에 부모랑 대화가 없는 등 여러 이유로 말을 하지 않습니다. 그렇기에 어른들은 아이가 보내는 간접적인 신호를 파악해야 합니다. 따돌림 피해 아이는 여러 가지 간접적인 신호를 보냅니다. 예를 들어 집에서 보내는 아이의 신호를 살펴보겠습니다.

아이가 평소와 다르게 [______________]

- ☐ 의욕이 없어 보인다.
- ☐ 학교에 가기 싫어한다.
- ☐ 말이 줄었다.
- ☐ 친구와 놀지 않는다.
- ☐ 돈을 쓰는 일이 많아진다.
- ☐ 부정적인 그림이나 글이 많다.
- ☐ 옷이나 소지품이 더러워지거나 망가진다.
- ☐ 소지품에 낙서가 있다.
- ☐ 가족이나 반려동물에게 적대적이다.

마음이 아픈 아이가 보내는 신호는 끝이 없을 정도로 많이 있습니다. 하지만 쉽게 알아채기 어렵습니다. 물리적 상처를 입더라도 몸에 든 멍이나 상처를 숨기기도 합니다. 집에서뿐만 아니라 학교나 학원 등 가정 밖에서 보내는 신호도 있습니다. 따돌림 피해 아이는 가는 장소에 따라 다양한 신호를 보냅니다. 아이마다 고통을 표현하는 방식이 다르기 때문에 부모는 신경 써야 할 것이 많습니다. 이때 부모가 가장 먼저 알아채야 할 것이 있습니다. 아이가 '지금까지와 다른 말과 행동'을 보였을 때입니다.

성장하는 아이들이기 때문에 매일 다양한 면으로 변화가 있습니다. 위에서 소개했던 신호 중 대부분은 아이의 사춘기 때 행동과 비슷합니다. 부모가 "사춘기라 저런가?" 하고 넘어간다면 이상 신호를 잡아내기는 어려워집니다. 그러니 아이의 행동 변화 중에서 조금이라도 이상한 점을 느낀다면, 바로 아이에게 물어보는 것이 중요합니다.

이때 유의 사항이 있습니다. 직접적으로 '왕따'라는 말은 절대 사용하면 안 됩니다. "요즘 학교나 친구들과 힘든 일은 없니?" 정도로 물어보는 것이 좋습니다. '왕따'라는 말은 대단히 강한 말입니다. 자신이 하고 있거나 당하는 행위에 '왕따'라는 '꼬리표'나 '딱지'를 붙이는 것에 예민한 아이도 많습니다. 많은 폭력이나 따돌림 사건에서 피해자가 피해 사실을 인정하지 않는 경우도 많습니다. 자존감이 떨어지기도 하고 피해자라는 인식 자체가 좋지 않기 때문입니다. 아이는 자신이 피해자라는 것을 알면서도 다른 사람들이 자신을 피해자로 보는 것을 싫어합니다. 이럴 때 아이는 피해 사실을 부모나 교사에게 적극적으로 숨기게 됩니다.

아이의 여러 사정을 고려하여 만약 자존심이 강한 아이라면 이상 신호를 보내면서도, 끝까지 따돌림 피해 사실을 인정하지 않을 수도 있습니다. 그렇기에 아이가 좀처럼 말을 하지 않아도 초조해하면 안 됩니다. 아이에게 부모의 불안감이 전달되면 아이는 더 숨을 가능성이 높습니다. 부모가 평소에 보이지 않는 모습을 보이기보다는 같은 공간에서 많은 시간을 보낼 수 있는 분위기를 만드는 게 중요합니다. 숨기는 아이들일수록 부모에 대한 믿음이 떨어져 있을 수 있습니다. 신뢰 회복을 위한 시간을 보내면서 아이가 자연스럽게 이야기할 수 있게 유도해야 합니다. 언제나 부모는 아이에게 최고의 친구이면서 가장 잘 이해해줄 수 있는 사람이라는 것을 느끼게 해주세요. 엄마와 아빠가 나를 지켜주는 마지막 보루라는 것을 느끼게 되면, 그리고 어려운 일이 있을 때 피난처가 될 수 있다는 확신을 줄 수 있다면 아이는 언제나 자신의 이야기를 털어놓을 수 있습니다.

평소에 아이를 잘 관찰하고 대화하기 좋은 분위기를 만들어두면 아이는 언제나 자신의 이야기를 할 것입니다. 지금 아이가 사춘기 시기라 부모와 갈등을 겪고 있더라도 부담스럽지 않게 자주 같이 있는 시간을 만들면 좋습니다.

청중 디자인

아이들은 친구들을 따돌릴 때 어떤 말을 할까요? 아주 다양한 말을 합니다. 심지어 그 말을 들으면 "그게 어떻게 따돌리는 말이야?" 라는 의문을 가질지도 모릅니다. 그렇지만 아무렇지 않은 것 같은 말에도 아이는 상처 입습니다. 그래서 가해 아이의 말을 종합적으로 평가할 필요가 있습니다. 그럴 때 많이 사용하는 평가 기준이 있습니다. '오디언스audience(청중) 디자인'이라는 개념입니다. 우선 이야기를 듣는 사람 입장을 살펴보겠습니다. 듣는 사람의 종류는 총 네 가지 유형이 있습니다. 첫째, 내 말을 듣는 눈 앞의 상대방입니다. 둘째, 주변에 있는 사람입니다. 셋째, 우연히 지나가는 사람이 있습니다. 넷째, 엿듣고 있는 사람입니다. 말하는 사람은 자기 말을 듣는 사람이 이 네 가지 유형의 청중 중에 어디에 속하는지 인지하고 말을 합니다. 이에 따라 이야기의 내용도 바뀝니다. 이를 가리켜 '청중 디자인'이라고 합니다.

저도 이 책을 쓸 때 어떤 사람이 읽으면 좋을지 떠올리며 씁니다. 책은 불특정 다수가 읽을 수 있습니다. 또한 말을 할 때 불특정 다수를 대상으로 하여 공개적인 말을 하는 사람들이 있습니다. 예를 들면 정치인이나 연예인입니다. 그런 것은 공적인 대화라고 할 수 있습니다. 하지만 사적인 대화의 경우에는 어떤 사람들이 듣게 되는지 명확하게 생각하고 말합니다. 이제부터 사적인 대화에서 청중 디자인 개념을 기준으로 따돌리는 말의 형태에 대해 살펴보겠습니다.

언어폭력은 청중 디자인 개념에 따르면 몇 가지 패턴이 있습니다. 우선, 눈앞의 사람을 괴롭히려는 의도로 공격하는 패턴입니다. 가장 단순한 패턴입니다.

다음으로 상대방에게 직접 말을 하고 있지만 주변에 있는 사람도 의식하며 공격하는 패턴입니다. 보통 주위에 있는 사람들에게 본보기를 보이려 할 때 이 패턴으로 말합니다. 예를 들어 여러 아이들이 있을 때 교사가 잘못한 학생을 불러 혼을 내는 경우죠. 다른 아이들이 같은 잘못을 저지르지 말라고 하는 말입니다. 권위 있는 사람들이 주로 사용하는 방식 중 하나입니다. 물론 잘못된 방식이죠. 혼나는 아이는 다른 아이들 앞에서 수치심을 느끼게 되니 이런 일은 없어야 합니다. 아이를 따로 불러 지적하거나 주의를 줘야 합니다. 교사는 아이들의 문제점을 고치려고 노력하는 사람입니다. 아무리 그렇다고 아이들에게 수치심을 주어서는 안 됩니다.

다른 사람들 앞에서 한 친구를 괴롭히는 말을 하는 경우에 대해서는 위에서 언급한 바 있습니다. 가해 아이가 친구들보다 우위에 서려고 할 때 주로 이용하는 패턴입니다. 주변 친구들이 가해 아이의 말을 긍정하거나 최소한 묵인해야 가능한 경우입니다.

가해 아이는 주변 친구들로부터 적극적인 칭찬을 받고 싶어 합니다. 가해 아이의 적극적 페이스 때문입니다. 현실에서는 좋은 말을 할 때만 칭찬을 받지는 않습니다. 아무리 잘못된 말이라도 친구들이 "정말 잘했어! 속 시원하다", "내가 하고 싶었던 말인데 네가 해줘서 정말 고마워"라는 칭찬을 하면 그 말을 한 아이는 정당성을 얻습니다. 어떤 말이 좋고 나쁜지를 가르는 절대적인 기준은 없습니다. 그렇기 때문에 누군가 절대적인 기준을 갖게 되면 자신은 옳고 타인은 잘못되었다고 말할 수 있습니다.

보통 친구 관계나 다른 여러 인간관계에서 정당성을 얻는 방식은 다수결의 원리로 이루어집니다. 가해 아이의 말이 어떤 것이든 상관없습니다. 그냥 다수 친구들의 동의를 얻으면 됩니다. 민주주의 국가에서는 다수의 지지를 얻은 사람이 주도하여 법과 정책을 만들고 집행합니다. 이처럼 가해 아이는 또래 집단의 리더가 됩니다. 이런 일이 벌어지면 피해 아이는 이제 학교 갈 마음도 생기지 않습니다. 가해 아이와 다르게 생각하는 소수의 아이들은 피해 아이 편으로 몰리는 것이 두려워 침묵합니다.

반대로 다수의 침묵도 있습니다. 주변 아이들이 긍정도 부정도 없이 묵인하는 경우가 있습니다. 아이들의 소극적 페이스가 역할을 할 때 그렇습니다. 친구들은 가해 아이의 행동과 말이 한 아이를 따돌리고 그 아이에게 상처를 주고 있다는 것을 알고 있습니다. 그러나 친구들은 찬성도, 반대도 하지 않습니다. 아이들은 가해 아이가 잘못한 일을 지적하지 않으려고 합니다. 이 일을 지적하게 되면 자기도 피해 아이 편으로 몰릴까 걱정합니다. 혹은 찬성하면 그른 행동에 동참해서 책임져야 하는 일이 생길지도 모른다고 생각합니다. 어떤 아이들은 신경 쓰기 싫어 무관심할 수도 있습니다. 여러 이유가 있지만 다수의 아이들이 침묵에 동조합니다. 방관자가 되는 것입니다. 이럴 때 가해 아이는 적극적인 반대가 없고 조용한 친구들을 보며 자신의 행동이 정당하다고 생각합니다. 친구들의 침묵과 묵인을 찬성으로 여기지요. 결과적으로 가해 아이는 친구들의 방조 속에서 친구 집단 안에서 리더 역할을 합니다.

이렇게 청중 디자인의 두 번째 패턴은 전형적인 집단 따돌림의 원인이 됩니다. 가해 아이는 이미 자신이 누군가를 비난하게 되면 주변 친구들이 보일 반응에 대해 알고 있습니다. 피해 아이를 제외한 친구들이 긍정이나 묵인으로 응하리라는 것을 알고 있습니다. 이렇게 다른 사람들이 다 듣게 고의로 친구를 따돌리는 말을 하는 두 번째 패턴에는 자신의 힘이나 집단 안에서의 지위 등을 과시하려는 목적이 있습니다. 괴롭힘을 당하는 쪽을 집단 안에서 고립시키고 자신의 지위를 높이고 신용을 쌓으려는 목적입니다.

우연히 지나가는 사람까지 고려해서 친구를 따돌리는 말을 하는 세 번째 패턴은 훨씬 더 광범위합니다. 이 경우 가해 아이는 자신이 하는 행동이 잘못되었다는 것을 알고 있습니다. 자신을 알고 있는 친구를 비롯한 교사, 교직원, 모르는 친구들까지, 학교 전체에 소문을 내는 것입니다. 온 학교의 사람들이 피해 아이가 잘못을 저지른 것이고 자신이 그것을 지적했다고 생각하게끔 따돌림의 말을 여기저기 퍼뜨립니다. 이 소문이 퍼져나가면 피해 아이는 자신을 모르는 학교의 아이들이 시선을 느끼게 됩니다. 쉽게 말하면 여론전입니다. 여론이 자신에게 유리하게 흐르면 누군가 따돌림 사건이라고 주장하더라도 가해 아이는 여론상의 이점을 갖게 됩니다.

가해 아이가 옳다고 믿는 친구나 혹은 그 아이와 친한 친구가 세 번째 패턴의 조연이 됩니다. 피해 아이에 대한 비난을 마치 객관적인 사건이나 사실처럼 피해 아이를 모르는 친구들에게 퍼뜨립니다. 예를 들면 이런 말이지요. "걔만 왔다 가면 뭐가 자꾸 없어진대. 3반에 ○○는 생일선물로 받은 만년필이 없어졌대", "2반 걔 있잖아. 자기 담임이랑 그렇고 그런 사이래. 그렇게 친한 척을 한 게 다 이유가 있구나!" 학교에서 이런 소문은 쉽게 찾아볼 수 있습니다. 소문을 내는 아이들은 실제로 본 적도 없고, 무슨 일이 있었는지는 알아보지도 않았지만, 이런 유형의 악소문은 계속 퍼져나갑니다.

이 패턴은 두 번째 패턴의 따돌리는 말이 있고 난 후 보통 사용되는 방법입니다. 학교 선후배나 다른 반 친구들까지 가해 아이의 주장이 퍼져나갑니다. 악의적인 소문은 더 빨리 퍼져나갑니다. 특히 단체 대화방이나 폐쇄 인터넷 커뮤니티를 통해 하루만 지나도 아무 잘

못 없는 아이 한 명이 마치 죄인이 되기도 합니다. SNS를 이용하면 익명성을 활용해서 더 큰 규모의 혐오와 차별을 만들 수도 있습니다. 또한 민족이나 인종, 성별이나 세대, 혹은 지역으로 확장되기도 합니다.

네 번째 패턴은 누군가 몰래 이야기를 듣고 있다고 생각하고 말하는 경우입니다. 몰래 듣는 사람은 보통 경찰이나 기자 등 문제를 밝혀내서 책임을 묻는 사람들일 가능성이 높습니다. 학교의 경우, 교사나 상담 교사나 학교폭력대책자치위원회 같은 곳입니다. 이 경우 가해 아이들은 고의로 일부 아이들을 따돌립니다. 이때 가해 아이는 처벌받지 않으려고 사전에 계획 같은 것을 짜 놓습니다. 가해 아이는 친구를 괴롭힌 일이 나중에 밝혀지더라도 문제가 되지 않을 안전장치를 사전에 만들어 놓습니다. 따돌림에 대한 비판이나 처벌이 자신에게 향할 때를 대비하여 알리바이를 만드는 것입니다. 모르는 사람에게 보거나 누군가 훔쳐 듣고 있을 가능성까지 대비해서 말을 합니다. 학교 내외의 기관에 의해 조사를 받더라도 발뺌할 수 있는 말투나 내용으로 친구를 따돌립니다. 따돌림의 말이나 방법이 들키면 변명할 말도 미리 만들어놓습니다.

예를 들어 한 반에서 다섯 명의 친구가 매일 같이 점심을 먹었다고 가정해보겠습니다. 정말 친한 친구들이죠. 그러던 어느 날 한 친구 A는 다른 친구 B가 싫어하는 일을 했습니다. 그래서 B는 A를 따돌리기로 마음먹었습니다. 점심시간마다 B는 "우리 밥 먹으러 가자!"라는 말을 합니다. 이 말은 매일 하는 평범한 이야기입니다. 하지만 어느 날부터 B는 밥 먹으러 가자는 말을 듣지 못합니다. 그렇게 A가 점심시간에 친구들과 함께하지 못하면서 따돌림이 시작됩니다. 친했던 친구들과 한 달 정도 함께 밥을 먹지 못한 A는 이제 누구랑 이야기할 수도 없습니다. 그 후 A는 집에서 울면서 힘들다고 부모님에게 이야기합니다. 그리고 부모님은 선생님을 찾아가 상담합니다. 선생님은 B를 불러 물어봅니다.

"너 A, 따돌리거나 괴롭힌 적 있니?"

B는 대답합니다.

"아니요. 전 그냥 밥 먹자는 말만 했어요. 누가 그래요? 제가 따돌렸다고? A가 저한테 누명을 씌우는 거예요. 저 억울해요."

교실 안에 상황은 보통 이렇게 진행됩니다. 이렇게 엿듣는 사람이 있다고 생각하고 말하는 아이들은 나중에 자신에게 돌아올 질책까지 계산하고 따돌리는 말을 합니다. 그래서 말로 하는 따돌림 사건은 가해 아이의 책임을 묻기도 어렵고 입증도 불가능한 경우가 많습니다.

지금까지 네 가지 패턴의 청중 디자인을 따돌림 사건에 적용해보았습니다. 여기서 주목해야 할 지점이 하나 있습니다. 따돌림은 두 명의 친구관계에서는 일어나지 않습니다. 둘만의 문제라면 단순히 다툼으로 보고 화해하거나 냉각기를 가지면 됩니다. 따돌림 사건에는 피해 아이와 가해 아이 그리고 그 외 친구들이 있습니다. 당사자 아이 두 명을 제외한 잘 모르는 아이들도 따돌림 사건에 가해자로 참여하게 됩니다. 이런 식으로 큰 집단의 따돌림이 생겨날 수 있다는 것을 앞에서 이야기했습니다. 그렇기에 따돌림의 문제를 해결해나가려면 제삼자의 태도가 중요합니다. 다툼의 당사자인 두 명의 아이를 알든 모르든 상관없이, 제삼자도 가해자가 된다는 것을 아이들에게 알려주어야 합니다. 방관하는 태도도 가해의 일종이라는 것을 이해시켜야 합니다. 아이에게 그 누구도 마음의 상처가 생기지 않도록 모두가 노력해야 한다는 말도 해야 합니다.

아이들의 비난이나 욕설을 말을 막을 수 있다는 인식이 모든 아이에게 필요합니다. 자신이 속한 집단에서 생긴 따돌림의 문제에서는 누구도 자유로울 수 없고 공동으로 책임질 문제라고 인식시켜주세요. 따돌림의 문제에 책임감을 느끼는 아이가 많아지면 많아질수록 따돌림을 줄일 수 있습니다. 그렇게 되면 친구에게 폭언하거나 누명을 씌우는 일부의 아이들은 쉽게 친구를 따돌리기 어렵습니다.

이런 상황에서는 청중 디자인의 개념에 따라 어떤 아이에게 옳지 않은 표현을 하면 다른 아이들에게 비난받을 수 있다는 것을 인식합니다. 그러면 따돌림은 일어나지 않을 수도 있습니다. 따돌림에 대한 처벌은 사후약방문입니다. 사전에 아이들이 따돌림이 나쁘다는 걸 깨달아야 합니다. 따돌림은 어떻게 생기며 어떻게 진행되는지에 대해 교육도 해야 합니다. 그리고 방조자도 가해자의 일종이라는 아이들의 자기 인식도 중요합니다. 집단 따돌림을 당했던 많은 아이들이 이렇게 말합니다.

"그때 내 마음을 말할 수 있는 단 한 명의 친구만 있었어도……"

우리 아이에게 따돌림을 당한 아이의 친구가 될 용기를 심어주세요.

아이가 따돌림을 당하게 되었다면

따돌림을 당한 아이가 피해 사실을 말하고 싶어 하지 않는 것은 당연한 일입니다. 그 이유는 여러 가지가 있습니다. 부모에게 걱정을 끼치고 싶지 않아서일 수도 있죠. 따돌림당하고 있는 사실을 친구들에게 들키기 싫어합니다. 누군가에게 말하면 소문이 나서 다른 친구들까지 등을 돌릴지 모르기 때문입니다. 결국 따돌림은 더 심해집니다. 또한 괴롭히는 아이도 교사나 부모 등 어른들에게 들키지 않도록 교묘한 방법을 사용합니다. 숨어서 괴롭히는 경우도 많습니다.

그렇게 되면 아이들은 일종의 무기력증에 빠집니다. 따돌림을 당하고 있는 아이나 따돌리는 상황을 발견한 아이도 '어차피 말해도 소용없어' 하며 단념하기 쉽습니다. 그러나 피해 아이는 사실 "살려줘!"라고 외치고 싶어 합니다. 따돌림을 당하는 것을 좋아하는 사람은 없을 테니까요.

그래서 피해 아이들이 SOS를 보내기 쉽도록 어른들이 신경을 써줘야만 합니다. 항상 아이에게 무슨 문제가 있는지 살펴봐야 합니다. 부모나 교사가 따돌림 사건을 인지하면 그때부터 해야 할 일이 있습니다. 우선 어른들은 피해 아이에게 따돌림 문제를 꼭 해결하겠다는 의지를 보이고 행동해야 합니다. 특히 아이들의 '신뢰'를 얻지 못하면 따돌림 문제는 해결하기 어렵습니다. 피해 아이의 마지막 보루는 부모와 교육기관의 담당자들, 즉 어른들입니다. 어른들은 최선을 다해 따돌림 문제를 해결해야 합니다. 어른들의 의무입니다. 아이들의 따돌림 문제를 어른들이 해결한다는 것은 우리의 미래에 대해 책임진다는 것과 같은 말입니다. 미래 사회를 만들고 지탱하는 것은 아이들이니까요. 그렇다면 어른들은 어떤 방법으로 피해 아이를 보호하고 문제를 해결해나가야 할까요?

우선 신뢰 형성입니다. 피해 아이에게는 주위의 어른들이 모두 내 편을 들어준다는 확신이 있어야 합니다. 어른들이 문제 해결을 위해 노력하고 있다면 아이는 안심합니다. 우선 이상적인 방법은 따돌림 문제 해결을 위한 분위기나 시스템을 만들어가는 것입니다. 예를 들어 가해 아이와 피해 아이가 한 반에 있다면 두 친구를 분리해야 합니다. 여기에는 부모의 요구나 학교의 행정적 도움이 있어야 합니다.

부모의 태도도 중요합니다. 자신의 아이가 따돌림을 당한다는 이야기를 듣게 되면, 부모는 흥분하거나 화를 낼 것입니다. 하지만 중요한 것은 누군가에게 화를 내는 것이 아니라 냉정하게 문제를 해결하는 것입니다. 흥분하고 분노하는 부모를 보면 아이가 신뢰할까요? 아이는 자신이 엄청난 일에 휘말렸다고 생각하게 됩니다. 심리적으로 더 위축될 가능성이 높습니다. 혹은 분노하는 부모님을 보고 싶지 않아서 반대로 숨어 버릴지도 모릅니다. 그렇기에 감정적인 반응보다 아이가 말하기 편안한 관계를 구축하는 것이 중요합니다. 대화 장소나 같이 이야기하는 사람들 혹은 무엇을 먹을 것인지, 시간은 언제가 좋은지 등등. 대화 분위기에 대한 부모의 세밀한 고민이 필요합니다.

따돌림 사건에서 피해 아이 부모는 학교에서 교사나 상담교사를 만나게 됩니다. 이때 조심할 것이 있습니다. 부모가 감정적으로 반응하거나 학교 측이 듣기에 '불평'하는 것처럼 말하는 것은 피하는 게 좋습니다. 부모가 교사에게 화가 나는 것은 일면 이해할 수 있습니다. 학교 측에 책임을 물을 수도 있습니다. 하지만 도대체 학생 관리를 어떻게 했기에 상황이 이렇게까지 되었냐고 따져 묻는 순간, 따돌림 문제를 해결하기 위한 부모와 교사의 협력 체계는 깨질 수도 있습니다. 가능하면 아이의 문제를 '상담'한다는 마음으로 교사를 만나는 것이 좋습니다. 아이가 걱정되는 마음은 압니다. 당연히 학교 쪽에서도 최선을 다해서 움직여주길 바라는 마음도 있습니다. 하지만 학교 폭력은 어려운 문제입니다. 학교, 가정, 학부모회 등 모두 협력해서 함께 해결해나갈 필요가 있습니다.

그런데 부모가 학교나 교사를 상대로 불평만을 늘어놓거나 적대감을 드러낸다면, 일방적으로 자기 이야기만 한다면, 어떻게 될까요? 해법을 찾아야 하는 당사자들 마음에 나쁜 감정만 쌓입니다. 아이가 따돌림 피해자라 화도 나겠지만 이럴 때일수록 교사의 입장에서 생각해 보아야 합니다. 피해 아이의 부모가 교사에게 일방적으로 화를 내고 책임지라는 요구를 하면, 교사는 따돌림 사건을 적극적으로 해결할 마음이 없어질지도 모릅니다. '이 부모랑 더 대화를 나눌 수 있을까?'라는 생각을 하게 될 것입니다. 이런 마음이 들면 부모와 교사의 협력 관계는 깨지게 됩니다. 부모가 교무실에서 소리를 지르고 화를 내는 모습을 아이가 보면 어떤 마음이 들까요? 잘못하면 몰상식한 부모 취급을 당할 수도 있습니다. 교사는 아이들을 일상적으로 접하며 지도하고 돌보고 있습니다. 그렇기에 부모는 교사와 신뢰 관계를 구축해가는 것이 무엇보다도 중요합니다. 이 신뢰 관계가 깨지면 아이는 학교에 다니는 것 자체를 힘들어합니다.

그렇다면 가해 아이와 그 부모를 직접 만나서 잘못을 따지고 사과를 요구하는 것은 어떨까요? 부모의 마음, 누구나 다 똑같을 것 같습니다. 가해 아이의 부모도 자신의 아이가 뭐가 문제가 있냐며 부모 간의 싸움으로 이어질 가능성이 높습니다. 이 상황도 피해 아이가 원하는 상황은 아닐 것입니다. 따돌림 문제를 해결하기 위한 주체에는 가해자 부모와 가해 아이도 있습니다. 이들이 자신의 잘못을 인정하지 않으면 교내에서 협의를 통한 문제 해결은 요원합니다. 사건 당사자끼리 만나서 대화를 한다는 것은 감정적인 대립밖에 초래하지 않습니다.

그러므로 학교가 갈등의 중재자가 되어야 합니다. 피해자의 문제 제기, 학교의 피해 사실 확인, 학교의 가해자 설득, 가해자의 인정 그리고 폭력위원회 등 학교 내 협의체가 열려야 합니다. 피해 사실을 인지하고 가해자 부모를 설득해야 하는 학교를 대상으로 피해 아이의 부모가 감정적으로 대응하면 일을 해결하기 어렵습니다. 피해 아이의 부모는 학교 교사나 상담 교사 등을 대상으로 실제 사건과 피해 사실에 대해 먼저 설득해야 합니다. 이미 비슷한 따돌림 사건에 대한 지식과 경험을 가진 학교 쪽과 우선 '상담'하고, 어떻게 하면 좋을지를 함께 생각해 가는 것이 문제 해결의 첫걸음입니다.

어쩌면 이런 해결책이 이상일지도 모릅니다. 현실은 다릅니다. 학교 쪽의 대응이 소홀한 경우도 있습니다. 심지어는 학교에서도 따돌림과 학교 폭력 문제 해결을 위해 제정된 법령과 법 절차를 따르지 않는 경우도 있습니다. 이럴 때는 학교의 상급 기관인 교육청 소속의 교육위원회와 상담해야 합니다. 학교폭력에 대한 대책은 법령으로 확실히 정해져 있습니다. 학부모 상담 후 교육위원회는 해당 학교에 대해서 지도하게 되어 있습니다.

일본에는 '따돌림 상담 핫라인'이라는 창구가 여러 곳에 설치되어 있습니다. 일반적으로 이런 핫라인을 통해 학생, 보호자 모두 상담할 수 있습니다. 예를 들어 도쿄의 교육청 교육상담 센터 등은 24시간 365일 체제로 상담을 받고 있습니다. 창구에는 상담사가 있고, 그 분야의 '전문가'들이 조언을 해줍니다. 국가에서 지원하는 상담의 경우 아이가 부모에게 피해 사실을 말할 용기가 없을 때 이용하면 좋습니다. 아이에게 평소 청소년폭력 상담센터 전화번호나 홈페이지를 알려주시면 좋습니다.*

유표와 무표

'유표有表'와 '무표無表'라는 말은 언어학 같은 인문학에서 사용하는 개념입니다. '유표'라는 것은 말 그대로 '표시가 있다'는 말입니다. 즉 '표가 난다' 혹은 '튄다'라고 생각하면 됩니다. 유표의 대상은 어떤 상황이나 환경, 집단 안에서 일반적인 것과 다르다고 생각되는 것

* 117학교폭력 신고센터는 학교 · 여성폭력으로 인한 피해자의 인권보호 및 신속구조를 위해 적극 대응하고 있습니다.
- 전화: 전국에서 국번 없이 117(요금무료)
- 문자 신고: #0117(요금 무료)
- 인터넷(홈페이지): 안전 Dream(또는 검색어 117)으로 신고
- 방문: 117센터에 방문하여 신고 · 상담

들입니다. 동질화된 것처럼 보이는 집단에서 표준을 벗어나 이질적으로 느껴지는 사물이나 사람 혹은 개념도 될 수 있습니다. 예를 들어 모두 짧은 머리를 한 야구팀 선수 중에서 한 명만 장발인 선수가 있다면 튀는 사람, 즉 '유표'인 사람이 됩니다.

반면, '무표'라는 것은 '표시가 없다'라는 뜻을 가진 말입니다. 즉 '표 나지 않는다', '튀지 않는다'는 뜻입니다. 무표의 대상은 어떤 상황이나 환경, 집단의 일반적인 특성이 있습니다. 표준적인 것이라고 보면 됩니다. 야구팀 선수들의 예를 들면, 짧은 머리의 선수가 이에 해당합니다.

유표인지 무표인지를 나누는 절대적인 기준은 없습니다. 상대적입니다. 야구팀에서 유표였던 장발인 선수도, 장발인 사람들만 모인 록 밴드의 멤버 안에 섞이면 일반적인 사람, 즉 무표입니다. 그렇기에 유표와 무표를 나누는 기준은 어디까지나 그 대상이 속한 환경과 역사적 맥락, 집단의 성격입니다. 한 집단에서 오래 있었던 사람이라면 그 집단의 특성에 물들어 있습니다. 즉 한 집단의 특징은 그 안에서 생활하는 사람의 삶을 규정합니다. 만약 당신이 어떤 사람이나 사물을 보고 낯설다고 느낀다면, 그 집단 전체가 이질적으로 느낄 가능성이 높습니다.

보통 어떤 집단에 속해야 살아갈 수 있는 인간은 본능적으로 그 집단의 유표라고 여겨지는 것에 눈이 갑니다. 그 낯선 것 즉 자신이 속한 집단에서 이전에 볼 수 없었던 것이 자신을 공격할지 모른다는 불안감에 휩싸입니다. 자신의 편인지, 아닌지 알 수 없기 때문입니다. 이것은 인간이 진화하는 과정에 나온 심리입니다. 낯선 사람이 마을에 나타나서 전염병을 일으키거나 그 사람이 병사들을 데리고 와 마을을 다 파괴할 수도 있습니다. 낯선 동물이나 식물을 먹고 병들거나 죽은 사람도 있었을 것입니다. 처음 보는 것에 아무런 심리적 반응을 보이지 않는 유전자를 가진 사람들은 생존 확률이 낮습니다. 낯선 사람이나 사물 혹은 동물이나 식물에 보이는 인간의 불안감과 위화감은 인간 생존을 가능하게 했습니다. 하지만 낯선 것에 대해 불안감을 일으키는 유전자는 계속 남아 있습니다. 자신의 집단에서 봤던 것과 조금이라도 다른 사람이나 사물이 나타나면 집단적으로 배척하게 됩니다. 인간의 모든 특징은 좋은 측면과 좋지 않은 측면을 동시에 가지고 있습니다.

한 집단이 오래 지속되면 구성원은 유표를 쫓아내고 무표만을 남기려고 합니다. 유표는 소수가 되고 무표는 다수가 됩니다. 그 집단의 문화, 제도, 관습, 종교, 사회체제, 법률 등은 거의 모두 무표로 구성되어 있습니다. 그 집단 내에 아이가 태어나면 그 아이는 무표에 둘러싸여 자라나고 받아들입니다. 그렇게 무표는 그 집단의 지배 가치가 됩니다. 한 집단 안에 유표가 나타나면 구성원들은 여러 가지 방식으로 유표를 대합니다.

만약 유표를 자신의 특성으로 받아들여 무표로 만들면 그 집단의 특성이 바뀌고 우리는 그것을 변화라고 부릅니다. 강제적인 변화도 있습니다. 전쟁이나 폭력에 의한 점령에 의해 승자와 지배자가 기존의 무표를 제거하고 자신들의 무표를 공동체에 강요하는 경우도 많습니다. 자연재해나 전쟁으로 인해 유민이나 난민이 된 사람들이 다른 지역으로 이동하면 그 지역 사람들은 이 낯선 사람들과 문화를 배척하게 됩니다. 지금 유럽이나 미국 등에서 배척당하는 불법 이민자나 난민 문제의 원인 중 하나가 유표에 대한 거주민들의 반감 때문입니다.

이렇게 무표를 지키고 유표를 배척하는 인간의 특징은 어떻게 생겨났을까요? 위험을 감지하는 본능 때문입니다. 유표는 인간에게 낯선 것입니다. 낯선 것은 모르는 것으로 여겨집니다. 인간은 알지 못하는 것을 만날 때 두려움을 느낍니다. 인간은 처음 가본 길에서는 더 조심합니다. 불안하고 무섭기 때문이지요. 사람들은 가끔 생활하고 있는 공간 안에서 평소에 볼 수 없었던 다른 모습의 물건을 발견합니다. 그리고 그 사물에 주목합니다. 순간 마음속에는 위화감이 듭니다. 그 사물이 무엇인지, 왜 이곳에 있는지 생각합니다. 어쩌면 그 물건이 자신의 생활과 생명을 위협하는 무언가가 될지도 모른다고 생각합니다.

예를 들어 숟가락과 젓가락을 사용해서 밥을 먹던 집단에 있던 사람은 포크와 나이프를 사용해서 식사하는 사람들에게 이질감을 느낍니다. 흉기로 고기를 자르고 있다고 생각할 수도 있습니다. 손으로 밥을 먹는 사람들을 보면 더 이상하게 생각할 것입니다. 이렇게 인간은 기본적으로 유표에 불안을 느끼고, 저항하고, 배척하려고 합니다. 그래서 자기 집단 안에 조금 다른 특징을 가진 사람이 들어오면 부정적인 태도를 취하게 됩니다.

전학생 등이 따돌림의 대상이 되기 쉬운 것도 이것이 이런 이유입니다. 다른 지역, 집단, 경제권, 문화권에서 온 아이일수록 따돌림의 대상이 되기 쉽습니다. 그들이 가진 물건, 패션, 상식, 말투, 행동 등이 여러 면에서 뭔가 차이가 있을 것입니다. 그렇게 되면 그 학생에게 위화감을 느낄 가능성이 높습니다. 아이들은 "쟤는 좀 이상해~"라고 말하겠죠? 그리고 그 친구를 부정적으로 생각할 것입니다.

그뿐만이 아닙니다. 유표와 무표의 문제는 우리와 타인을 나누는 기준이 됩니다. 오랫동안 잘 지내오던 친구들 사이에서 한 친구가 다른 친구를 지목하며 "쟤는 우리랑 달라"라고 지목하면 그 친구는 유표의 영역에 들어옵니다. 친숙한 사람이 어느 순간에 낯선 사람이 되는 것입니다.

그렇다면 정말 그 친구는 '우리'랑 다를까요? 여기에는 두 가지 가능성이 있습니다. 하나는 친구들끼리 잘 지내는 동안 그 친구의 모습에서 알지 못했던 모습을 발견했을 때입니다. 사람은 모두 여러 모습을 가지고 있는데 인지 편향 때문에 그 사람의 한쪽 면만을 볼 수 있습니다. 자신의 왜곡된 시각 때문에 친한 친구에게 보지 못한 모습을 뒤늦게 발견하는 경우입니다. 혹은 그 친구가 유표라고 할 수 있는 특징을 가지고 있어서 숨기고 있다가 그 모습을 보였을 경우입니다. 어떤 형태로든 유표에 해당되는 모습이 나타나면 친구들은 이질감을 느낍니다.

다른 하나는 대체로 무표의 특징을 가진 친구를 따르려고 할 때 발생합니다. 그 친구의 행동이나 생각을 유표의 영역으로 규정하는 것입니다. 이것은 의도적으로 따돌릴 때 일어납니다. 예를 들어 다섯 명의 친한 친구가 있다고 생각해보겠습니다. 마침 시험 때라 친구들 중 A는 B에게 필기 노트를 빌려달라고 말합니다. B는 깜빡하고 노트를 집에 두고 왔습니다. B는 자신도 공부를 다 하지 못해서 노트를 빌려주기 어렵게 되었습니다. 아무리 친한 친구였다고 하더라도 A는 B의 행동을 보면서 서운함을 느낍니다. A는 나머지 세 친구에게 B에 대해 말합니다.

"야 정말 짜증 나. 우리가 어떤 친구냐? 근데 시험 때 노트도 안 빌려줘. 저번에 봤지? 내가 C한테 노트 빌려주는 거? C도 다 한 일이야. B는 우리랑 달라."

이 다섯 명의 친구들에게 시험 때 노트를 빌려주는 건 무표입니다. 사실 전에 D가 E에게 노트를 안 빌려준 적이 있어도 그건 중요하지 않습니다. 또한 다섯 명의 친구들을 제외한 다른 친구가 노트를 보여 달라고 하면 안 보여줬습니다. 그렇다면 시험 때 노트를 빌려주는 것은 모두가 지켜야 할 규칙이 아닙니다. 하지만 A가 "우리랑 달라"라고 말하는 순간 B는 낯설어지고 유표의 대상이 됩니다. 마치 B는 외국 학교에서 전학 온 지 일주일도 안 된 전학생이 됩니다. 처음 전학 와서 따돌림을 당하는 학생도 힘들겠지만 B처럼 오래된 친구들에게 따돌림을 당하면 더 많은 고통을 당합니다.

따돌림 사례들을 살펴보면 자신의 서운함이나 상처 때문에 친구 한 명을 유표의 대상으로 만드는 경우가 많습니다. 이것은 성인 집단에서도 많이 나타납니다. 집단 내부에 낯선 존재는 이제 적대적 존재로 남게 됩니다. 자신의 오해나 혹은 작은 상처가 친구에게 더 큰 상처를 남기는 보복행위가 됩니다. 유표를 이용한 따돌림은 "재는 우리랑 달라"라는 짧은 말로 시작합니다. 자신이 허용하지 못하는 부분을 유표라는 딱지를 붙입니다. 그리고 다른 친구들도 그 딱지를 보며 유표라고 생각하는 것입니다.

아이들이 한 친구를 유표 영역에 넣고 따돌림을 하지 않게 하려면 어떻게 해야 할까요? 우선 '다른 것'은 공격하거나 차별하는 것이 아니라 '인정하는 것'이라고 일러줘야 합니다. 많은 사람들이 각기 다른 성장 환경이나 지역 문화에서 다르게 자라나고 다른 무표를 가지고 있다고 알려주세요. 즉 상대적으로 생각하게 하는 방법입니다. 이런 문화적 상대성을 이해하려면 다른 문화에 대한 체험을 통해 극복할 수 있습니다. 평소에 체험 학습이나 생활 속에서 아이에게 낯선 문화를 경험하게 해주세요. 이주민이 운영하는 식당도 좋고 사정이 되면 외국 여행을 다녀오는 것도 좋습니다. 사회적 약자를 돕는 봉사에 참여하는 것도 좋은 방법입니다. 낯선 것에 공감하는 훈련은 아이의 마음을 열고 성장시키는 데 중요한 역할을 합니다. 부모는 아이의 마음속 경계선을 넓혀주는 일에 많은 시간을 보내는 것이 좋습니다.

또 하나는 친구에게 서운하거나 화나는 일을 느꼈을 때 친구와 대화하는 방법을 익히게 해야 합니다. 친구에게 서운하다고 말하면 그 친구의 마음속에서 소극적인 마음이 작동해서 대화가 어려울 수도 있습니다. 하지만 불편한 문제가 생겼을 때 친구끼리, 특히 친한 친구끼리 그 문제를 해결하기 위한 대화를 나누지 못하면 따돌림은 심해질 것입니다.

자신의 불편함을 다른 사람이 상처받지 않게 말하는 능력은 어떻게 키울 수 있을까요? 부모의 역할이 중요합니다. 부모에게 자신의 불편함이나 불만을 말해보지 못한 아이는 다른 친구에게도 그 말을 하기 어렵습니다. 집안에서 아이에게 자유로운 발언권이 있다면, 그리고 부모와 그런 이야기를 자주 할 수 있다면, 친구와 불편한 문제를 푸는 것은 그리 어렵지 않습니다. 위의 사례를 적용해보겠습니다. A는 B에게 서운하다고 말을 해야 합니다. B도 어쩔 수 없었다고 말을 해야겠죠. 이런 대화가 시작되면 친구들 사이의 감정 문제를 해결할 수 있습니다. 아이에게 자신의 마음속 불편함을 상대방이 상처받지 않게 대화하는 방법은 부모님과의 자유로운 대화 속에서 배울 수 있습니다.

개인의 존엄은 반드시 존중되어야 하는 것

일본은 개인보다 집단을 중시합니다. 개인이 집단의 분위기에 맞추는 것을 상식이라고 생각하는 풍조가 있습니다. 일본 헌법 133조에 '모든 국민은 개인으로서 존중받는다'라고 나와 있습니다. 개인은 개인으로서 행복을 추구할 권리가 있습니다. 모든 사람이 평등하게 가지고 있는 기본적 인권입니다.

그래도 일본의 분위기는 확실히 옛날보다 많이 나아졌습니다. 예를 들어, 회사에서도 집단보다 개인이 더 존중받는 분위기입니다. 예전 회식 자리에서는 모두가 술을 권하는 분위기였죠. 술을 먹고 싶지 않은 사람들도 건배를 하고 나면 억지로 맥주를 마셔야 했습니다. 지금은 음료수로 건배해도 눈치를 주지 않습니다. 남과 다름을 개성이라고 보는 풍조도 생겨나고 있습니다.

다른 사람의 일에 별로 신경 쓰지 않거나 자기밖에 모르는 개인주의가 반드시 좋다고 할 수는 없습니다. 그럼에도 일본과 같이 개인의 존엄을 존중하지 않는 분위기는 문제가 있습니다. 글로벌 경제 상황에서 국제적인 분위기에 맞춰 일본 회사들도 시급히 변해야만 합니다. 뿐만 아닙니다. 가정, 교육기관, 미디어 등이 각각의 영역에서 개인이 존중받으며 생활하고, 공부하고, 보도할 수 있는 환경으로 바꿔야 합니다. 이에 맞춰 일본인은 개인이 더 존중받아야 한다는 일반적인 의식을 가져야 합니다.

사례 5의 나오키 경우도 이러한 의식이 부족해서 생겨난 문제입니다. 일본의 문화나 교육과 결부되어 있고, 뿌리 깊은 문제입니다. 나오키는 한 친구를 놀리면서 주변 친구들을 즐겁게 했었습니다. 많은 친구들이, 즉 집단이 즐거워하면 한 친구, 즉 개인의 상처는 그 분위기 속에 묻혀버립니다. 나오키는 친구들이 즐거우면 뭐가 문제냐고 놀림을 받은 아이에게 말합니다. 집단의 분위기가 자신의 행동에 근거가 됩니다. 한 명의 불행 때문에 모두가 행복하다면 불행한 아이는 그냥 참아야 한다는 논리입니다. 이런 집단 논리에 다수의 행복밖에 없습니다. 개개인의 행복은 여러 이유로 고려되지 않습니다. 개개인이 행복할 권리를 인권이라고 부릅니다. 물론 타인을 공격하거나 타인이 피해를 주지 않는 범위에서 인권은 보장되어야 합니다. 집단 논리를 우선하는 사회 분위기에서는 개인의 인권이 훼손될 가능성이 커집니다.

따돌림도 이와 비슷합니다. 피해 아이의 인권은 고려되지 않습니다. 한 명의 인권을 침해하고 고통스럽게 만들며 집단이 하나로 뭉칩니다. 그렇기에 아이와 어른, 모두에게 인권 의식이 있어야 합니다. 개인의 신체, 생각, 취향과 성향, 행동, 재산, 생활 방식 등은 타인의 인권을 침해하지 않는 선에서 모든 사람에게 인정받고 존중받아야 합니다. 신체가 다르다고(장애인), 생각이 다르다고(양심수), 취향과 성향(성소수자), 행동(자퇴 청소년), 재산(가난), 생활 방식(문화)이 다르다고 차별받아서는 안 됩니다. 또한 집단적인 차별(인종이나 민족, 종교)은 학살이나 전쟁을 부르기도 합니다.

아이들이 인권 의식을 가지려면 학교와 미디어에서 적극적인 교육과 토론이 이루어져야 합니다. 우리가 서로를 존중하지 못하면 개개인의 인권은 없습니다. 집단을 위해 개인의 희생을 강요하는 집단문화에서는 따돌림 피해자들이 계속 생길 수밖에 없습니다. 왜냐하면 집단이 위에, 개인이 아래에 있기 때문입니다. 사람들은 집단의 가치나 성향에 대해 윤리적이며 도덕적인 판단을 유보합니다. 자신이 속해 있기에 무조건 집단이 옳다는 편에 섭니다. 집단이 틀렸다면 그 집단에 속한 자신도 틀린 것이 되기 때문입니다. 그래서 집단 논리에 적극적인 찬성을 하지 않더라도 묵인하고 일부러 관심을 두지 않습니다.

이런 환경에서는 따돌림 피해 아이는 자신이 당한 상처를 감춥니다. 집단과 다른 개성을 가진 친구들은 더 숨게 됩니다. 집단은 동질화된 상태로 오랫동안 그대로 유지됩니다. 집단의 비윤리적인 행동과 생각 때문에 생기는 모든 피해는 소수가 감당해야 합니다. 어떤 경우에는 이 집단 논리를 이용하여 소수나 혹은 개인을 괴롭히며 집단 내에서 권위를 갖기도 합니다. 영악한 친구들은 피해 아이를 괴롭히며 고의로 따돌림 사건을 만듭니다. 오직 자신의 이익을 위해서 그런 일을 벌입니다. 집단의 존재 이유 중에 가장 중요한 것은 개인의 행복입니다. 그 행복을 포기하며 존재하는 집단은 그 자체로 불행한 집단이 됩니다.

나에게는 '내가 행복할 권리'가 있습니다. 이 권리는 세계 표준이며 각 나라의 법률로도, 국제법으로도 보장되어 있습니다. 그렇기에 우리는 모두 평등하게 행복해질 권리를 갖습니다. 겨우 한 명 혹은 여러 명의 이기적인 욕구 때문에 혹은 그들의 즐거움을 위해서 누군가의 인권과 존엄을 희생시켜서는 안 됩니다. 한 개인과 소수를 희생시켜 이룬 집단의 행복이 그 집단에 속한 개인들을 행복하게 만들까요? 결국 우리 모두가 불행하게 될 것입니다. 집단 논리가 우선하면 우리는 소수의 피해자가 되지 않기 위해 전전긍긍하며 일생을 살게 됩니다. 우리 아이들도 그 불행의 늪 속에서 살 것입니다.

표현의 자유를 잘못 이해해서는 안 된다

지금까지 인권에 대해 살펴보았습니다. 개인의 인권을 침해하거나 누군가의 행복을 망치는 주요 방법 중에는 '따돌림의 말'이 있습니다. 예전에 따돌림의 말은 직접적인 대화나 소문을 통해서 만들어졌습니다. 또한 신문이나 TV 같은 매스미디어의 악의적인 보도 때문에 따돌림 희생자가 생기기도 했습니다. 인터넷이 생긴 이후로 개인은 신문이나 TV 같은 하나의 미디어가 되었습니다. 이제 개인도 악의적인 보도를 할 수 있게 되었습니다. 누구나 글을 써서 올릴 수 있는 인터넷 매체의 특성 때문에 생긴 일입니다.

이제 따돌림의 말은 네트워크를 통해 피해자를 알지 못하는 사람에게까지 전달됩니다. 그 말 때문에 새로운 집단 논리가 생기기도 합니다. 반대로 사람들이 인터넷에 글을 올려 억울한 따돌림 피해자를 구하기도 합니다. 학교나 경찰이 해결하지 못한 따돌림 피해자 문제를 인터넷에서 형성된 여론으로 해결하는 경우도 많습니다. 이것은 인터넷이 가지는 건강한 측면입니다. 인터넷은 중립적인 것처럼 보이지만 많은 경우에 몇몇 말들이 다수의 동의를 얻고 힘을 얻어 여론을 형성해서 사회 정책이나 법적인 판단에 영향을 끼칩니다.

인터넷이 여론을 형성할 수 있는 힘은 어디에서 나오는 것일까요? 인권이 인간의 기본권이듯 자유도 그 안에 포함됩니다. 대부분 근대 민주주의 국가에서는 헌법으로 생각과 행동의 자유와 함께 표현의 자유를 국민의 기본권으로 보장하고 있습니다. 표현의 자유는 자신의 사상이나 신념을 자유롭게 말하고 글을 쓰고 배포할 수 있는 권리를 말합니다. 표현의 자유는 공적인 가치를 지키기 위해서 역사 속에서 만들어진 개념입니다. 이 기본권은 좋은 사회를 만들기 위한 필수 요건입니다. 공권력에 의해서 언론이 통제받으면 잘못된 정책에 대해서 틀렸다고 목소리를 높일 수 없게 됩니다. 그러면 사회를 더 좋게 만들 기회를 잃게 됩니다.

하지만 나라별로 법으로 보장되는 표현의 자유의 폭은 다릅니다. 어떤 나라에서는 인종 혐오 표현으로 처벌받기도 합니다(독일). 어떤 나라는 표현의 자유를 절대시하는 경우도 있습니다. 아주 일부의 경우를 제외하고 심지어 거짓말이라고 할지라도 일부 표현의 자유를 보장합니다(미국). 이처럼 모든 사람에게 적용되는 표현의 자유라는 기본권은 특수한 경우에 법률로 제한됩니다. 표현의 자유는 무엇이든 표현해도 된다는 뜻은 아닙니다.

어떤 사람들은 표현의 자유가 헌법에서 보장하는 기본권이라 무슨 말을 하든 법적인 처벌을 받지 않으리라 생각합니다. 그래서 일부 사람들은 누군가를 괴롭히는 말을 하거나 그 말을 SNS에 올려도 '이것은 표현의 자유니까 전혀 문제없어!'라고 생각합니다. 이렇게 타인을 괴롭힐 의도를 가지고 표현의 자유를 이용해 다른 사람을 비난하거나 괴롭히면 명예훼손죄로 고발을 당하거나 처벌받을 수 있습니다. 다른 사람들이 보지 못하는 비밀 메시지로 상대방을 욕했다면 이것은 모욕죄에 해당합니다.

여기에서 중요한 것이 있습니다. 상대방을 괴롭히는 말이 진실이든, 거짓이든 상관없이 처벌받을 수 있습니다. 있는 사실을 그대로 말해도 처벌받을 수 있습니다. 법률 용어로 '사실 적시에 의한 명예훼손'이라고 표현합니다. 미국은 거짓말이 아닌 사실을 공표하면 명예훼손으로 처벌받지 않습니다. 대부분의 나라는 처벌받습니다.

또한 많은 이들이 인터넷을 통해 다른 사람을 비방할 때 자기 말이 진실이라고 믿고 있습니다. 그 말이 자신을 위한 이기적인 내용이더라도 진실이니 상관없다고 생각합니다. 처벌받는다는 생각보다는 오히려 말할 권리가 있다고 느끼는 경우가 더 많습니다. 이것은 잘못된 생각입니다. 우선 진실은 자기 생각이나 말이 옳다고 생각하는 주관적인 판단이 들어가 있습니다. 다른 이들은 다른 진실을 가지고 있습니다. 법에서는 어떤 사람이 믿고 있는 진실에 대한 신념을 양심이라고 부릅니다. 사람들은 어떤 생각이나 가치를 믿고 따를 수 있습니다. 이것을 양심의 자유라고 부릅니다. 마음속에서 무슨 생각을 하든 상관없다는 뜻도 됩니다. 물론 이 양심 하나만으로 처벌받는 경우도 있습니다. 만약 누군가에게 폭행을 가하겠다는 계획을 세우고 있다면 이것은 양심의 자유의 범주에 들어가지 않습니다. 이 또한 처벌 가능성이 있습니다.

자신이 믿고 있는 가치가 아무리 선하고 진실에 부합한다고 하더라도, 그것을 밖으로 표현하거나 가치를 실현하기 위해 행동하게 되면 외부에 영향을 줄 수 있습니다. 말이나 글로 다른 사람들이 자신의 진심을 믿게 만들거나 혹은 육체적으로 누군가를 보호할 수도 공격할 수도 있습니다. 만약 자신의 가치가 잘못되었거나 혹은 그 때문에 누구를 해하게 된다면 어떻게 될까요? 목적이 정당하다고 해도 그 수단이 부당하거나 혹은 타인에게 해를 입힌다면 표현의 자유의 존재 의의를 위반하는 것이 됩니다. 표현의 자유는 개인의 권익을 침해하지 않고 사회를 더 낫게 만들기 위해 존재합니다.

그렇기에 사람들이 행복하게 살 권리나 프라이버시나 명예를 침해하는 말을 하는 것은 표현의 자유 안에 포함되지 않습니다. 즉 표현의 자유보다 인권이 더 중요합니다. 따돌림 사건의 가해자가 주장하는 표현의 자유보다 피해자의 인권이 훨씬 더 중요합니다. 따돌리는 말은 다른 사람에게 상처를 주는 말입니다. 행복하게 살 권리를 빼앗을 수도 있습니다. 타인의 자유를 업신여긴다면 자신의 자유 또한 보호받을 수 없습니다.

더 나은 사회가 되기 위해 만들어야 할 법이 사회에 해를 끼치거나, 누군가를 괴롭히는 법이 된다면 우리는 자유와 행복을 지킬 수 없습니다. 표현의 자유를 생각할 때는, 그 표현의 자유를 지키는 것과 사회 이익의 균형을 항상 생각해야 합니다. 특별한 경우에 표현의 자유는 개인의 이익보다 우선합니다. 만약 언론에서 제공한 정보가 개인의 권리를 침해하는 것이라고 하더라도, 그 정보를 공개해서 얻는 이익이 사회 전체를 위해 더 좋은 일이라면 표현의 자유는 인정받을 수 있습니다.

예를 들어, 범죄자의 이름이나 얼굴 사진 등이 공개되는 것이 이런 경우입니다. 또한 정치인이나 공무원 혹은 일부 경제인 등 사회 전체를 상대로 일을 하는 사람들에게 공개적으로 문제를 제기하거나 비판할 수 있습니다. 비리나 뇌물 의혹 등 사실관계가 드러나지 않아도 의혹 제기를 할 수 있습니다. 이렇게 사회 전체를 대상으로 하여 발언하고 일을 하는 사람들을 공인이라고 부릅니다. 공인은 도덕적이어야 하며 사회의 모범이 되어야 합니다. 하물며 공인이 불법 행위를 저질렀다면 사회 구성원이 다 알 수 있도록 공개해야 합니다. 공인에게 비도덕적인 일이나 법률을 위반했다는 작은 혐의가 있다 해도 언론은 합리적 의문을 제기할 수 있어야 합니다. 그럴 때만이 국민이나 소비자로서 혹은 투자자로서 올바른 판단을 할 수 있기 때문입니다. 공인과 같은 사회 지도자들이 그 사회를 잘못될 길로 이끌거나 불법 행위를 저지르게 되면 사회 전체와 그 구성원이 큰 피해를 보게 되기 때문입니다. 그렇기에 법에서는 공인에 대한 의견이나 의사 표명에 대한 표현의 자유를 넓게 인정하고 있습니다. 공인도 사람이지만 이 사람의 이익보다 사회 전체의 이익이 더 중요하기 때문입니다.

지금까지 표현의 자유의 한계에 대해 같이 생각해보았습니다. 한 사람의 행복이나 사적인 생활과 명예를 침해하는 말은 표현의 자유에 포함되지 않습니다. 심지어 법으로 처벌받을 수 있습니다. 일부 공인을 제외하면 이것은 모든 사람에게 해당하는 일입니다. 특히 따돌림은 '표현의 자유' 영역에 포함되지 않습니다. 타인의 인권을 침해하는 일이기 때문입니다.

가정이나 학교, 직장 등에서도 이러한 문제를 함께 생각하는 시간이 필요합니다. 자신이 속한 공동체에서 타인의 인권을 지키는 일은 반대로 자신의 인권을 지키는 일이기 때문입니다. 자신과 타인의 권리를 지키는 마음이 우리 모두에 깃들기를 바랍니다.

인터넷에 뜨면 어떡하지?

2015년 도쿄 교육위원회는 학생들을 대상으로 SNS에 대한 설문조사를 실시했습니다. 고등학생 3,222명 중 497명, 약 15%가 인터넷 게시판이나 온라인 커뮤니티, SNS에 욕설이나 개인정보를 올린 적이 있다고 대답했습니다.

여기서 주목해 봐야 할 것은 개인정보에 관한 것입니다. 자신의 사진이나 주소, 연락처 등의 프라이버시에 관한 것이 인터넷이나 SNS에 게재되어 버린 경우는 개인이 할 수 있는 일은 별로 없습니다. 자신의 계정과 프로필이 도용되는 경우도 있습니다. 도용당한 계정으로 곤란한 사진을 올리거나 불법 행위를 하는 일도 있습니다. 문제는 여기에 그치지 않습니다. 학교에서는 어떤 친구의 사진을 몰래 찍어서 인터넷에 공유하거나 단체 채팅방에 올려 친구들끼리 놀리는 경우도 있습니다. 당사자가 원하지 않는 사진이나 법적으로 허용되지 않는 신체 노출 사진이 돌아다니는 경우도 있습니다. 이런 모든 것들이 사적인 영역에 속합니다. 프라이버시입니다. 프라이버시는 개인에 속한 모든 것을 말합니다.

내가 사는 집이나 옷이나 가방 등 사용하는 물건 전체, 성격과 취향, 나의 신체까지. 내가 원하지도 않았는데 친구가 사적인 영역의 일부를 공개하면 프라이버시 침해가 됩니다. 친구는 사적인 관계지만 인터넷에 친구의 사진을 공개할 경우 혹은 2명 이상이 보게 되는 모든 인터넷 매체에서는 이 사적인 관계가 공적인 관계로 바뀝니다.

친구가 동의하지 않으면 친구와 관련된 어떤 사진도 공개해서는 안 됩니다. 사진뿐만 아니라 친구의 문자 메시지나 대화방 내용을 캡처해서 올릴 경우도 사적인 정보가 공적인 정보가 됩니다. 그렇게 되면 이런 사진이나 정보 때문에 사람들이 다 볼 수 있게 되어 친구가 수치심을 느끼거나 마음의 상처를 가지게 됩니다. 여러분이 공개한 친구에 대한 정보를 본 사람들이 오해하거나 댓글로 공격할 수 있습니다.

만약 친구가 좋은 일을 해서 그 일을 자랑하려고 올릴 수도 있습니다. 예를 들어 친구가 봉사활동을 가서 어려운 사람들을 위해 열심히 일하는 모습을 동영상으로 찍어 인터넷 게시판에 올렸다고 생각해봅시다. 친구는 동영상을 올리는 것을 원하지 않았습니다. 봉사활동은 자랑하는 게 아니라고 생각했습니다. 그런데 동영상을 본 어떤 사람이 댓글에 "잘난 척하고 있네"라고 올렸습니다.

친구는 바라지도 않은 일 때문에 마음의 상처를 입을 수 있습니다. 친구에 관한 어떤 것이든 인터넷에 올리고 싶다면 친구의 동의를 꼭 받아야 합니다. 친구의 동의를 받았는데도 자신이 올린 자료 때문에 친구가 공격받는다면 그 자료를 최대한 빨리 삭제해야 합니다.

이렇게 동의 없이 친구와 관련된 자료를 올려서는 안 된다는 생각에는 친구를 보호하거나 상처 주지 말아야 한다는 윤리 의식이 깔려 있습니다. 이와 다르게 법에서는 더 엄격하게 프라이버시를 존중합니다. 프라이버시는 법이 보장하는 개인 인권의 핵심입니다. 사적인 영역을 보호한다는 것은 외부 즉 타인이나 사회, 조직 등이 한 개인의 문제를 감시하거나 들여다볼 수 없다는 것입니다. 근대 민주주의 사회에서 프라이버시 즉 개인이 밝히고 싶지 않은 모든 것에는 절대적인 권리가 있습니다. 누군가 당신을 모르는 사람이 당신의 집에 허락받지 않고 들어오거나 CCTV를 설치해서 당신을 감시하는 것은 다 불법입니다.

이렇게 개인의 프라이버시가 절대적인 존중을 받는 것은 역사에서 비롯됩니다. 과거 인간은 집단의 자유를 더 중시했습니다. 근대 이후 개인의 자유가 확대되었습니다. 인류 역사의 대부분은 대가족이나 부족, 왕이나 귀족이 개인을 지배해왔습니다. 개인은 집단이나 리더의 감시 대상이었고 언제나 개인의 삶에 개입하거나 물리적인 폭력을 가해도 상관없는 존재였습니다. 개인의 자유는 속박되어 있었습니다.

자유를 원했던 개인은 프라이버시라는 개념을 만들었습니다. 어떤 사람의 통제도 받지 않는 자유를 얻으려면 그 누구도 내가 어떤 사람인지 알면 안 됩니다. 다른 사람들이 자기 생각이나 행동, 생활에 대해 몰라야 자유가 생깁니다. 프라이버시는 개인의 자유라는 인권을 지키기 위한 기본 개념입니다. 어렵게 생각하지 않아도 됩니다. 만약 당신의 일기장을 누가 본다면 어떨까요? 누군가가 매일매일 당신이 하는 일과 당신의 감정을 알게 된다면? 당신은 누군가 자신을 지켜본다는 생각 때문에 지금까지 해왔던 일을 자유롭게 하기 어려울 것입니다.

근대는 자유로운 개인을 지키기 위해 탄생했습니다. 불법행위만 저지르지만 않으면 모든 개인은 국가든, 사회든, 회사든, 타인이든 그 누구에게도 감시받지 않고 간섭받지 않으며 신체를 구속받지 않아야 합니다. 그래서 경찰도 압수수색 영장이 없으면 범죄자의 그 집에 함부로 들어갈 수 없습니다. 오직 법률에 의해서만 개인을 감시하고 구속할 수 있습니다. 위에서도 이야기했듯 정치인이나 기업인 등 공인을 제외한 모든 개인은 법적 절차를 지키지 않은 모든 공개, 감시, 구속 등의 행위에 대해 거부하고 고발할 수 있습니다.

이것은 역사나 국가의 문제뿐만 아니라 학교의 친구 관계에서도 중요합니다. 친구는 사적인 관계다 보니 서로의 프라이버시를 어느 정도 알고 있습니다. 어떤 아이가 오랫동안 친하게 지냈던 친구에게 남들이 몰라야 하는 일까지 털어놓았습니다. 친한 친구라면 서로의 사적 영역을 공유합니다. 예를 들어 부모님이 이혼한 친구가 그 사실을 오직 한 명의 친구에게 털어놓았습니다. 그 친구는 그 사실을 다른 이에게 이야기해서는 안 됩니다. 그 친구와 싸워서 홧김에 다른 친구들에게 그 친구의 부모가 이혼한 사실을 알렸다면, 그것은 프라이버시를 침해한 것입니다. 그 친구의 자유를 제한할 수 있습니다. 다른 친구들이 자신을 어떻게 볼지 그 시선을 감당해야 하기 때문입니다.

학교에서 일어나는 따돌림 사건 중 많은 부분이 친구의 프라이버시를 침해하며 시작됩니다. 즉 그 친구의 알리고 싶지 않은 사적인 정보가 다른 친구들에게 전해질 때 시작됩니다. 꼭 욕설이나 따돌리는 말이 아니더라도 사적인 정보가 공개되면 많은 친구가 편견이나 선입견을 가지고 대할 수 있습니다. 또한 친구들이 선입견과 편견을 덜 갖고 있더라도 마찬가지입니다. 사적 정보가 공개된 친구는 마음이 위축되어 학교에 가는 것 자체가 힘들어질 수도 있습니다.

친구의 사적인 정보가 인터넷에 공개되면 사건은 일파만파 커질 수 있습니다. 인터넷에는 친구든, 그 사람이 누구든 그의 사적인 정보를 최대한 공개하지 말아야 합니다. 또한 부모나 교사는 아이들에게 프라이버시가 무엇인지, 왜 인터넷에 친구의 정보를 공개하면 안 되는지에 대해 알려주어야 합니다. 이것은 프라이버시 침해를 막기 위한 사전 예방책입니다.

그렇다면 인터넷에서 프라이버시 침해 범죄가 일어났다면 어떻게 대처해야 할까요? 어떤 친구가 인터넷에서 내 욕을 했거나 내 개인 정보를 공개했다면? 혹은 친구들이 나를 제외하고 단체 채팅방을 만들어 자기들끼리 내 이야기를 하고 있다면? 어떤 방법으로 이 문제를 해결할 수 있을까요?

문제가 생기면 스스로 대처하거나 전문가에게 도움을 청하는 방법이 있습니다. 글을 올린 친구를 만나서 설득하고 문제 되는 글을 삭제해달라고 요구할 수 있습니다. 이렇게 대화를 통해 문제를 해결하는 게 가장 좋은 방법입니다. 하지만 피해 아이를 괴롭히고 곤란하게 하려고 인터넷에 올린 글이라면 (고의를 가지고 올린 글이라면) 가해 아이가 그 글을 삭제하지 않을 수도 있습니다. 게다가 자신이 올린 글을 자신이 삭제하게 되면 그 글을 올린 것이 잘못이라고 스스로 인정하게 되는 일이지요. 그렇기에 대화를 통해 인터넷 글을 삭제할 가능성은 적습니다. 이럴 때는 전문가의 도움을 받거나 그의 힘을 빌리는 것이 가장 좋다고 말할 수 있습니다.

법률적으로 인터넷 따돌림이나 당사자의 동의 없는 개인정보 공개는 개인에 대한 권리 침해에 해당합니다. 통신사나 포털 서비스 회사 같은 네트워크 공급자나 서비스 제공자에게 그 글을 지워달라고 요청하는 방법도 어느 정도 가능합니다. 그러나 회사를 상대로 글 삭제를 요구하는 것은 여러 가지 조건을 알아야 하고 전문 지식도 필요합니다. 그래서 개인적으로는 어려울 것입니다. 또 안타깝게도 프라이버시를 침해한 글이나 사진이 삭제되지 않는 경우도 많습니다.

차선책으로 법적 수단에 호소하는 것도 가능합니다. 괴롭힘을 당한 쪽의 명예가 손상되면 명예훼손죄라는 범죄가 됩니다. 만약 당신이 피해자라면 변호사와 상담하세요. 실제로 재판까지 가지 않더라도, 변호사는 가해자에게 내용증명 같은 공문을 보내거나 서비스 회사를 상대로 법적인 요청서를 보내게 됩니다. 우리 측 변호사를 통해 공식 문서를 보내거나 대화를 요청할 수 있습니다. 가해자나 서비스 회사의 경우 따돌림이나 프라이버시 침해를 법적인 사안으로 인식하게 됩니다. 법적 분쟁에 휘말릴 수 있다는 두려움에 글을 삭제할 가능성은 더 커집니다.

한편 인터넷이나 SNS상에서의 따돌림 문제를 피해자 본인이 해결하려고 할 수 있습니다. 본인이 무슨 말을 해도 핑계로만 들리거나 싸움이 될 가능성도 높습니다. 이렇게 되면 따돌림의 가해자나 피해자의 구분이 없어지고 싸움의 당사자가 되고 맙니다. 그래서 극단적으로 들릴지도 모르지만, 따돌림 문제는 해결이 안 되고 싸움만 확대됩니다. 법적으로도 따돌림이라는 일방적인 범죄가 아니라 싸움이라는 쌍방의 폭력행위가 됩니다. 그것은 개인 간의 싸움 그 이상도 이하도 아닙니다. 피해는 계속 커질 가능성이 높습니다. 일단 전문가의 도움을 받기로 했다면 사건을 확대하지 말아야 합니다. 가해자와 인터넷상의 대화나 비난 등은 더 이상 하지 않는 것이 나을 수도 있습니다. 전문가의 조언을 따르는 것이 좋습니다.

심리적으로도 따돌림의 문제를 개인 간의 다툼으로 끌고 가지 않는 것이 좋습니다. 인간은 상처를 받으면 그 구멍을 메우려고 합니다. 그래서 가해자에게 복수하고 싶고 자신의 억울함을 인정받고 싶어 합니다. 하지만 더 깊이 마음을 쓰면 쓸수록 자신이 더 괴로워진다는 것을 깨닫게 됩니다. 혹은 가해자의 함정에 빠져 상처를 더 깊게 만드는 일도 적지 않습니다. 극단적인 경우지만 가해자의 교묘한 행동을 피해자가 가해자가 되는 경우도 있습니다. 물론 이해합니다. 괴롭히는 사람을 심하게 추궁하고 싶은 마음도 압니다. 하지만 진실을 밝힐수록 더 억울한 일이 생기고 마음도 많이 괴로워질 것입니다. 문제를 해결하려고 진실을 파면 팔수록 그 과정에서 더 많은 상처를 입기도 합니다.

그러나 진실을 밝히는 것보다 중요한 것이 있습니다. 바로 자신의 마음을 지키는 것입니다. 피해자가 과도한 피해의식을 갖게 되면 이제 친구들이 평상시 하는 말까지 공격으로 듣게 됩니다. 마음을 잃게 되면 판단이 흐려지고 혼란은 더욱 가중됩니다. 따돌림 가해자를 상대할 때 절대적으로 지켜야 할 것은 마음입니다. 영혼까지 상처를 입게 되면 상황은 걷잡을 수 없이 바뀝니다. 가해자에게 책임을 묻더라도 자신의 마음을 다치지 않는 수준에서 책임 추궁을 멈추는 것이 좋습니다. 가해자가 처벌받고 사과한다고 하더라도 상처받은 내 마음은 쉽게 복원되지 않습니다.

그렇기에 당신이 인간관계에 심각한 문제를 주지 않는 정도의 험담을 들었다면 못 본척하는 것도 하나의 방법일 수 있습니다. 그리고 어떤 사실이든 해석하기 나름입니다. 험담을 듣는 것은 괴로운 일이지만, 그것을 어떻게 받아들이는지에 따라 마음의 상처를 덜 받을 수 있습니다. 상대방을 미워하는 것보다, 내 편이 되어 주는 사람이나 자신을 사랑해주는 사람과 의논하는 것이 좋을 것입니다.

물론 이것도 한계는 있습니다. 미미할 정도로 작은 험담이거나 일시적인 일일 때만 그렇습니다. 오랫동안 그것도 많은 이들이 모여 조직적으로 험담을 했다면 전문가나 변호사와 상담해야 합니다. 지속되는 험담은 평소에 친구나 동료들이 당신을 대하는 태도를 결정하기 때문입니다. 주변 사람들과 대화하기도 힘들고 밥도 같이 먹지 못하는 상황에서 '마음먹기 나름'이라는 말은 사치입니다. 적극적으로 대응해야 할 때는 과감하게 전문가도 만나고 공식적으로 법적인 문제를 제기해야 합니다.

익명성 뒤에 숨어 무분별하게 말하는 것의 위험성

사람은 익명성이 있을 때 자유롭게 그리고 제멋대로 말하는 경향이 있습니다. 인터넷 게시판에는 자신이 누구인지 밝히지 않아도 되는 익명성이 있습니다. 그래서 자유분방한 글이 자주 오르내립니다. 그러나 요즘 인터넷 댓글이나 게시판에는 실명제까지는 아니더라도 로그인 후에 글을 남기게 되어 있습니다. 만약 어떤 사람이 누군가에 대한 욕설을 지속적으로 남긴다면 경찰에 고발할 수도 있습니다. 명예훼손에 대한 혐의 사실이 입증되면 경찰은 압수수색영장을 발부받아 인터넷 업체에 욕설을 한 사람에 대한 개인 정보를 요청합니다. 다른 사람의 계정으로 접속해서 욕설을 남겼다 할지라도 IP 주소를 알 수 있습니다. 즉 사는 곳을 파악하고 당시 사이트에 접속했던 시간과 비교하여 가해자를 찾을 수 있습니다. 다른 계정을 사용하고 IP 주소를 찾을 수가 없을 때를 대비해서 일본 경찰은 전자 텍스트 분석을 통해 욕설을 하는 사람을 찾아냅니다. 전자 텍스트 분석은 필적감정과 비슷합니다. 손으로 쓴 글씨의 서체를 분석하는 것보다 훨씬 정확하게 욕설을 쓴 사람을 쉽게 찾을 수 있습니다.

글을 쓴 사람을 알아내는 분석기술은 영국에서 사용된 적이 있습니다. 윌리엄 셰익스피어가 진짜 썼는지 아닌지 의심스러운 작품을 조사하는 데 분석기술이 사용되었습니다. 즉 문체 분석입니다. 일본에서는 이것을 '법 문체 분석'이라고 부릅니다. 이것은 사건의 조사나 재판의 증거 분석에 활용합니다. 문장을 쓰는 유형이나 방법을 보고, 쓴 사람이 동일 인물인지 아닌지, 혹은 어떤 사람인지를 조사하는 것에도 이용됩니다. 예를 들어 아이디 하나로 계속 특정인에게 욕설을 하면 법적인 처벌 가능성이 커지기 때문에 가해자는 몇 개 혹은 수십 개의 아이디를 만들어서 같은 욕설을 반복해 쓰는 경우도 있습니다. 이럴 때는 법 문체 분석을 통해 여러 개의 아이디를 동일인이 사용한 것이라는 확인할 수 있습니다.

법 문체 분석은 대단한 기술입니다. 어느 정도의 문체나 문장 구조만 있다면 글 쓴 사람이 누군지 확인할 수 있습니다. 예를 들어 메일이든, 블로그든, SNS든 말투나 형식, 장르를 가리지 않고 필자를 특정할 수 있습니다. 다른 장르의 문장이어도 쓴 사람이 동일하다면 금방 확인할 수 있습니다. 연구 결과를 봐도 그렇지만 실제 수사에 적용한 사례도 많습니다. 상당히 정확하게 같은 필자인지 대한 판단이 가능합니다.

영어는 알파벳으로만 글을 씁니다. 이에 비해 일본어는 히라가나, 가타카나, 한자, 알파벳 등의 몇 개의 문자를 조합하여 사용합니다. 개인마다 각각의 문자를 다르게 조합해서 글을 씁니다. 글마다 큰 차이가 있다는 것을 알 수 있습니다. 단어 선택을 할 때도 사람마다 다릅니다. 예를 들어 '휴대전화'라는 글을 쓸 때도 사람마다 주로 쓰는 단어가 다릅니다. '휴대전화', '휴대폰', '스마트폰', '전화기' 등 많이 있습니다. 문장부호를 쓸 때도 그렇습니다. 이모티콘도 사람마다 자주 사용하는 것이 있습니다. 점 하나를 찍어도 자기만의 습관에 따라 다른 곳에 찍습니다.

그 외에도 한 사람의 문체를 특정하기 위해서는 한자의 사용률,

조사의 사용법이나 조사를 몇 번이나 쓰는지 등 각종 자료를 수집합니다. 이런 특징을 전부 합치면 세계에서 유일무이한 독특한 패턴이 만들어집니다. 사람마다 이렇게 다른 글쓰기 패턴을 가지고 있습니다. 그 패턴이 그리 특별하지는 않습니다. 그냥 글 쓰는 데 들어가는 하나하나의 요소가 모여서 묶음이 되는 것입니다. 그 사람만의 조합인 것이죠.

그렇기 때문에 법 문체 분석은 필적감정과 완전히 다릅니다. 통계적인 방법을 쓰고 분석하는 사람의 주관이 들어가기 때문에 어렵습니다. 대신 문체상 몇 퍼센트 이상이 일치한다고 결과가 나옵니다. 마치 친자확인을 위한 유전자 감정을 할 때처럼 결과를 보여줍니다. 그 때문에 보다 객관적인 분석이 가능합니다. 당연히 신뢰도도 높습니다. 그래서 인터넷은 손으로 쓴 글도 아니고 어차피 들키지 않을 거라 생각한다면 착각입니다. 자기 마음대로 이상한 말을 썼다가는 나중에 큰코다칠 수 있습니다. 필체는 흉내를 낼 수 있지만 문체는 특징을 가지고 있습니다. 어떤 사람이 인터넷에서 평소에 쓰던 것과 다른 아이디로 누군가를 비난할 수 있습니다. 법 문체 분석을 피하면서 자신을 숨길 수 있을까요? 그러려면 자신의 문체를 분석하고 그것과 다르게 써야 합니다. 프로그램을 활용해서 자신의 문체에 대한 통계를 내고 다른 문체를 만들거나 흉내 내야 하는데 상당히 오랜 시간이 걸릴 것입니다.

아이들에게 여러 아이디를 만들어 타인을 비난하거나 욕을 하거나 혹은 공개를 원하지 않는 사진을 찍어 올려놓아도, 법 문체 분석이나 과학적인 수사 기법을 사용해서 범죄가 밝혀진다는 것을 알려주세요. 명예훼손죄나 통신상의 비밀보호법에 걸려 처벌받는 사실을 분명하게 알려주셔야 합니다. 또한 숨기거나 삭제하거나 혹은 자신이 노출되지 않는다고 확신해도 IP 주소 추적이나 통신사에 추적 조회 신청이나 법 문체 분석을 통해 결국은 신분이 드러난다는 것도 인지시켜주시는 게 필요합니다.

채팅방에서도 아이가 다른 친구를 비난을 하거나 인터넷 게시판에 욕설을 남기면 그것 자체로 범죄행위가 됩니다. 경찰 조사를 통해 다 밝혀져서 법정까지 갈 수 있습니다. 부모는 아이가 인터넷상에 올린 글 때문에 법적인 수사 대상이 될 수 있다는 사실을 명확하게 인지하고 있어야 합니다. 그리고 이 사실을 아이에게 시시때때로 일러줘야 합니다.

헤이트 스피치Hate Speech의 문제

근래 따돌림 관련해서 사람들의 관심이 집중되고 있는 일이 있습니다. 헤이트 스피치, 즉 혐오나 차별 발언입니다. 헤이트 스피치는 특정 국민, 민족, 인종, 성별 등에 대해서 심한 말을 하는 것입니다. 최근에는 일본에서도 아시아 주변국의 사람들에 대한 다양한 수준의 폭언과 증오의 말이 인터넷에 넘쳐납니다. 심지어 길거리 시위 중에 혐오 발언을 하거나 차별 구호를 외칩니다. 미국이나 유럽에서는 길거리에서 모르는 아시아인에 대해 욕설뿐만 아니라 물리적 폭력까지 사용합니다.

이런 행위는 〈일본 외 출신자에 대한 부당한 차별적 언동의 해소를 위한 대처 추진에 관한 법률〉(통칭하여 〈헤이트 스피치 해소법〉)에 따라 법적으로 금지되어 있습니다. 이 법률은 인권교육이나 각종 활동을 통해 헤이트 스피치에 대응하기 위해 제정되었습니다. 하지만 이 법률에는 헤이트 스피치에 대한 처벌 조항이 없습니다. 그 때문에 이 법률에 혐오 발언을 억제하는 실제적인 효과가 있을지는 의문입니다. 약자를 공격한다는 의미에서 헤이트 스피치와 괴롭힘 그리고 따돌림은 그 근본이 다 같습니다. 결국 약한 사람을 괴롭힌다는 뜻입니다. 그리고 이 모든 혐오 발언과 행동에는 편견과 차별이 존재합니다. 이런 편견과 차별에 대해 알기 위해서는 우선 집단적 정체성에 대해 이해해야 합니다.

한국의 차별금지법안

사람들은 이미 존재하는 정체성을 선택하거나 혹은 주어진 정체성을 자기도 모르게 받아들여 자신의 것으로 만듭니다. 일본에서 태어났다면 일본인이 됩니다. 아이는 일본인의 성향을 성장과정에서 배우게 됩니다. 무의식적으로 받아들이는 정체성입니다. 자라는 과정에서 일본보다 미국을 더 좋아할 수도 있습니다. 미국인처럼 생각하고 행동하려고 한다면 아이는 미국인의 정체성을 선택한 것입니다. 선택하든 받아들이든 상관없이 정체성은 외부에서 우리 내면으로 들어옵니다. 외부에 있는 정체성은 대부분 집단적 정체성이 많습니다. 정체성을 선택한다는 것은 보통 집단적인 정체성을 벗어나 다른 선택을 하게 될 경우를 말합니다.

그렇다면 집단적 정체성은 무엇일까요? 국가 단위나 인종 혹은 종교, 지역 등에 소속된 사람들이 가지고 있는 정체성을 말합니다. 집단적 정체성은 문화, 종교, 규칙, 제도, 교육, 가족 등 많은 분야에서 나타납니다. 기독교인으로서의 정체성, 학생으로서의 정체성, 국민으로서의 정체성 등. 사람들은 이런 집단적 정체성을 생활에서 온몸으로 느낍니다. 그리고 집단적 정체성은 사람 각자의 내면에 여러 형태로 자리 잡습니다. 한 집단 내에서도 동일한 정체성을 갖기도 하고 다른 정체성 그룹이 여러 개 형성되어 있기도 합니다. 한 사람마다 하나의 정체성을 갖지는 않습니다. 보통의 경우에 전혀 반대되는 정체성을 두 개 이상 가지고 있습니다. 그만큼 인간은 일관된 정체성을 갖고 있지 않습니다. 그럼에도 19세기 이후로 대부분의 사람들은 당시 형성된 국민국가에서 자신의 정체성을 찾습니다. 일본인, 미국인, 영국인 등. 나라별로 다른 정체성이 있다고 생각합니다. 국가에서 찾는 집단적 정체성을 애국심이나 국민감정이라고 부를 수도 있습니다.

국가 정체성뿐만 아니라 모든 정체성이 갖는 특징 중에는 상대적인 측면이 있습니다. 두 개 이상이 있어야 비교해서 차이점을 찾을 수 있습니다. 모두가 같은 생각을 가지고 있다면 집단적 정체성은 하나입니다. 누군가 다른 생각을 할 때만이 정체성이 드러납니다. 세계에 200 여 개 국가의 국민들은 각기 서로를 비교해가며 자신만의 정체성을 드러냅니다. 만약 정체성이 모두 같다면 세계에는 하나의 국가가 있거나 혹은 국가 자체가 없을 수도 있습니다. 그렇기에 정체성은 생겨날 때부터 상대적입니다. 하나의 정체성은 그 자체로 정체성이 아닙니다. 모든 이의 단 하나의 생각일 뿐입니다. 정체성이 있으려면 그전에 다양한 차이, 문화, 제도, 법률, 사회 등이 있어야 합니다. 그렇기 때문에 한 국민의 정체성은 다른 국민과의 차이를 통해 드러납니다.

예를 들어 일본인은 '미국인이 어떻다'라는 판단을 가지고 있습니다. 이 판단이 틀리든 맞든 그것은 중요하지 않습니다. 사실 '미국인이 소고기를 좋아한다'라는 말은 틀렸습니다. 왜냐면 미국인 중에서도 힌두교를 믿는 사람이 있고 혹은 채식주의자도 있기 때문입니다. 반면에 '일본인은 생선을 즐겨 먹는다'라고 말할 수 있습니다. 미국인에 대한 예시와 같은 이유로 이 말은 틀린 말입니다. 하지만 이 판단은 하나의 민족성을 형성하게 됩니다. '미국인은 스테이크를 많이 먹고 일본인은 초밥을 좋아한다'와 같이 결론을 지으면 양국 국민들의 정체성이 형성됩니다. 각 나라의 국민들이 각각의 음식 문화를 정체성으로 받아들이면 양국에서 자라는 아이들은 각각 스테이크와 초밥을 주로 먹게 됩니다. 만약 미국이 없고 일본만 있다면? 혹은 전 세계에 일본만 있다면 비교할 가치가 없기 때문에 일본인은 '어느 것을 많이 먹는다'라고 말할 이유가 없어집니다. 이렇게 정체성은 상대적입니다.

그런데 한 나라에 사는 사람들은 마치 그것이 자신이 오랫동안 소유한 것인 양 표현합니다. 자기 나라에도 다양한 요리를 먹는 사람이 있는데도 불구하고 그것은 인정하지 않습니다. 그냥 소수의 취향일 뿐, 일본인은 원래 초밥을 잘 먹는다고 결정 내립니다. 이렇게 집단적 정체성은 집단 내에 차이를 없애고 주변과의 차이를 강화합니다.

"스테이크를 먹는 미국인에 비해 우리는 초밥을 많이 먹는다"라는 말을 들으면 국가에 따라 식문화가 다르다고 생각할 것입니다. 하지만 생선을 익혀 먹는 문화를 가진 사람들은 일본인이 날생선을 먹는다고 무시할 가능성이 높습니다. 자신과 다른 것을 자신보다 낮게 보거나 혹은 문명화되지 않은 식습관이라고 배척할 수도 있습니다. 이렇게 문화적 차이는 아주 손쉽게 차별을 동반합니다.

"쟤는 초밥은 안 먹고 스테이크만 먹는대"라는 말이 지금은 문제가 되지 않지만 한때 이런 이야기는 일본인의 특성을 가지고 있지 않다는 말이었습니다. 분명 일본 국적을 가진 일본인인데 다른 나라의 정체성을 가진 사람이 되어버립니다. 그렇다면 차별받을 가능성이 높아 보입니다. 같이 밥을 먹자는 말을 하기 어렵기 때문입니다. 지금 일본인들은 스테이크도 많이 먹고 초밥도 많이 먹습니다. 다양한 음식 문화를 즐기는 사람들일 뿐입니다. 집단적 정체성은 시간의 흐름에 따라 달라집니다. 서로의 문화를 받아들여서 융합하기 때문입니다. 그렇지만 아직도 국가적, 인종적 정체성에 대한 차이는 차별을 강화하고 있습니다. 주로 국가 단위로 많이 이루어집니다.

세계적인 음악가 사카모토 류이치坂本 龍一는 일찍이 "인간이 저지른 최대의 죄는 '국가'의 발명이 아닐까?"라는 말을 했습니다. 이 책의 앞에서 소개한 실험에서도 '그룹'을 만들었더니, 그 그룹의 구성원이 다른 그룹에 대해서 적의를 갖는다는 것을 본 적이 있습니다. 그런 점에서 생각해보면 다양한 종류의 따돌림과 헤이트 스피치도 집단의 소속의식 때문에 생겨났다는 것을 알 수 있습니다. 국가적 정체성 때문에 한 나라 안에서 다른 인종이나 민족에 대한 차별이 있을 수 있습니다.

예를 들면 미국은 백인의 나라라고 말하는 사람들이 미국 내에는 여전히 많습니다. 이들은 이민자를 국내에 들이는 것을 반대합니다. 그리고 백인이 아닌 인종을 대상으로 무차별 총격을 가하는 혐오 범죄도 늘고 있습니다. 또한 정체성이 국가별로 대립하면 이제는 전쟁이 벌어집니다. 혐오와 차별 그리고 폭력과 전쟁까지 이렇게 국가단위의 정체성에서 벌어진 일들을 살펴보면 인간이 만든 국가와 그 정체성이 과거로부터 현재까지 엄청난 비극을 일으켜왔다는 것을 알 수 있습니다. 그런 의미에서 사카모토의 지적은 맞는 것일지도 모르겠습니다. 이런 비극은 국가 단위에서만 일어나지 않습니다. 십자군 전쟁이나 종교전쟁, 지금도 벌어지는 일부 테러는 종교 정체성의 차이를 이유로 일어납니다. 국가든, 종교든 이런 집단적 정체성은 어떻게 생겨났을까요?

아주 오래전 인간은 살아남는 것이 목표였습니다. 같은 종족인 인간이 자신의 목숨을 앗아갈 수도 있고 육식 동물이나 자연재해 때문에 끊임없이 죽어갔습니다. 전염병이나 감염병, 혹은 대기근으로 먹을 것이 없어 죽기도 했습니다. 인간은 혼자 사는 것보다 집단생활이 생존하는 데 유리하다는 것을 저절로 알았을 것입니다. 외적이 쳐들어오면 같이 사는 사람이 많을 때 공격을 더 쉽게 물리쳤을 것입니다. 조직적이고 전문적인 군대를 갖추면 생존확률은 더 높아졌을 것입니다. 병에 걸려 누워 있는 사람을 다른 사람이 돌본다면 그 생존 가능성은 커집니다. 또한 집단생활을 통해 여러 사람의 생존 노하우가 공유되고 역사적으로 축적되면서 더 나은 생존 조건을 만들었을 것입니다. 먹어야 할 것과 먹지 말아야 할 것을 나누는 데만 해도 많은 시간이 필요했고 수많은 동료의 죽음을 통해 먹지 말아야 할 것을 찾았을 것입니다. 이 정보가 누적되며 그 집단은 생존은 가능해졌습니다. 살기 위해서 인간은 집단생활을 선택했습니다. 집단생활을 하는 것은 같은 행동을 하고 정보를 나눈다고 해서 되는 일이 아닙니다.

정신적인 측면에서도 공유해야 할 것이 있습니다. 자연물을 숭배하거나 혹은 금기시했던 집단의 문화도 생겨났습니다. 이것이 나중에 종교로 발전하는 데 기초가 되었습니다. 이렇게 비슷한 정신세계를 가진 즉 정체성을 공유한 사람들이 하나의 씨족이나 부족을 이루며 살게 됩니다. 한 집단의 동일한 정체성은 인간 생존에 필요한 집단생활을 가능하게 했던 중요한 정신적 측면입니다. 우리와 그들을 나누고 자신들의 부족에 이름을 붙이고 부족만의 숭배 대상을 나누었습니다.

진화심리학에서는 이런 집단적 정체성은 인간이 생존하기 위해서 자연스레 만들어낸 결과물이라고 부릅니다. 이 정체성에 기반해 사람들은 동일한 행동을 합니다. 집단적 정체성은 그 집단의 거대한 행동 원리를 제공합니다. 다른 정체성을 가진 집단을 적이라고 부릅니다. 20세기 중반까지만 해도 인종차별과 민족적 정체성에 기반한 세계대전이 벌어졌습니다. 전쟁이 끝나고 이념적인 정체성 대립이 있었습니다. 그리고 자본주의 진영과 사회주의 진영이 대립했던 냉전 시대가 지나갔죠. 정체성의 기준은 민족과 이념, 종교 등이 있습니다. 자신이 속한 집단과 이 기준이 다른 사람들을 '적'이라고 불렀습니다. 예전과 달리 현대에는 굳이 적을 만들 필요가 없습니다. 세계화, 다문화, 다민족이 공존하는 현대에 집단이라는 틀을 깨고 사이좋게 나아가는 것이 중요하다는 것은 누가 봐도 분명합니다.

과거의 일본은 집단주의라는 문화 속에서 열심히 말뚝을 박고 벽을 세웠습니다. 무엇을 하든 남들과 같아야 했고 같은 행동을 해야 안심했습니다. 예전의 일본과 달리, 지금은 여러 인종과 국적의 사람이 공존하고 다양한 가치관을 인정받게 되었습니다. 여러 사람이 있기 때문에 다양한 창의적인 발상이 생기고 새로운 것이 탄생합니다. 다양성이 높아질수록 보다 나은 사회가 구축됩니다. 그렇기에 다양성을 인정하고 다름을 받아들이는 관용적인 사회가 되어야 한다고 생각합니다.

헤이트 스피치도 따돌림도 완전한 근절은 어렵겠지요. 그렇지만 행동하지 않으면 아무것도 시작할 수 없습니다. 지금까지 친구를 따돌리지 말아야 하며, 따돌림 사건이 발생하면 어떻게 대처하는 것이 좋을지에 대해 생각해보았습니다. 헤이트 스피치도 마찬가지입니다. 개개인의 의식, 그리고 행동이 중요합니다. 인류가 공존하기 위해서는 한 명 한 명이 가져야 하는 가치가 있습니다. 타인을 자신처럼 여기고, 타인과 자신의 차이를 편견 없이 인정하는 것입니다. 집단 정체성과 개인 정체성이 한쪽으로 기울지 않고 균형을 이룰 수 있어야 합니다. 이렇게 차이를 인정하고 서로를 존중할 때만이 친구들 사이에서 벌어지는 따돌림을 없앨 수 있습니다. 국민들 간의 혐오나 차별 문제까지 해결할 수 있습니다. 또한 따돌림, 괴롭힘, 혐오, 차별 사건이 일어났을 때 방관하는 일도 없을 것입니다.

혐오와 차별 문제 때문에 전쟁이나 폭력 사건이 벌어졌다는 것을 타산지석으로 삼아야 합니다. 차별과 따돌림이 벌어질 때 자기 일이 아니라고 생각하지 말고 같이 대처해나가야 합니다. 학교 교육 속에도 차이를 인정하고 서로를 존중해야 한다는 윤리 교육을 도입해야 합니다.

아이들은 서로 존중하는 정체성 교육을 통해 타인의 아픔을 상상하고 공감할 수 있는 힘을 키우게 됩니다. 이런 힘이 한 사람이 집단이라는 테두리를 넘어서 타인과 연결되게 만듭니다. 이것이 이 시대에서 우리를 '살게 하는 진짜 힘'이 되지 않을까요.

명예훼손은 엄연한 범죄

앞의 사례 3에서는 본인이 싫어하는 별명을 붙인 친구에 대해 생각해 봤습니다. 그 친구는 '사실을 말한 것이니까 괜찮잖아'라는 식으로 말했습니다. 그러나 사실이라고 해도 상대가 상처받는 말을 해서는 안 됩니다. 그런 행동은 친구 관계 문제뿐만 아니라 법적인 문제가 됩니다. 앞에서도 말했듯 법에서는 한 사람이 감추고 싶어 하는 사실을 다른 사람이 여러 사람 앞에서 공개할 때 '사실 적시에 의한 명예훼손'이라고 부릅니다.

여러 사람이 있는 앞에서 상대의 명예가 손상되는 말을 하는 것은 '명예훼손죄'나 '모욕죄'라는 위법행위가 될 가능성이 있습니다. 사람들은 명예훼손죄를 '거짓말을 퍼뜨려서는 안 된다'라는 법률로 생각합니다. 하지만 완전히 오해입니다. **진실이든 거짓이든 많은 사람**

앞에서 그 사람의 명예가 손상되는 말을 하거나, 글을 쓰면 명예훼손죄는 성립합니다. 명예훼손죄는 형사처벌을 받을 수 있습니다. 감옥에 갇히거나 벌금을 낼 수도 있습니다.

명예훼손죄로 처벌받았다는 것은 가해자가 피해자에게 감정적인 상처를 입혔다는 것을 재판에서 공적으로 인정받았다는 뜻입니다. 그렇기에 가해자는 피해자의 상처에 대한 대가를 지불해야 합니다. 형사 소송에서 가해자로 확정되면 보통 또 한 번의 재판이 열립니다. 피해자는 민사 소송을 걸어 가해자에게 명예훼손에 의한 손해배상을 청구합니다.

형사 소송에서 명예훼손죄가 성립하지 않더라도 명예훼손에 의한 피해가 입증되면 민사소송에서 가해자는 피해자에게 배상금을 갚아야 한다는 판결을 받게 됩니다. 이 배상금에는 마음의 상처로 생긴 정신과 진료비가 포함됩니다. 그뿐만 아니라 피해자가 알려지지 말아야 할 사실이 밝혀지면서 회사나 학교에서 쫓겨나거나 일이나 공부를 못하게 되는 상황이 발생되면 손해도 발생합니다. 공부를 못해서 미래를 준비하지 못하고 회사에 다니지 못하면 월급을 받을 수 없습니다. 경제적 손해에 대한 배상도 해야 합니다. 여기에 상처받은 마음을 위로하는 위자료를 받을 수도 있습니다. 명예훼손죄나 모욕죄 이외에도 상대방에게 싫은 말을 하거나, 불법행위로 고소를 당하면 배상금을 지불해야 할 가능성도 있습니다.

거짓말이든 사실이든, 사람들 앞에서 상대방이 싫어하는 일을 하거나 말을 하는 것은 도덕적으로도 법률적으로도 해서는 안 되는 일입니다. 앞에서 우리는 도덕적으로 친구를 따돌리거나 친구가 싫어

기독교인
딸
학생
미국인
한국인
아들
불교인
음악인
미술인

하는 말을 하면 안 된다는 것에 대해 생각해보았습니다. 상대방 입장에서 생각해보고 말하는 법도 배웠습니다. 이 모든 것을 아이에게 알려줘야 합니다. 하지만 법률적인 문제를 아이에게 말할 때는 조심해야 할 것이 있습니다. 아이가 말을 잘못하면 언제든 잡혀갈 수 있다는 공포를 느끼게 하는 건 좋은 방법이 아닙니다. 또한 '법적으로 문제만 없다면 괜찮지 않을까'라는 생각을 할 수 있습니다. 법에 대해 잘 아는 사람들은 법을 피해 불법행위를 하는 방법을 알고 있습니다.

형사미성년자 즉 14세 미만 아이들이 자신은 어떤 불법행위를 해도 형사적인 처벌을 받지 않는다는 것을 알고 친구를 따돌리거나 괴롭힙니다. 정확하게 형사미성년자는 만 18세 이하입니다. 만 14세에서 만 18세까지는 소년법으로 처벌합니다. 소년법에서 처벌의 목적은 죄에 대해 책임을 지는 것이 아니라 향후 범죄를 저지르지 않게 하는 교정의 목적이 있습니다. 그래서 형사처벌이 약합니다. 아이들이 잔혹 범죄를 저지르는 일이 많아지면서 형사미성년자와 소년법에 해당되는 나이를 더 낮춰 조정해야 한다는 여러 가지 논쟁이 있습니다.

그렇기 때문에 인터넷이나 교실 등의 공간에서 친구를 따돌리거나 괴롭히는 일이 형사처벌의 대상이라는 것을 알려주는 것은 공포를 자극하거나 아이에게 편법을 사용하도록 만들 가능성도 있습니다. 법은 최후의 수단입니다. 그전에 부모와 교사는 아이들에게 따돌림과 괴롭힘 그리고 명예훼손이 도덕적으로 잘못된 것이라고 알려주어야 합니다. 그리고 그런 일이 벌어지게 되면 스스로 죄책감을 가질 수 있도록 '따돌림 감수성'을 키워줘야 합니다.

어떤 아이가 따돌림으로 법적인 처벌을 받았어도 반성하지 않고 피해자에게 진심으로 사과하지 못한다면, 결국 그 아이는 재범이 될 가능성이 커집니다. 다시 따돌림을 할 것이고 또다시 친구에 대해 함부로 말하게 됩니다. 법적인 처벌 대상이 된다는 것을 아는 아이들 중에는 자포자기를 하는 경우도 있습니다. "어차피 이렇게 된 거. 그냥 소년원 갈래" 이렇게까지 되면 문제는 걷잡을 수 없이 커집니다.

윤리적인 공감대를 만들지 못하고 법만 강조하는 교육은 아이에게 항상 좋은 결과를 만드는 것은 아닙니다. 아이가 친구에 대해 인정하고 좋은 관계를 만들기 위해서는 공감 교육을 중심에 놓아야 합니다. 하지만 이상적인 말입니다. 현실에서 괴롭힘과 따돌림과 명예훼손이 계속해서 벌어지는 것을 볼 수 있습니다. 가해 아이는 자신의 잘못을 인정하지 않고 피해 아이를 지속적으로 괴롭히기도 합니다. 그럴 때는 어떻게 해야 할지 다음 이야기에서 살펴보겠습니다.

법적 조치를 취할 경우

자신도 모르게 남을 괴롭히는 말을 할 수 있습니다. 한 번은 실수입니다. 하지만 그 말을 지속적으로 하면 일부러 남을 괴롭힐 의도, 즉 고의를 가지고 있는 사람이라고 볼 수 있습니다. 남을 괴롭히기 위해 말을 하는 사람, 고의로 남의 마음에 상처를 입히는 사람. 그 사람의 말이 사실이든, 아니든 누군가의 명예나 신용을 손상시키면 법적으로 문제가 됩니다. 실제로는 법적인 수단에 호소하지 않으면 도

저히 어찌 수 없는 경우도 있을 것입니다. 이럴 때는 변호사를 선임하거나 경찰이나 검찰에 고발이나 고소를 해야 합니다.

법에 자신의 괴로움을 호소하고 자신을 괴롭히는 사람을 처벌해 달라고 요구하면 여러모로 골치 아픈 일이 생길 수도 있습니다. 경찰서나 검찰청에 불려 다니고 소송을 위해 변호사를 만나야 합니다. 물론 비용과 시간이 들어갑니다. 그래서 사람들은 따돌림의 말에 법적인 대응을 하는 것을 꺼립니다. 그럼에도 불구하고 가해 아이가 피해 아이를 괴롭히는 일을 멈추지 않거나 혹은 더 심하게 따돌린다면 법적인 수단을 동원해야 합니다. 피해 아이가 법적인 대처를 한다는 사실을 가해 아이와 그 부모가 알게 된다면 따돌림과 괴롭힘이 줄거나 멈출 가능성이 큽니다.

법적인 대응은 가해 아이의 처벌을 통해 피해 아이의 원한을 풀어주거나 복수를 해주기 위한 방법은 아닙니다. 법적 대응은 따돌림이라는 가해 행위가 멈출 수 있게 어른들이 도와주는 일입니다. 또한 아이들의 고통을 멈춰주는 일이 될 수도 있습니다. 피해 아이의 부모는 가해 아이 부모와의 면담, 학교와 지역 교육위원회, 학교 운영위원회 등 각종 공적, 사적인 모임을 통해 문제 제기를 해왔을 것입니다. 이 과정에 문제 해결을 위한 이슈가 있을 때마다 피해 아이는 학교 안이나 밖에서 언제나 관심의 대상이 됩니다.

가해 아이도 자신의 무죄를 주장하며 피해 아이가 자신에게 누명을 씌운다고 공격을 할 수 있습니다. 다시 피해 아이는 고통의 시간으로 걸어 들어가야 합니다. 물리적인 폭력의 피해자라면 설명하기도 쉽고 사람들에게 공감을 얻을 수도 있지만 말로 입은 피해는 사람들 속에서 논쟁을 일으킵니다. '누가 맞는다', '누가 틀린다'라는 논쟁이 지속됩니다. 이렇게 논쟁이 지속되고 가해 아이의 역공이 있고 학교 안팎의 모임에서 피해 아이가 완전히 소외되고 있다면 피해 아이의 고통은 몇 배가 늘어납니다. 이럴 때 피해 아이 부모는 법적인 방안을 강구해야 합니다. 어쩔 수 없는 상황에 하는 선택이지만 준비할 것은 많습니다.

자신이 피해를 봤다고 화만 내고 있다거나 상처를 받고 위축되면 문제 해결은 더 멀어지게 됩니다. 피해자는 할 일이 많습니다. 변호사는 도움을 줄 수 있지만 증거를 모으는 일까지는 어려울 수 있습니다. 피해자는 피해가 발생하는 즉시 각종 증거를 모으는 일을 시작해야 합니다.

우선 가해 행위가 일어날 때마다 피해자는 계속해서 그 행동을 멈춰달라고 가해자에게 요청을 해야 합니다. 가해자가 피해자를 공격하거나 모욕하는 글을 삭제하거나 혹은 피해자에게 사과하면 모든 문제는 원만하게 해결될 수 있습니다. 하지만 공격이 계속되거나 인터넷에 피해자를 모욕하는 글이 삭제되지 않으면 법적인 대책을 마련해야 합니다.

이때 피해자의 요구는 법적인 증거로 남겨야 합니다. 증거를 남기기 위해 가능하면 문자 혹은 이메일로 보내야 합니다. 전화를 걸거나 직접 만나면 녹음을 해두는 게 좋습니다. 단 녹음을 할 때는 피해자가 직접 가해자와 만나거나 통화해야 합니다. 피해자와 가해자의 목소리가 동시에 들어가야 증거 효과가 있습니다. 당사자의 대화는 녹음 중이라고 꼭 밝힐 필요가 없습니다. 반대로 가해자가 삭제를 거부하는 메일이나 문자를 보냈다면 법적인 주장을 할 때 좋은 근거 자료로 쓰이게 됩니다.

만약 피해자가 가해자를 대상으로 따돌림을 멈춰달라는 요구를 하지 않으면 어떻게 될까요? 가해자는 자신의 행동에 대해 피해자가 피해라고 생각하지 않는다고 생각합니다. 그래서 가해 행위를 멈추지 않거나 인터넷에 올려놓은 글을 삭제하지 않습니다. 심지어 가해자가 올린 글의 내용을 피해자가 받아들이고 있다고 생각합니다. 그렇기 때문에 가해자의 행위에 대해 명확하게 반대 의사를 표명해야 합니다. 구체적으로 표현해야 합니다.

"○월 ○일, ○○시 ○○분, 인터넷에 당신이 올려준 글을 삭제해 주세요. 저는 당신 글에 있는 '○○○○○○'라는 말 때문에 마음에 상처를 입었습니다. 그 말 때문에 친구들은 그 게시판 글을 이곳저곳에 옮겨 놓고 있습니다. 그래서 저를 모르는 사람도 비난의 댓글을 답니다. 친하던 친구들도 말을 걸지 않습니다."

이렇게 피해 사실을 분명하게 밝히고 그것 때문에 어떤 피해를 입었는지 구체적으로 가해자에게 알려주어야 합니다. 그리고 모두 자료로 남겨 법적인 증거로 쓸 수 있습니다.

만약 따돌리는 말이나 글에 대해 피해자가 반대 의사를 표명하지 않으면 괴롭히는 말은 계속되고 글은 인터넷 게시판에 그대로 남아 있을 것입니다. 나중에 가해자는 법정에서 이렇게 말합니다.

"지금까지 6개월간 (피해자 측에서) 아무런 반응이 없어서 괜찮은 줄 알았습니다. 그래서 그 글을 계속 인터넷 게시판에 올렸습니다."

이런 가해자의 주장이 법원에 받아들여질 수도 있습니다. 그 때문에 자신에 대한 기분 나쁜 글이 단체 채팅방이나 게시판에 올라가면 삭제를 해달라고 최대한 빨리 요청을 해야 합니다. 삭제 이유도 같이 적어서 그 글이 삭제될 때까지 꾸준히 보내야 합니다.

따돌림에 대한 반대의 의사 표시를 하는 과정은 문서와 녹음으로 남겨야 합니다. 인터넷에서 따돌림이나 명예 훼손을 한 글이 있다면 스크린숏으로 캡처해 저장해두어야 합니다. 또한 글 삭제 요청을 문자나 메일로 가해자에게 보낸 기록도 가지고 있어야 합니다. 피해자는 힘들더라도 가해자와 직접 통화하거나 만나서 그렇게 나눈 대화를 모두 녹음해 두어야 합니다.

반면에 내가 없는 단체 채팅방이나 내가 볼 수 없는 게시판에서 따돌리는 말이 나왔다면 법적인 증거 확보가 쉽지 않습니다. 증거 없이 법적인 주장을 하기는 어렵습니다. 단체 채팅방에 내 편이 한 명이라도 있으면 그 친구를 통해 캡처 화면을 받을 수 있습니다. 이때 나에게 증거 화면을 준 친구가 공개되지 않도록 해야 합니다. 또한 단체 채팅방을 해체하고 사과하라는 요구도 분명하게 해야 합니다. 이것도 메일이나 문자 등을 사용해서 피해자가 노력했다는 증거를 남겨야 합니다.

여기서 중요한 것이 있습니다. 피해자는 가해자에게 나쁜 감정이 생길 수밖에 없습니다. 그래서 화를 내거나 분노할 수 있습니다. 하지만 이렇게 감정적인 발언을 하게 되면 피해자가 가해자를 공격하는 일이 됩니다. 더 억울한 일이 발생합니다. 가해자와 직접 접촉하거나 통화할 때 혹은 문자 메시지를 보낼 때는 최대한 겸손하고 부탁하는 말투를 사용하는 게 중요합니다. 화를 내거나 고소나 고발을 하겠다고 강요하는 문자를 보내게 되면 되레 피해자가 가해자가 될 수도 있습니다. 강박(협박)죄나 모욕죄로 혹은 명예훼손죄로 고소나 고발을 당할 수 있습니다. 이렇게 되면 피해자가 가해자를 고소할 때 역고소를 당할 수 있습니다. 가해자는 강요하는 문자를 증거로 검찰에 제출하며 피해자가 아무 죄 없는 사람을 고소했다고 무고죄로 고소할 수 있습니다. 법적으로 대처할 때는 가해자를 감정적으로 대하지 말고 이성적으로 대해야 합니다. 피해자는 증거를 모으는 것을 목적으로 행동해야 합니다.

또한 제삼자가 당사자의 직접 소통에 끼어들지 않도록 조심해야 합니다. 피해자가 가해자에게 사실 확인을 요청을 할 때 제삼자가 있으면 가해자에게 피해를 줬다고 볼 수 있습니다. 예를 들어 사건 당사자와 이 사건을 모르는 제삼자가 있다고 생각해 봅시다. 피해자가 가해자에게 이렇게 물었습니다.

"너, 그제 3교시 끝나고 쉬는 시간에 애들 다 듣는 데서 우리 엄마 욕했잖아!"

그럼 가해자는 대답합니다.

"내가 언제? 왜 내가 안 한 이야기로 날 이상하게 만들어. 얘(옆에 있는 친구)는 아무것도 모르는데 이런 식으로 말하면 안 되잖아."

이 대화만으로 피해자는 가해자의 명예훼손을 한 것이 됩니다. 답답하고 안타깝지만 이것이 위에서 이야기했던 '사실 적시에 의한 명예훼손'입니다.

더 당황스러운 일도 있습니다. 가해자가 그 이야기를 하지 않았다고 부인하고 그 말을 했다고 들은 사람 즉 증인이 없다면, 피해자는 거짓말을 해서 가해자의 명예를 훼손한 가해자가 되고 맙니다. 그렇기에 꼭 제삼자가 없는 곳에서 둘만의 대화를 하거나 전화를 해서 녹음해야 합니다. 가해자가 대화를 거부한다면 혹은 이메일이나 메시지를 무시한다면 그 자체로 법적인 증거가 될 수 있습니다. 피해자의 대화 노력은 법정에서 유리한 자료로 사용될 수 있습니다.

증거와 함께 증인도 법적인 주장에 뒷받침을 해주는 중요한 역할을 합니다. 학교에서 증언을 해줄 수 있는 아이를 찾을 때는 조심해야 할 것이 있습니다. 부모가 개입해서 증언할 아이를 찾기보다는 피해 아이가 직접 다른 아이를 만나는 것이 좋습니다. 피해 아이 부모는 아이들끼리 말이 잘 되었을 때 증언하는 아이의 부모와 만나 증언의 형식이나 방법 그리고 내용에 대해 논의해야 합니다. 부모가 처음부터 개입하면 아이들끼리 대화를 방해할 수도 있고 권위적으로 보여서 강제적으로 증언을 유도한다고 생각할 수도 있습니다. 아이들끼리 우선 이야기한 후 증인이 되어줄 아이가 자신의 부모와 대화한 후 증언할지를 결정하게 하는 것이 맞습니다.

한 아이가 따돌림 사건에 대해 유리한 증언을 하겠다고 말하면 정말 좋겠지만, 그 아이의 부모가 반대할 수도 있습니다. 그럴 때 피해 아이 부모가 나서서 증언하는 아이의 부모를 직접 만나 부탁하고 설득해야 합니다. 아이와 부모 모두 증언에 찬성한다 해도 당연히 만나서 감사하다는 의사를 표현하는 것이 좋습니다. 증언 전에 부모를 만나는 것은 좋지 않습니다. 증언의 내용을 협의할 수 있기 때문입니다. 증언하는 아이에게 모든 진술을 맡기고 그대로 사법기관에 제출하는 것이 좋습니다. 부모들이 개입한 증언은 오염된 증언으로 법적인 근거가 되지 않을 수 있습니다. 아이들끼리의 우선 대화를 할 수 있게 도와줘야 합니다. 이런 증언 속에 피해 아이에게 불리한 사실이 있더라도 감수해야 합니다. 만약 불리한 부분을 말하지 말라고 피해 아이 부모가 부탁하거나 개입한다면 증언의 법적인 효력은 사라집니다.

따돌림 사실을 증언해줄 수 있는 증인에는 두 종류의 사람이 있습니다. 첫 번째 증인은 또 다른 피해자입니다. 지속적인 괴롭힘과 따돌림을 하는 가해자는 한 명의 피해자만을 대상으로 가해 행위를 하지 않는 경우가 많습니다. 우선 다른 피해자를 찾아야 합니다. 다른 피해자의 증언을 녹음하고 녹취를 풀어 공증을 받아 사법기관에 제출하는 것이 좋습니다. 따돌림 가해 현장이 학교라면 다른 피해 학생과 그 부모를 꼭 만나야 합니다. 다른 피해 아이와 부모가 진술을 피할 수도 있고 혹은 만나지 않을 수도 있습니다.

하지만 피해자라는 자기 인식이 있다면 피해자들끼리는 감정적인 유대감이 있습니다. 가장 좋은 방법은 공동으로 따돌림 가해자에 대해 법적으로 대처하는 것입니다. 사법기관에서는 지속적인 따돌림 행위뿐 아니라 여러 명을 상대로 했던 가해 행위에 대해서는 상습적인 범죄 행위를 했다고 판단할 가능성이 높습니다. 그렇게 되면 법적인 대처 과정에 우위에 서게 됩니다. 피해자들이 모여 앞에서 설명했던 따돌림에 대한 유형이나 심리나 그리고 법적인 준비 과정에 대해 공유하고 공동으로 대처하는 방법을 생각해야 합니다.

두 번째 증인은 제삼자입니다. 가해자도 피해자도 아닌 방관자나 관찰자의 입장에서 따돌림 행위를 지켜본 사람입니다. 가장 좋은 증인은 가해자와 친한 아이입니다. 가해 아이와 항상 같이 다니고 친한 아이가 괴롭힘을 당한 피해 아이를 위해 증언한다면 사법기관에 피해를 주장할 때 설득력을 높일 수 있습니다. 가해자와 친한 아이가 봐도 따돌리는 말이 심하다고 생각한다면 좋은 증언이 될 수 있습니다.

다음으로 좋은 증인은 가해 아이와 피해 아이 모두와 친하지 않은 아이입니다. 사람들은 객관성을 유지하려는 속성이 있습니다. 그렇다 보니 많은 사람들이 가해자도 문제, 피해자도 문제라고 생각하고 쌍방에게 모두 책임을 지우려는 경향이 있습니다. 중립적인 아이의 증언은 피해 아이를 불리하게 할 수도 있습니다. 그럼에도 그 아이의 말 중에 주장이 아니라 사실관계를 들을 수 있다면 좋은 증거가 됩니다. 그 아이가 봤을 때 가해 아이의 말이 별 문제가 아닌 것일 수도 있지만 그 말 자체로 괴롭히는 말이 될 수 있기 때문입니다. 판단은 사법기관에서 하기 때문입니다.

그다음으로 좋은 증언자는 피해 아이와 친한 아이입니다. 증언의 객관성이 떨어져 피해 아이의 편만 들 수 있다고 생각할 수 있습니다. 하지만 중립적인 아이처럼 사실관계를 확인할 때 중요한 역할을 합니다. 또한 피해 아이가 받은 심리적 상처를 증언해줄 수 있습니다.

"제 친구 ○○는 원래 밝고 즐거운 아이였어요. 따돌리는 말을 듣고 난 다음에는 표정도 어둡고 말도 잘 못해요. 이제는 제 전화도 안 받습니다. 그래서 저도 마음이 많이 아팠어요."

이런 증언은 법정에서 피해 사실을 입증하는 데 중요한 증언이 될 수 있습니다.

지금까지 따돌림 사건에 대해 피해자가 준비해야 할 법적인 대처 방안을 알아보았습니다. 하지만 현실에서 법적인 대처를 할 때 실수하지 않고 혹은 역으로 공격당하지 않고 피해 아이를 보호하며 법적인 대처를 하기란 어려운 일입니다. 그렇기에 변호사를 만나 상담해야 합니다. 변호사를 만날 때도 조심해야 할 것이 있습니다. 여러 명의 법률가들이 자신의 의견을 밝히는 TV 프로그램이 있습니다. 그것만 봐도 법률문제 전문가들조차 의견이 같지 않고 제각각입니다. 정답은 없습니다. 법률가의 세계가 그렇습니다. 그러므로 한 명의 변호사의 의견이 정답이라고 생각하지 말아야 합니다. 몇 사람의 변호사와 상담하고 자신들의 고민과 목적에 가장 잘 맞는, 피해 아이를 변호하고 가해 행위를 멈추며 가해자가 적절한 처벌을 받을 수 있는 법적인 대처를 할 수 있는 변호사를 찾아야 합니다.

피해 아이와 부모에게 친밀감 있게 문제 해결을 제시해주는 변호사를 찾아보세요. 변호사 또한 객관적인 증거를 중요시하는 사람이기 때문에 피해 아이의 주장을 의심하기도 합니다. 이런 변호사가 아이를 상담하게 되면 직접적인 질문을 피해야 합니다. 아이가 상담 과정에 더 많은 상처를 입을 수도 있습니다. 객관적인 증언이나 증거를 찾는 것은 중요합니다. 하지만 증언이나 증거를 확보하는 과정에서 피해 아이에게 감정이입해서 아이를 보호해줄 수 있는 변호사를 찾아야 합니다. 피해 아이와 공감할 수 있는 변호사에게 법적인 문제에 대해 의뢰하는 것이 좋습니다.

의사와 같은 조력자가 될 수 있는 전문가와 상담해야 합니다. 말로 하는 따돌림의 경우 심리적 상처를 남기기 때문에 피해를 입증할 수 있는 정신과 의사의 진단서나 의견이 필요합니다. 구체적인 피해 사실을 입증하지 못하면 사법기관에 어떤 주장도 할 수 없습니다. 법적인 방법으로 대응하기 어려울 때 의사의 의견은 중요한 역할을 합니다. 주변 친구들도 증언을 해주지 않고 교사도 중립에 있고 따돌림의 증거도 없을 때입니다. 오직 우리 아이만 따돌림을 당했다고 주장할 때는 어떻게 해야 할까요? 가끔 부모들은 피해 아이의 정신과에서 정신 감정을 받고 진단서를 피해의 증거로 사용하기도 합니다.

단, 주의할 것이 있습니다. 보통 다른 증거나 증인이 없을 때 정신 감정서를 사법기관에 제출합니다. 따돌림 피해를 받은 아이는 주로 우울증 증상을 보입니다. 증거나 증인이 없을 때 자신의 아이가 따돌리는 말로 정신적인 피해를 입었다고 주장하면 아이가 전부터 우울증이 있었다는 증거가 되어버립니다. 역으로 공격당할 수 있지요. 증거와 증인을 갖춘 후에 정신감정서를 사법기관에 제출해야 피해 아이를 위한 법적인 효력이 생깁니다.

법적인 과정은 정말 복잡합니다. 피해 아이도 이 과정에서 많은 상처를 받고 힘들어할 수 있습니다. 실제로 처벌을 위한 형사사건이나 손해배상을 청구하는 민사사건에서 가해자의 사과와 배상을 받기 위해 합의를 하는 경우가 많습니다. 실제로 민사사건의 대부분은 법원의 판결까지 이르지 않고 화해로 끝납니다. 그래서 협상을 잘하는 변호사를 찾는 것이 중요한 포인트 중 하나입니다. 아무리 좋은 변호사를 만난다고 해도 법적인 과정에서 가장 중요한 것은 부모와 변호사 혹은 전문가의 태도입니다.

법적인 해결 방안을 찾기 전에 우선 따돌림 피해 아이가 느끼는 감정에 집중해주세요. 가해 아이는 이미 변명의 말을 가지고 있습니다. 피해 아이는 무고한 친구를 괴롭히는 가해자처럼 취급받을 수도 있습니다. 증거나 근거를 찾더라도 고자질을 했다는 이유로 더 괴롭힘을 당할 수 있습니다. 이것이 2차 가해입니다. 피해자를 가해자나 비겁한 사람으로 만듭니다.

법적인 수단을 강구하는 이유는 2차 혹은 3차 가해가 이루어지지 않기 위한 대책입니다. 그럼에도 법적 대처를 하게 되면 따돌림 피해 아이에게 새로운 피해가 생길 수도 있습니다. 그렇기에 어른들은 언제나 피해 아이가 당하게 될 공격을 예상하고 고려해가며 법적인 대처 방법을 찾아야 합니다. 피해 아이가 추가 피해를 입지 않도록 노력하는 것입니다. 왜냐하면 법적인 결과가 가해자의 사과를 비롯한 합의에 성공하거나 가해자가 처벌을 받는 경우는 그리 많지 않기 때문입니다.

피해 아이와 부모는 언제 어디서 누구에게 무슨 말을 들었는지를 상세하게 기록해 두어야 합니다. 가능하면 그 상황을 증언해줄 증인을 찾고, 대화를 녹음한 음성기록도 있으면 더 좋을 것입니다. 하지만 현실에서 이렇게 정확한 증거를 확보하기는 어렵습니다. 비밀스럽게 단체 채팅방을 만들어 자신들만의 비밀스러운 언어로 대화하는 것을 알아채기란 쉽지 않습니다. 지금까지 말한 것은 따돌림 범죄가 일어난 후 법적인 수단에 대한 설명일 뿐입니다. 실제 피해 아이에게 유리한 결과가 나올지는 그 누구도 알 수 없습니다.

그렇기에 피해 아이의 부모는 최악의 상황을 고려해야 합니다. 증거나 증인이 없어서 법적인 대처가 어렵다면 과감하게 전학이나 자퇴를 고려하는 것도 아이를 위한 방법입니다. 법적인 대처도, 전학도, 자퇴도 다 피해 아이가 행복해지기 위해 하는 일입니다. 또한 이 모든 방법은 부모가 할 수 있는 합리적인 선택지 안에 있습니다.

마치며

아이들은 종종 친구의 말 때문에 힘들어합니다. 그래서 친구와 대화하지 못하게 되면 아이들은 더 힘들어집니다. 지금까지 저는 친구와 대화할 때 아이가 덜 힘들 방법을 소개했습니다. 특히 커뮤니케이션 측면에서 많은 방법을 다뤘습니다. 그리고 괴롭힘을 당했을 때 피해 아이가 자기 몸과 마음을 지키는 여러 가지 방법을 소개했습니다. 유감스럽게도 따돌림을 방지하거나 피해 아이의 상처를 위로할 수 있는 확실한 방법은 없습니다.

지금까지 소개한 커뮤니케이션 방법은 심리학을 비롯한 모든 인문 사회과학 분야에서 이루어졌던 실험 결과를 바탕에 두고 있습니다. 하지만 이것은 이론이고 학문의 영역입니다. 어디까지나 아이의 마음을 치유하고 보호할 수 있는 '확률이 높은 방법'입니다. 이 방법은 수많은 사람을 대상으로 실험한 결과를 바탕으로 전문가들이 평가하고 정리한 연구 결과에서 출발합니다.

하지만 각각의 따돌림 해결 방법은 사람에 따라, 케이스에 따라 효과가 다를 수 있습니다. 게다가 따돌림의 형태와 원인도 동일하지 않습니다. 그 때문에 개별 사안에 맞춰 각기 다른 해법이 필요합니다. 그래서 특정한 따돌림 문제를 해결하려고 할 때, 그 상황에 맞춰서 보다 적합한 해결책을 알아야 합니다. 부모와 교사 그리고 아이는 따돌림 문제를 해결할 수 있는 가능한 한 많은 방법을 알아두어야 합니다. 따돌림 문제를 해결하는 방은 단단한 자물쇠로 잠겨 있습니다. 그 방에 들어가기 위해서는 많은 종류의 열쇠를 가지고 열쇠 구멍에 넣어봐야 합니다.

인간 이외의 동물의 세계에서도 비슷한 따돌림 현상이 관찰됩니다. 예를 들어 수컷 늑대는 늑대 무리의 대장에게 싸움을 걸었다가 쫓겨납니다. 그런데 어떤 이유에서인지 혼자 돌아다니는 암컷 늑대가 있습니다. 다는 아니겠지만 많은 동물 사회에서 따돌림이란 본능적으로 일어나는 일인 것 같습니다. 만약 따돌림이 동물의 본능이라면 인간 사회에서 괴롭힘을 완전히 없애는 것은 아마 불가능하겠지요.

또한 그 따돌림의 형태도 집단이나 시대에 따라 다 다르며 그 모습도 계속 바뀌어 갈 것입니다. 인터넷이 있기 전과 후의 따돌림이 완전히 다른 양상을 보이는 것처럼 말입니다. 그리고 커뮤니케이션 환경이 바뀔 때마다 다른 모습으로 인간에게 남아 있을 것입니다. 게다가 과거에서 현재까지 살펴보면 밝혀진 따돌림 사건이나 따돌림을 당했다고 인지하는 사건의 개수가 해마다 줄어들지 않고 오히려 늘고 있습니다. 그렇기 때문에 따돌림은 몇몇 사적인 관계에서 일어나는 갈등의 문제가 아닙니다. 따돌림은 전 사회적 문제입니다. 우리 사회는 따돌림을 방지하고 사건이 벌어졌을 때 해결할 수 있는 여러 방법을 더욱 열심히 찾아나가야 합니다.

이 책에서 소개한 내용은 일반적인 사회심리학이나 언어학 연구를 바탕에 두고 있습니다. 이런 연구에 대해 알고 있는 것은 따돌림 문제가 생길 때뿐만 아니라 예방하는 데 도움이 됩니다. 일상적으로 일어나는 다양한 상황에서 상대방에게 상처를 주지 않는 대화 방법을 익혀 사용할 수 있습니다. 꼭 여러 가지 상황에서 응용해보시기를 부탁드립니다.

마지막으로 이 책을 기획해보자며 제안하고 함께 만든 애플시드 에이전시의 토오야마야 씨와 카와이데쇼보 신사의 편집자인 나카야마 신유코 씨, 학생이면서도 의욕적으로 기획에 참여하고, 책을 만들 때 보조 역할을 해 준 타케무라 치히로 군, 집단 괴롭힘에 관한 실태 조사에 협력해준 홋타 세미나의 학생 여러분, 그리고 이 책의 출판에 즈음해 다양한 방법으로 도움을 준 모든 분께 이 자리를 빌려 감사의 말씀을 전합니다.

홋타 슈고

참고 자료

일본의 따돌림 방지 대책 추진법

(집단 따돌림에 대한 조치)

제23조 학교의 교직원, 지방 공공단체 직원, 그 외 아동 등의 상담에 응하는 자 및 아동 등의 보호자는 아동 등에게 따돌림에 관한 상담을 요청받은 경우, 따돌림의 사실이 있다고 생각될 때는 따돌림을 당했다고 생각되는 아동 등이 재적하는 학교로 통보 또는 그 외의 적절한 조처를 해야 한다.

2. 학교는 전 항의 규정에 따른 통보를 받았을 때 그 해당 학교에 재적하는 아동 등이 따돌림을 받고 있다고 판단될 때는 신속하게 해당 아동 등에 관련된 괴롭힘의 사실 여부의 확인을 행하기 위한 조치를 강구함과 동시에, 그 결과를 해당 학교의 책임자에게 보고하도록 한다.

3. 학교는 전 항의 규정에 따른 사실 확인에 따라 괴롭힘이 있었음이 확인된 경우, 괴롭힘을 중지시키고, 그 재발을 방지하기 위해 해당 학교의 복수의 교직원에 따라 심리, 복지 등에 관한 전문적인 지식을 갖춘 자의 협력을 얻어, 괴롭힘을 받은 아동 등 또는 그 보호자에 대한 지원 및 괴롭힘을 행한 아동 등에 대한 지도 또는 그 보호자에 대한 조언을 계속하도록 한다.

4. 학교는 전항의 경우에 따라 필요하다고 인정될 때는 괴롭힘을 행한 아동 등에게 괴롭힘을 당한 아동 등이 사용한 교실 이외의 장소에서 학습을 받는 등 괴롭힘을 받은 아동 등 그 외의 아동 등이 안심하고 교육을 받을 수 있도록 필요한 조치를 강구하도록 한다.

5. 학교는 해당 학교의 교직원이 제3항의 규정에 의한 지원 또는 지도를 할 때는 괴롭힘을 당한 아동 등의 보호자와 괴롭힌 아동 등의 보호자 간에 다툼이 일어나지 않도록 괴롭힘의 사안과 관련된 정보를 보호자들과 공유하기 위한 조치와 그 외의 필요한 조치를 강구한다.

6. 학교는 괴롭힘이 범죄행위로써 취급되어야 한다고 판단될 때는 관할 경찰서와 연계하여 이에 대처하도록 하고, 해당 학교에 재적하는 아동 등의 생명, 신체 또는 재산에 중대한 피해가 발생할 우려가 있을 시에는 즉시 관할 경찰서에 통보하고, 적절하게 원조를 요청하여야 한다.

한국 학교폭력예방 및 대책에 관한 법률

- Aronson, E., and Linder, D. (1965). Gain and Loss of Esteem as Determinants of Interpersonal Attractiveness. *Journal of Experimental Social Psychology*, 1, 156-171.

- Asch, S. E. (1946). Forming impressions of personality. *Journal of Abnormal and Social Psychology*, 41, 258-290.

- Asch, S. E. (1951). Effects of group pressure upon the modification and distortion of judgments. In H. Guetzkow (ed.) *Groups, Leadership and Men*, 177-190, Pittsburgh, PA: Carnegie Press.

- Asch, S. E. (1952). Group forces in the modification and distortion of judgments. In S. E. Asch, *Social Psychology*, 450-501, Englewood Cliffs: Prentice-Hall.

- Asch, S. E. (1956). Studies of independence and conformity: I. A minority of one against a unanimous majority. *Psychological Monographs: General and Applied*, 70(9), 1-70.

- Austin, J. L. (1962). *How to Do Things with Words*, Cambridge: Harvard University Press.

- Baca-Motes, K., Brown, A., Gneezy, A., Keenan, E. A., and Nelson, L. D. (2013). Commitment and behavior change: Evidence from the field, *Journal of Consumer Research*, 39: 1070-84.

- Bales, R. F, (1950). A Set of Categories for the Analysis of Small Group Interaction. *American Sociological Review*, 15(2), 257–263.

- Bandura, A., and Walters, R. H. Adolescent aggression. New York: Ronald Press.

- Bell, A. (1984). Language style as audience design. *Language in Society,* 13(2), 145–204.

- Blechert, I., Sheppes, G., Di Tella, C., Williams, H., and: Gross, I. I. (2012). See what you think: Reappraisal modulates behavioral and neural responses to social stimuli. *Psychological Science*, 23(4), 346–353.

- Borkovec, T. D., Hazlett-Stevens, H., and Diaz, M. L. (1999). The role of positive beliefs about worry in generalized anxiety disorder and its treatment. *Clinical Psychology & Psychotherapy*, 6(2), 126–138.

- Bushman, B. J., Baumeister, R. F., and Stack, A. D. (1999). Catharsis, aggression, and persuasive influence: Self-fulfilling or self-defeating prophecies? *Journal of Personality and Social Psychology*, 76(3), 367–376.
- Deutsch, M., and Gerard, H. B. (1955). A study of normative and informational social influences upon individual judgment. *Journal of Abnormal and Social Psychology*, 51(3), 629–636.
- Edwards, K. A., and Johnston, R. (1977). Increasing greeting and farewell responses in high school students by a bus driver. *Education and Treatment of Children*, 1(1), 9–18.
- Gilovich, T., and Medvec, V. H. (1994). The temporal pattern to the experience of regret. *Journal of Personality and Social Psychology*, 67 (3), 357–365.
- Goffman, E. (1967). On Face-Work. In Goffman, E., ed., *Interaction Ritual*, 5–45, Pantheon, New York: Pantheon Books.
- Gumperz, J. J. (1982). *Language and social identity*, Cambridge: Cambridge University Press.
- 橋内武・堀田秀吾 (編著) (2012) 《法と言語法言語学へのいざない》 くろしお出版
- 池谷裕二 (2013) 《脳には妙なクセがある》 扶桑社新書
- Ito, T. A., Larsen, J. T., Smith, N. K., and Cacioppo, J. T. (1998). Negative information weighs more heavily on the brain: the negativity bias in evaluative categorizations. *Journal of Personality and Social Psychology*, 75(4), 887–900.
- 上大岡トメ・池谷裕二 (2008) 《のうだま やる気の秘密》 幻冬舎
- Kraft, T. L., and Pressman, S. D. (2012). Grin and bear it: the influence of manipulated facial expression on the stress response. *Psychological Science*, 23(11), 1372–8.
- Kruger, J., and Dunning, D. (1999). Unskilled and Unaware of It: How Difficulties in Recognizing One's Own Incompetence Lead to Inflated Self-Assessments. *Journal of Personality and Social Psychology*, 77(6), 1121–1134.

- Festinger, L. (1957) [1954]. *A Theory of Cognitive Dissonance*, California: Stanford University Press.

- Lewicki, R. J., Polin, B., and Lount, R. B. (2016). An Exploration of the Structure of Effective Apologies. *Negotiation and Conflict Management Reserch*, 9(2), 177–196.

- Libet, B., Gleason, C. A., Wright, E. W., and Pearl, D. K. (1983). Time of Conscious Intention to Act in Relation to Onset of Cerebral Activity (Readiness-potential): the unconscious initiation of a freely voluntary act. Brain, 106, 623–642.

- Liu, Y., Lin, W., Liu, C., Luo, Y., Wu, J., Bayley, P., and Qin, S. (2016). Memory consolidation reconfigures neural pathways involved in the suppression of emotional memories. *Nature Communications*, 7, 13375.

- Lyubomirsky, S., Tkach, C., and Sheldon, K. M. (2004). Pursuing sustained happiness through random acts of kindness and counting one's blessings: Tests of two six-week interventions. Unpublished data, *Department of Psychology*, University of California, Riverside.

- Mehrabian, A. (1971). *Silent Messages* (1st ed.). Belmont: Wadsworth.

- Moser, J. S., Hartwig, R., Moran, T. P., Jendrusina, A. A., and Kross, E. (2014). Neural markers of positive reappraisal and their associations with trait reappraisal and worry. *Journal of Abnormal Psychology*, 123(1), 91–105.

- 内藤朝雄 (2009) 《いじめの構造―なぜ人が怪物になるのか》 講談社現代新書

- Neuvonen, E., Rusanen, M., Solomon, A., Ngandu, T., Laatikainen, T., Soininen, H., Kivipelto, M., and Tolppanen AM. (2014). Late-life cynical distrust, risk of incident dementia, and mortality in a population-based cohort. *Neurology*, 82(24).

- Ramirez, G., and Beilock, S. L. (2011). Writing about Testing Worries Boosts Exam Performance in the Classroom. *Science*, 331, 211–213.

- Rosenthal, R., and Fode, K. (1963). The effect of experimenter bias on the performance of the albino rat. *Behavioral Science*, 8, 183–189.

- Rosenthal, R. and Jacobson, L. (1968). *Pygmalion in the classroom: Teacher expectation and pupils' intellectual development*, New York: Holt, Rinehart & Winston.

- Sherif, M., Harvey, O. J., White, B. J., Hood, W. R., and Sherif, C. W. (1961). *Intergroup conflict and cooperation: the Robbers Cave experiment*, Norman: University of Oklahoma Book Exchange.

- Tabak, B. A., McCullough, M. E., Luna, L. R., Bono, G. and Berry, J. W. (2012): Conciliatory gestures facilitate forgiveness and feelings of friendship by making transgressors appear more agreeable. *Journal of Personality*, 80, 503–36.

- Tomoda, A., Sheu, YS., Rabi, K. Suzuki, H., Navalta, C. P., Polcari, A., and Teicher, M. H. (2011). Exposure to parental verbal abuse is associated with increased gray matter volume in superior temporal gyrus. *Neuroimage*, 54 Supplement 1, S280–286.

- Volk, A., Camilerri, J., Dane, A., Marini, Z. (2012) Is adolescent bullying an evolutionary adaptation? *Aggressive Behavior*, 38, 222–238.

- Wallace, H. M., Exline, J. J., and Baumeister, R. F. (2008). Interpersonal consequences of forgiveness: Does forgiveness deter or encourage repeat offenses? *Journal of Experimental Social Psychology*, 44(2), 453–460.

따돌림으로부터
내 아이를 지키는 방법

글쓴이 홋타 슈고　**옮긴이** 이정아　**펴낸이** 강이경　**펴낸곳** 고래이야기

제조국 대한민국　**제조년월** 2023년 9월　**초판 1쇄 인쇄** 2023년 9월 20일　**초판1쇄 발행** 2023년 9월 27일

주소 경기도 양평군 용문면 용문산로 340-20 1층　**등록** 제2016-000005호(2006년 8월 29일)

전화 031) 771-7863　**팩스** 031) 771-7865　**이메일** whalestory3@naver.com

블로그 blog.naver.com/whalestory3　**페이스북** www.facebook.com/whalestory1

ISBN 979-11-92827-06-3 03370

* 잘못된 책은 구입하신 서점에서 바꾸어 드립니다.　* 책값은 뒤표지에 있습니다